上有品质的科学课

指向核心素养提升的
课堂教学设计与实施

陈健 等著

上海教育出版社
SHANGHAI EDUCATIONAL
PUBLISHING HOUSE

嘉定区第五届名师名校长培养工程成果书系
编委会

主　　编：田晓余　管文洁

副主编：许敏杰　王巍清　李　娟　许晓芳

编　　委：王冰清　李珊珊　颜晓莉　钱丽君

顾　　问：凤光宇

总　序

嘉定区教育系统"名师名校长"培养工程至今已经圆满走过了五届。多年来，依托培养工程，持续发挥区域名师名校长的引领、辐射和示范作用，致力培养一批师德高尚、教学与管理特色鲜明，在全区乃至全市有影响力的优秀人才，为建设高素质专业化创新型教师队伍，推进教育高位均衡发展提供有力保障。

一流的教育需要一流的人才。"双名工程"牢牢把握"人才是第一资源、创新是第一动力"的要义，将"成才"放在首位，一批具有教育情怀、仁爱之心、专业追求的工作室主持人以其人格魅力和教育智慧给学员以精神滋养，成为带动全区教师与校长成长成才的第一资源。与此同时，"双名工程"强调"成事"并重，通过打造基于共同愿景的学习共同体，激励教师与校长立足教育实践场域开展研习，创新解决教学和管理难题。由此，"成才"与"成事"相辅相成，理论与实践紧密结合，形成了螺旋式上升发展，为更好建设"名师名校长"培养工程提供了诸多宝贵经验。

一是遵循人才成长规律。"双名工程"分设特级教师与特级校长工作室、学科带头人学科高地和学科基地共 96 个。根据实际，以不同的目标和内容，分层培养优秀骨干教师、学科新星和青年教师，更加注重系统设计、分层培养，并聚合国内外最优质资源，统整多方力量，协力支持项目的高质量运行。既创新了高端教育人才的培养模式，又形成了系统的、相互衔接的后备教育人才储备与培养体系。

二是创新提升核心素养。学科核心素养是育人价值的核心体现，有助于学生形成正确的价值观、必备品格和关键能力，是新时代教育改革的要求。"双名工程"注重激发教师和校长的创新积极性，将培育学生核心素养作为课堂教学改革的重中之重。工作中，由浅入深地分解学科核心素养的内容和层次，提高认知；由表及里地改革教学方法，培养学科能力和核心素养；由此及彼地开展跨学科主题活动和项目化学习，创新培养学生学习方式。这种协同教学机制有助于教师综合素养的提升，同时也为学生提供了更全面的学习支持。

　　三是搭建人才展示平台。教育是动态生成的,为此,我们构建了更开放、更宽广的平台。"双名工程"坚持从实践中来、反思实践、服务实践的理念,形成了特有的、开放的学科文化交流圈,如教学和管理论坛、教学公开课、学术研讨会、区际交流会、发表论文、出版专著等,促进教师与校长在更高层面思考和解决问题,有力地推动专业进步,也提高了嘉定教育的影响力。

　　四是形成培养评价体系。培养工程借鉴了"教学研评一体"观点,从教师教学和校长管理出发,把学习作为过程,突出学以致用,再回到出发点评价教师与校长的变革,由此融合为一体。"教学研评一体"既重过程性评价,又重结果性评价,既有评价量表,又有评价描述,较好地解决了培养评价难题,保证了培养工程的顺利进行,具有创新意义。

　　第五届"双名工程"历时三年,硕果累累,各团队将实践上升为理论,梳理和提炼了一批优质成果,此次成果书系由上海教育出版社集结出版,可喜可贺。今天,当我们在为一件事做总结的时候,也就意味着又一件事的开始。衷心希望,成果书系能够发挥积极作用,给予教师与校长更多前瞻性的启示;更加希望,新一届培养工程继续砥砺前行,传承发展,为嘉定教育高质量发展再献力量!

上海市嘉定区教育局局长

管文洁

2024 年 2 月

序

嘉定素有"教化嘉定"的美称,是江南历史文化名城,民风淳朴,文风鼎盛,风光秀丽,人杰地灵。嘉定教育追求"品质教育",聚力基础教育高品质发展,推动区域教育向着更高质量迈进。嘉定区小学自然教研团队致力于"上有品质的科学课",不断提高学科教师的专业理论水平和教学实践能力,着力推进课堂教学和教学研究高质量发展,努力使科学课堂成为引领学生亲近自然、提升科学素养的有效空间。

"品质"不是简单的事情,比如同样做发动机,如何做到动力更强、油耗更省、体积和噪声更小、寿命更长,也就是"品质"更高,这涉及的因素很多:人员、素质、理念、管理、制度、文化、技术、设计、设备、材料、工艺、标准、流程和用户体验等。同样,"上有品质的科学课"涉及的因素也很多,如课程理念、教师队伍、教研文化和课程资源等等。

从事小学科学教研工作十年,深切感受到嘉定区小学科学教研团队的"品质"。"品质",必须用证据来说明。

证据之一:嘉定区小学科学教研团队对接上海市"基于课程标准的教学与评价"项目的关键,设计与实施主题式和专题式"研训教一体"活动,有计划、有目的地推进小学科学课程与教学的改革。通过深入解读课程标准,为学科教师理解课程标准和落实课程理念奠定基础。同时,开展"目标导向下的学生课堂活动设计""'慧雅'科学阅读促进自主学习"等主题的教研活动,重点研究实现"目标—教学—评价"一致性的策略,突出丰富学习经历、关注情感体验、关注习惯培养的途径。这也为本书的出版奠定了扎实的基础。

证据之二:嘉定区小学科学教研团队成员屡获全国及上海市优质课教学评比、全国实验说课大赛和全国创新教具大赛等的最高奖项;每年都有学科课题申报市、区级课题,并获得立项;以配套视频资源移动硬盘、科学教学资源库网络平台等为载体,通过共建共享、交叉检索、在线预览、资源下载和云盘存储等方式,为学科教师提供结构化共享课程资源;"自然之嘉"微信公众号拓展了信息发布与资源提供的渠道,成为推广"科学阅读"的主阵地。

证据之三:"上有品质的科学课",最终得益的是学生。在 2017 年国家义务教育质量监测评估,嘉定区四年级学生科学学业成绩平均分为 584 分,高于上海市平均 10 分,高于全国平均 84 分;四年级学生在科学理解能力、科学探究能力、科学思维能力三个指标上处于中等及以上水平的比例分别为 96.8%、95.1% 和 94.0%,各项比例均高于上海市平均比例。在 2022 年上海市中小学学业质量绿色指标综合评价学科测试中,嘉定区四年级学生科学学业成绩平均分为 507 分,高于全市平均 7 分;四年级学生在各能力维度上达到 A 水平的比例分别是 43%、67.1%、42.7%、61.7%,各项比例均高于上海市平均比例。

嘉定区小学科学教研团队的"品质",是在区教研室领导下,各校小学科学教研(备课)组和全体教师共同努力和创造的结果。

当前,小学科学亟待解决的问题是"如何在科学教学中落实核心素养"。为此,需要变革教与学方式,强化学生科学素养培育的研究与实践。基于前期教研成果,嘉定区小学科学教研团队以陈健名师工作室为引领,构建学科研修共同体,围绕"核心素养落地"关键问题进行梳理、提炼、分析与解决,自下而上将区域课程教学实践经验加以凝练,最终形成了本书,再次呈现了团队的"品质"。

阅读书稿,深切感受到陈健名师工作室引领学科教研团队研究的"品质"。本书有以下四个特点:一是以核心素养为"靶心"。各章节的撰写以立德树人为导向,以核心素养为理论构架,基于单元整体教学视角,通过教学改进指向学生正确价值观、必备品格和关键能力的培养。二是体现系统性架构。无论是教师的教,还是学生的学,实践理念已从单一科学知识、技能的传授与获取,转变到构建科学观念、科学思维、探究实践与态度责任的系统性课程实施。即以发展学生核心素养为目标组织编写脉络,迭代形成更具有教育意义的学科教学体系。三是紧扣新时代科学教育发展的前沿。紧紧围绕党中央、国务院、教育部加强新时代中小学科学教育工作的精神与要求,开展理论与实践相结合的研究,注意吸收国内外最新的理论与成果,也注意吸收基础教育课程改革的相关经验。四是面向小学科学教学中真实问题的解决。随着新课程方案和课程标准的落地,信息技术的迭代更新,在课程实施、课堂教学和教学评价等方面,学科教师遇到了很多新问题,本书稿为此提供理论内涵的深度剖析和实践应用的策略介绍,为学科教师提供了解决问题的实践性操作指南。本书凝练了嘉定区小学科学教研团队耕耘教育教学第一线,努力探求所积累的经验与成果,呈现了团队追求"品质教育"的心路历程。

"突破瓶颈,传承教化之风;追求卓越,熔铸品质教育"。若把嘉定小学科学教研比作一棵大树,这棵大树通过教研员和学科教师的共同努力,已拥有发展的良好"土壤",在各级教育行政部门和学校的支持下("阳光"和"雨露"),正在向更高"品质"迈进。

品质,物品的质量。田口玄一博士将物品的质量分为两类:第一类是顾客要的,这包括机能本身、外观等;第二类是顾客不要的,例如社会损失、失效、缺点、污染、机能变异等。第二类,是顾客不重视的质量,但正是工程师要重点改善的,它对于市场占有率有着重要的影响。

同样,教育的质量可能也分为两类,一类是服务对象需要的,如学生的健康发展、学业质量等等;第二类是服务对象可能不直接需要的,如学科课程建设、单元教学设计等,但这些也正是我们需要重点探究的,它对于学科教育教学的品质有着极为重要的影响。

没有最好,只有更好。希望嘉定区小学科学教研团队继续努力,为其他区域作更好的教研示范。

上海市教师教育学院(上海市教育委员会教学研究室)

赵伟新

2023 年 9 月 24 日

前　言

　　科学课程是一门体现科学本质的综合性基础课程,具有实践性。小学科学课程有助于学生保持对自然现象的好奇心,从亲近自然走向亲近科学,初步从整体上认识自然世界,理解科学、技术、社会与环境的关系,发展基本的科学能力,形成基本的科学态度和社会责任感,逐步树立正确的世界观、人生观和价值观,为今后学习、生活以及终身发展奠定良好的基础;有助于提高全民科学素质,促进经济社会发展和科技强国建设。小学科学课程立足学生核心素养的发展,以了解物质科学、生命科学、地球与宇宙科学、技术与工程等领域的一些常见基础知识,并初步形成基本的科学观念,以科学思维能力、科学探究和实践能力、科学态度与社会责任的培养为重点,促进学习能力、创新能力的发展,形成清晰和精准的科学课程目标。

　　发展学生核心素养在小学课程实施中已经被视为教学的重点,核心素养的培养为小学教育带来挑战的同时也提供了机遇。本书从小学科学教学设计与实施的新视角、小学科学教学设计与实施的新实践、小学科学教学与研究的新途径等三个部分,详细阐述了在小学科学课堂教学中进行教学设计与实施的具体做法。力图从课程发展、教学设计、教学实施、教学研究等方面,探索可行的操作策略,转变教育方式与学习方式,帮助学生逐步形成适应个人终身发展和社会发展所需要的正确价值观、必备品格和关键能力。如何通过课堂教学研究来上好有品质的科学课,以促使小学科学课程育人价值在教学中得以充分体现,并有效提升学生包括科学观念、科学思维、探究实践、态度责任等方面的核心素养,成为本书力图呈现的主要内容。

　　本书第一部分"小学科学教学设计与实施的新视角",主要阐述小学科学课程的发展与实施、德育视角下的小学科学教学设计与实施和单元视角下的小学科学教学设计与实施等三个方面;第二部分"小学科学教学设计与实施的新实践",主要阐述课程资源的丰富与创新、学习评价的优化与创新、学生作业的拓展与创新等三个方面;第三部分"小学科学教学与研究的新途径",主要阐述项目式学习的设计与实施、基于实践反馈的课堂教学改进研究等两个方面。

通过本书的撰写,嘉定区小学自然学科高地名师工作室的学员也得到了一次有益的锻炼。我们的学员主要是在课堂教学的第一线,基本上没有写过书,最多写过案例、论文或课题研究报告。他们不知道怎么基于教学实践以理论研究的方式进行系统的方法提炼与经验总结,最终形成一本融理论与实践相结合的书。通过这次写书的过程,他们的文本撰写能力有了提高,学科专业素养也得到很大的提升。

本书由名师工作室主持人陈健老师携全体学员共同撰写,第一章由陈健、戴冬琴、王艺晓执笔,第二章由陈豪、甘盛杰执笔,第三章、第八章由潘振炜、蒋苑、胡咪、吴佳宁执笔,第四章由王丹、钱晓斌、沈晓杰执笔,第五章由戴丽莉、陈小婕、王艺晓执笔,第六章由李淑丹、年睿、徐晓洁执笔,第七章由郑靖晔、高嵩、王轶文执笔。

因此,在书稿完成之际我要首先感谢工作室的学员们。为了这本书,他们花费了很多的精力。特别是王丹、王艺晓、潘振炜等老师,她们协助陈健老师为统稿、校审等做了很多工作。也要感谢各章节编写组的组长(戴冬琴、陈豪、蒋苑、戴丽莉、李淑丹、郑靖晔、潘振炜),他们在构建内容框架、组织研讨撰写和修改文稿等过程中作出了同样重要的贡献。同时,特别要感谢的是本工作室的特聘指导专家、上海市教师教育学院(上海市教育委员会教学研究室)小学自然教研员、物理特级教师、正高级教师赵伟新老师。他自始至终关心我们工作室每一位学员的成长,不仅在本书的整体内容架构上提出了宝贵的意见,还亲自为本书作序。由于这是一本由多位一线教师以工作室学员的身份合作写成的著作,所以在观点和体例上难免有不周之处,敬请广大读者不吝赐教。

希望通过本书,对小学一线科学教师开展教学设计与实施、教学实践研究等有一定的借鉴,也能为提高小学科学课程实施品质,提升学生科学核心素养提供支持。

陈　健

2023 年 9 月 25 日

目　录

第三部分 小学科学教学与研究的新途径

第一部分

小学科学教学设计与实施的新视角

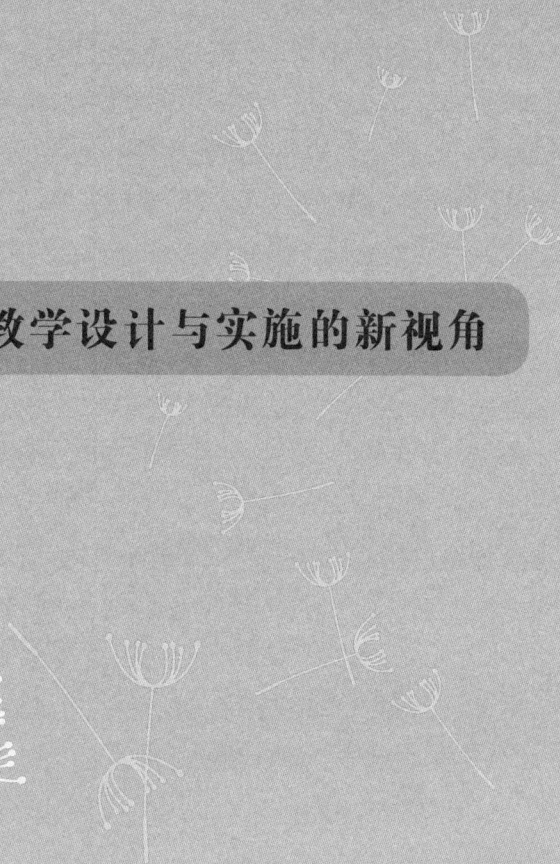

第一章　小学科学课程发展与实施

从全球来看,科学课程历经 200 多年的发展,在一些国家的教育体系中逐渐被赋予了核心课程的地位。我国的小学科学课程比西方国家发展晚一些,但我国的科学教育也已有 2000 多年的历史了。特别是在 21 世纪初,小学科学课程成为我国义务教育阶段课程改革的重要组成部分。回溯西方小学科学教育发展的历史轨迹,比较部分发达国家的科学课程与教材,对于促进我国当前小学科学的教学实践以及把握未来小学科学课程的发展趋势具有非常积极的意义。本章将从国际上小学科学课程的发展、我国小学科学课程的发展、我国小学科学教学实践与研究的发展等三个方面进行阐述。

第一节　国际上小学科学课程的发展

一、国际科学教育的发展历程

科学教育的历史悠久,20 世纪 50 年代以来国际科学教育的相关研究得到极大的发展,取得了大量研究成果。随着 20 世纪 80 年代以来新一轮课程改革浪潮的兴起,科学教育的相关研究受到极大的重视。

(一)20 世纪 50 年代末期科学课程改革的启动阶段

1945 年,美国联邦科研及开发办公室主任布什在"科学:无边的疆界"报告中,呼吁"改进科学教育迫在眉睫"。这份报告促进 1950 年美国国家科学基金会(NSF)的建立,极大影响了科学课程的改革。20 世纪 50 年代冷战时期的政治军事对抗,使得科学、技术及科学教育的巨大作用日益被美国等发达国家所重视。20 世纪中叶,科学课在小学教育中的地位仍然没有得到确立,在课程安排上,至多只是一门选修课,不过,出现了以科学知识和科学方法为目标的现代小学科学课程的雏形[1]。

---

① 万东升,魏冰.科学本质教学内容的国际比较与启示——以英、美两国《新标准》为例[J].教育科学,2015.

（二）20 世纪 60 年代至 70 年代现代小学科学课程的确立

20 世纪 60 年代始，自然学习模式退出历史舞台，小学科学课程模式逐渐形成。"做个科学家"成为了这次课程改革的口号。同时，出现了有较大影响的小学科学课程，如 ESS 课程（The Elementary Science Study）、SAPA 课程（Science-A Process Approach）、SCIS 课程（The Science Curriculum Improvement Study）。这次课程改革确立了小学科学课程的必修课地位，明确提出了以科学事业为核心，就是科学概念和科学方法[①]。

（三）20 世纪 80 年代至 90 年代中期基于"建构主义"的小学科学课程

美国在 1985 年启动的"2061"计划，总结了 20 世纪 60 年代的经验教训，并在运用建构主义理论进一步丰富了"探究"和"过程"的教学意义的基础上，提出了全新的科学教育目标：发展全体民众的科学素养。建构主义的教育无限地扩大儿童建构的主观能动性，否认客观世界的可知性，从根本上违背科学精神，也带来科学教育质量的下降[②]。

（四）20 世纪 90 年代中期以来趋向成熟阶段

20 世纪 90 年代小学科学课程改革进入了新的成熟阶段。其中，最显著的标志是美国第一次推出了全国统一的小学科学课程标准，监控全国的科学教育质量。1995 年 12 月 6 日，美国研究委员会组织编写的《国家科学教育标准》正式出台[③]。

在过去的几十年中，欧美等发达国家已经形成了一些较为成熟的科学教育经验，一直引领着全球科学教育的发展，可以为我们提供一定的参考。我国正向第二个百年奋斗目标迈进，需要大力推进科学教育的发展。

二、部分国家科学课程的发展与比较

（一）不同国家科学课程标准的发展变化

1. 美国科学课程标准的发展变化

1985 年，美国政府启动了举世瞩目的"2061"计划。十年后，出台了美国历史上首部国家科学教育标准（National Standards of Science Education，1995）。

---

① 胡献忠.西方小学科学课程发展的历史回顾与展望[J].全球教育展望，2001.

② 蔡忠平.重视教材改革推进科学教育——美国布鲁纳科学教材改革及其启示[J].外国中小学教育，2003.

③ 丁念金.美国中小学课程决策机制的变迁及其启示[J].外国中小学教育，2003.

此后,美国又在 1996 年颁布了国家科学教育标准《National Science Education Standards》,并在 2011 年制定了《A Framework for K‐12 Science Education》(K‐12 科学教育框架)①,2013 年,颁布了《Next Generation Science Standards:For States,By States》(下一代科学标准),简称 NGSS②。

NGSS 在 2013 年 4 月 9 日正式发布,NGSS 的制定总共历时 3 年。NGSS 指出在整个小学、初中至高中阶段,学生应该有动手"做"科学的机会。因为学生所学知识的程度、范围都会影响其今后的发展。学生在实践能力方面的表现,是能检验学生学习水平的最佳手段。

科学概念的建立与发展贯穿于幼儿园至十二年级,鉴于以往的科学教育标准中学科知识的零散性、不连贯性。NGSS 提出了跨越时间限制来建立和运用标准的模式,即学科核心概念。目标是让学生将重点放在基础内容上,以此作为学生进步的基石,帮助他们形成科学素养③。

NGSS 注重更深层次内容的理解及应用。由于同一核心概念可能出现在不同年级段,其内容的难度有所增大,或者其侧重点将会有所不同,通常专家运用所研究领域中的核心原则和理论结构来解决问题,而新手只是孤立地,甚至对立地看待知识片段,难以组织和整合知识。所以,NGSS 期望通过实践来连接核心概念和跨学科概念,帮助学生从新手向专家过渡④。

2. 英国科学课程标准的发展变化

17 世纪的"阿卡德米"(Academy)实科中等学校出现了自然科学的思想。18 至 19 世纪期间,政府鼓励在中学开设自然科学课程。1903 年,英国出版了《中学章程》,其中明确规定把科学列为中学应当开设的九门课程之一。1944 年教育法颁布后的几十年中,多元化成为英国中小学课程的共同而显著的特征。1988 年,英国议会通过《教育改革法》,规定在全国中小学实施国家课程。国家课程由 10 门学科组成,其中核心学科有 3 门,即英语、数学和科学;基础学科有 7 门,即历史、地理、技术、美术、音乐、体育和现代外语。把科学与英语、数学并

---

① Gillam,David. A Framework for K‐12 Science Education:Practices,Crosscutting Concepts,and Core Ideas[J]. EN,2012.

② 汪甜,崔鸿,刘胜祥.美国加利福尼亚版小学科学教材的设计特点分析.现代中小学教育期刊[J],2006.

③ Okhee Lee,Emily C. Miller,Rita Januszyk. Next Generation Science Standards:All Standards,All Students[J]. Journal of Science Teacher Education,2014.

④ 胥炜,徐学福.美国版科学教材对我国小学科学教师的挑战及对策.辽宁教育研究[J],2008.

列为三门核心学科之一①。

1989 年,英国颁布了《国家科学教育课程标准》,它是历史上首部国家科学教育课程标准,由英国教育和科学部颁布。它是英国科学教育历史上第一部全国统一的课程标准,成为英国中小学科学教育的纲领性文件。在此基础上,英国教育和科学部分别在 1991 年和 1995 年对其进行了修订和调整。英国新成立的教育与就业部(DFEE)和资格与课程委员会(QCA)于 2000 年共同颁布了面向 21 世纪的《国家科学教育课程标准》。英国在 2014 年 12 月,颁布了 The national curriculum in England 英国国家课程大纲,是课程框架指导文件②。

(二) 英美国家科学课程标准的比较

NGSS 是学生"预期表现"的标准而不是课程标准。预期表现仅仅是为评估发展提供指导,而教什么、什么时候教都是需要作决策的。尽管每个预期表现都包含了标准的编辑框架中的三个维度——科学与工程实践、核心学科的概念和跨学科概念,但并没有决定这三部分如何连接到课程、单元和每一节课中。教师还需要来决定用什么样的教学计划把实践与概念连贯起来,帮助学生达到这些标准③。

2014 年,英国修订并完善了科学课程标准。在最新版的科学课程标准中,明确了科学课程学习的三个总体目标:①科学知识和概念理解。②科学的本质和过程方法。③科学的应用。在目标中,提出了科学本质的概念,但是"科学本质"还没有单独作为一个目标来概述,而是将科学本质与科学过程和方法融合在一起。贯彻科学探究的思想,探究学生生活中的科学现象和科学问题,在这个过程中,渗透科学本质的相关知识。

NGSS 中指出了关于科学本质的教学内容:①科学研究使用各种方法。②科学知识以实证证据为基础。③根据新的证据,科学知识有可能修改。④科学模型、定律、机制和理论解释自然现象。⑤科学是认识世界的一种方式。⑥科学知识假设自然系统中有次序和一致性。⑦科学是一种人类的努力。⑧科学针对人造和物质世界的问题④。

① 张昊.英国科学课程实施"教师主导评估"的介绍及启示[J].生物学教学,2010.
② 胡献忠.新版英国国家科学教育课程标准及其启示[J].全球教育展望,2001.
③ 万东升,魏冰.科学本质教学内容的国际比较与启示——以英、美两国《新标准》为例[J].教育科学,2015.
④ 刘腾.中英小学科学课程标准比较研究[D].扬州:扬州大学,2014.

英国在新标准中,把学习分成四个阶段:K1、K2、K3、K4(K2 阶段又分为上、下两段)。其中,科学本质的相关内容体现在各阶段的分目标中。

NGSS 把学习分为四个阶段:K—2、3—5、初中、高中。其中,在不同的学习阶段,对科学本质的学习要求进行细化。低年段学生的目标是理解科学方法、科学问题、科学观察、自然世界具有规律性等科学基本特征。高年段学生能从"反思科学"的角度理解科学与社会、科学的历史发展过程以及科学"能做什么""不能做什么"等问题[①]。

三、部分国家小学科学教材的特点与比较

(一) 部分国家小学科学教材的特点

1. 美国小学科学教材的特点

美国为了下一代儿童能够适应科学技术和社会生活变化,美国促进科学协会于 1985 年联合美国科学院联邦教育部等 12 个机构,发布了致力于科学知识普及和实行中小学课程改革的《2061 计划》。在该计划的推动下,科学教育工作者编排了"Science A Closer Look、FOSS、STC、INSIGHTS、Science Fusion"等几类教材。

Science A Closer Look 系列教材是麦克劳-希尔(McGraw-Hill)出版集团出版的一套科学教材,也是加州公立学校选用的科学教材。该教材文笔生动活泼,内容丰富多彩,图片精美绝伦,能激发小朋友对科学的浓厚兴趣。教材共 6 本(Grade 1—Grade 6),每本彩印,400 页左右。每级教材由 Life Science(生命科学)、Earth and Space Science(地球和空间科学)和 Physical Science(自然科学)三个主题组成,内容逐层深入,螺旋上升,图文并茂,通俗易懂。

Science Fusion 系列教材是现在美国德州公办小学正在使用的一套科学教材,针对美国德州公立小学 GK 至 G5 阶段儿童所使用。全套教材包括学生用书、教师教学参考书、科学活动的小挂件等资源。该教材从 K 到 Grade 5,共 6 个级别,适合国内 8—12 岁小学生使用,是由霍顿米夫林哈考特(Houghton Mifflin Harcourt)集团出版的一套顶级科学课程教材,完全覆盖美国最新科学课程标准,成功地将课堂学习、家庭学习、网络学习和纸质课本学习进行了优化

---

① 刘洁.中美小学科学内容标准的比较研究[D].上海:上海师范大学,2013.

组合,为学生迎接深度课程学习和未来工作打下了坚实基础①。

Science Fusion 教材贴心设计,课本、练习本合二为一,课程规划着重于培育学生成为一个有思考力、有创造力的科学家,涵括了地球和宇宙科学、物质科学、生命科学三大主要领域,还增加了探究活动挂图、评估指南、规划指南三种配套资源。

下面以 Science Fusion 系列教材为例,分析教材的特点。

(1)教材的设计

每节课都设计有几个固定的栏目来引导学生学习,把"教材"变为"学材",充分体现学生的主体地位,把学生在课堂中参与的学习活动纳入教材中。教材内容的呈现顺序体现问题驱动,将"单向注入式"教学变为学生主动参与的"读—想—做"的启发式教学,便于学生自主用教材学习,而不是有助于教师的教。

(2)教材的设计理念

教材的设计体现出阶段性、层次性的特点,以此来推动教学内容。将学习目标放置在情境中,学生置身于情境中提出问题。在教师的引导下,学生思考问题的解决办法;在教师的启发下,学生尝试解决难题。学生根据自己的问题解决方案进行实践,动手解决问题,最后分析实验现象并得出结论,进一步用自己得出的结论解决类似的问题,对所学知识进行拓展。通过解决问题的过程,启发了学生的思维,提高了学生的学习注意力。还可以借助生活化的实验材料和活动来解决问题,使抽象的知识变得具体化,更有助于学生将所学的知识运用于实际生活中。

(3)教材的内容组织

教材中很多内容呈现螺旋式上升的编排方式。许多知识点在不同册的同一单元中反复出现,但是对学生的学习要求呈现逐步递进的趋势,符合学生的认知规律和学习习惯,这样的安排是合理的。因为学生的认知活动是一个点滴积累、逐步提高的过程,是一个由感性到理性、从量变到质变的过程。学生对科学知识的认识从感性认识开始,通过头脑的加工整理上升到理性认识,得出结论。有些内容可以在本单元内安排小循环,有些内容则可以在几个年级,甚至从一年级到五年级之间安排大循环,形成小学科学教学的合理知识结构。

(4)教材的图片和排版

教材中出现的图片基本上都来源于生活,呈现生活中真实的科学现象,具有

---

① HM Harcourt. Science Fusion[M]. Holt McDougal,2012.

生活气息。从教材的封面到其中的小插图，都是与生活十分贴近的图片。如所选取的动物(青蛙、蛇、公鸡等)和植物(蘑菇和大豆等)、水果(石榴、西瓜、柠檬等)都是真实的照片。教材的排版清晰，便于学生进行自主学习。书本的图片色彩丰富，选取的各种动物、植物的照片都十分逼真，能引起学生的兴趣。

（5）教材的编写模式

教材的编写模式是：提出问题—探究过程和方法—研究结论—总结评价。教材的编写符合学生的心理发展规律，教材的编写模式兼顾学生的心理状况。在学习科学概念时，不是让学生机械教条地背诵科学定义，而是重新经历科学家所经历的研究道路，体会科学家的心路历程；学习科学家的研究方法，鼓励学生在生活中发现问题。从发现问题开始，然后进行信息收集，形成自己的实验猜想，进行实验设计，完成相关的实验操作，记录和分析实验数据，最后得出实验结论，以"学生动手做科学"的发展为主线编写。

（6）教材的配套资源

教师指导用书，为教师提供了具备一定深度和细节的教学指导；学生活动手册，指导学生按课程要求进行操作、实验。此外，还要求在教学中使用多种类型的技术、工具，帮助学生运用所学的科学知识进行实践探索，使用教材提供的光盘和网站查阅相关信息。学生通过参与各种各样的兴趣活动，使用常见的实验材料，接触基本的科学设备。

2.日本小学科学教材的特点

日本小学教科书的出版与我国相似，也具有国家审定制度，只有通过国家审定合格的教科书才能出版发行。目前，通过国家审定的小学科学教科书共有6个版本：东京书籍、教育出版株式会社、大日本图书、学校图书、信浓教育、启林馆。

下面以日本教育出版株式会社小学科学教科书版本为例分析教材的特点。

（1）教科书与生活联系紧密

日本小学科学教科书上的实验所用材料都是便宜并且容易找到的，有的甚至可以利用生活中的"垃圾"。日本小学科学教科书与生活联系紧密的特点为教学的有效实施提供了保障，有利于学生深刻理解所学知识，扎实地掌握操作技能，同时也有助于学生在亲自动手操作时认真思考问题，并能够通过自己的思考得出结论。

（2）教材插图生动有趣

趣味性体现在教科书中的照片上，每张页面中照片所占版面多于文字所占版面,照片大多是观察、实验活动等具体操作性动作的说明。教科书的照片非常有利于理解学习内容,而且色彩丰富。趣味性体现在教科书中的卡通图上,很符合小学生的喜好。每单元的第一页都配有丰富的卡通图。

（3）突出科学探究的本质

日本小学科学教科书中,科学概念都是学生在通过亲自观察、实验、分析、总结后得出的,突出实证性的特点。日本小学科学教科书的实证性特点非常有利于学生基于证据得出结论,从而使自己的想法更具有可验证性,也具有可信性。

3. 英国小学科学教材的特点

牛津大学出版社出版的《牛津国际小学科学》（Oxford International Primary Science）教材全六册,《牛津国际小学科学》教材所体现的基本教育理念是在提问、探究的过程中去学习。

下面以这套教材为例,分析教材的特点。

（1）强调大概念和核心概念

教材中体现了科学不是一个个孤立的知识点,而是一开始就要进行科学实践,形成科学的思维习惯,学会做科学探究,善于做科学探讨。从提问和质疑开始,引导孩子去思考,去实践,去找证据,去发现,去阐释。在这个不断循环前进的过程中,理解概念,解决问题。

（2）教学内容组织螺旋上升

《牛津国际小学科学》教材所体现的国际化科学教育是在四大领域同步进行的:科学方法、生命科学、物理、化学。每个年级的课本里,都同时包括这四方面的内容,分6级（6个阶段）层层递进、螺旋上升。

（3）呈现科学探究的过程

呈现科学探究的过程,鼓励孩子亲历科学探究。这种方式可以让孩子初步有"科研"的感觉,观察、记录、总结让孩子对科学探究有更深入的理解。学习重点并非去记住某一条知识点,而是在实践中学习"获取并运用科学知识"的方法,这种收获是"无价"的。

（二）部分国家小学科学教材的比较

通过对不同国家小学科学教材的分析,发现有一些突出的共同特点。教材围绕大概念进行编写,以"学习进阶"作为学习的导航图。培养对科学大概念的理解是贯穿于正规教育及正规教育之外连续的渐进过程。大概念始于小的、局部的和特定背景下的概念,这些概念是通过研究特定现象而形成的。对每一个学习的个体来说,从最初基于他们先前经验而形成的特定想法,进展到能够解释较大范围有关现象且更为有用的概念,需要一个进展的过程,需要了解不同学习阶段中,学生的学习经验和大概念之间的联系。将核心概念贯彻教学过程中,始终以科学课程标准为指南,立足全角度进行教材分析,有助于明确单元和课时重点,科学地制定课程目标,合理分配课时任务,有效策划课时设计。强调活动和知识两方面的教学。应在学生已有的前概念基础上激发其兴趣,生长出新的知识点,活动的设计要有些挑战性,挖掘学生已有的潜质。所以大概念与进阶式学习就像两根筷子,二者缺一不可。

教材配图色彩斑斓,丰富生动,贴近生活。教材插画中出现的人物衣着有讲究,表情也很丰富,学生所接触和学习的内容会越来越多,好奇心和想象力会更加丰富。在插图的设计上也别出心裁。配图颜色绚丽,充满生机与活力,体现了这个年龄段孩子的张扬个性。用生动形象的图片展示,从学生的视角出发,照顾到每一个孩子的发展水平,通过丰富的图片既可以在已有前概念儿童的认知上建构新内容,又可以对没有前概念儿童进行知识的形象解读。一方面符合孩子的好奇心理,增加教材的可读性,引起学生学习的兴趣,另一方面将隐性的知识显性化,将学习与生活关联在一起,使得知识内容具有生活范本,课堂教学是真实生活的写照,便于课内学习向课外实践延伸。

教材内容注重知识的实用性和可视性。许多科学概念都是抽象化的知识点,这些教材贴近学生的生活实际,通过自然现象图片和生活场景将隐性知识显性化,核心概念的呈现则是根据学生的认知水平分层次螺旋式地组成基础知识框架。从学生的生活经验出发,经过学生独立思考的有步骤的科学探究和有计划地观察、搜集数据,比较和组织等科学思维,使得科学知识在这样充分的教学时间内得到理解和内化,问题在活动中得以解决。

四、国际上小学科学教育发展及其影响

(一)国际上小学科学教育的发展趋势

国际上,越来越多的国家关注到"学习本质"的学习对学生发展的影响,越来越多的国家开始投入到对"科学本质"的研究中。学生在学习科学的过程中,不仅要重视对科学概念和科学方法的学习,更要在探究自然现象、总结规律的过程中,关注科学教育的本质,从而提高对科学观点演进和证明过程的认识。从研究主题来看,"科学论证""学习进阶""评价和测量"等主题逐渐成为科学教育的热

议话题。这些新兴热门研究主题在研究范式上都具有一个共同特征：基于实证的研究①。

科学领域解决的问题具有综合性和跨学科性的特点。科学教育过程中参与的对象包含教师、学生、教学等多个因素，其中还包括教学环境、教学具等多种因素的参与，多个方面互相影响，它们之间相互作用，共同构成一个统一的教学系统。单一的学科知识储备无法解决复杂的科学问题，需要科学教师打破学科界限，灵活综合运用多个学科的知识，从而解决复杂的科学问题。还可以探索师师合作的路径，开展跨学科教研，成立合作研究综合体，开展更多的活动实践，从而更好地解决真实世界的问题②。

（二）国际上小学科学教育发展对我国的影响

总体来说，我国科学教育的发展历程和国际上科学教育的发展历程是相吻合的。1992年，我国诞生新学制，采用六三三分段法。此时，国际科学教育的价值取向为：实用价值与人文价值并重，既指向个体的物质生活与精神需求，又指向社会的物质生产发展与思想观念转变。同时，我国也出现了新的价值取向："养成对于科学的研究态度和试验精神""克服对自然的神秘迷信"等。2017年，倡导培养学生科学核心素养。国际上倡导科学教育的多元价值，我国也研制出核心素养框架，培养面向未来的人才③。

本节梳理了国际科学教育的发展历程，从"科学课程标准的发展变化"和"科学教材的特点"两个角度，比较了部分国家科学课程的发展变化和特点，为我国科学课程的发展提供一些启示和思路。

第二节　我国小学科学课程的发展

一、我国小学科学课程定位与发展

（一）课程名称的变化

自1904年癸卯学制颁布实施以来，小学就设置了专门的科学课程——"格致"。对我国的科学教育来说，"格致"起着奠基石的作用。1912年，中华

① 翟小铭,郭玉英.美国科学建模教育研究三十年概述及启示[J].全球教育展望,2015.
② 潘洪建.国际小学科学课程目标:成就与问题(2001—2020)[J].当代教育与文化,2022.
③ 胡卫平.科学课程与教学改革的未来走向[J].中国科技教育.2022.

民国《小学校令》中,将小学堂中的"格致"改成"理科"。1923 年,《新学制课程纲要总说明》中,小学堂中的"理科"又被改名为"自然"。整个 20 世纪,我国小学科学课程的名称基本上就是"自然""常识""自然常识"。彼时的科学工作者认为"自然"研究的主要对象和内容是自然现象、自然事物,注重的是知识的学习,这与当时美国专家的认识截然不同。"自然"这一名称一直使用至 2000年。2001 年,《义务教育课程设置实验方案》改"自然"为"科学"。"科学"课程不仅将研究的对象从自然现象、自然事物扩展到了人文知识、人文精神及科学、技术与社会的关系,还更加注重科学的探究过程和方法,这一点与国际科学教育的发展趋势是相符合的。

课程名称的改变反映了人们对科学课程认识的逐步深化过程。人们对科学课程的认识经历了从"自然就是了解关于自然的知识"到"科学本身不是知识,而是产生知识"的转变过程。100 多年来,我国科学工作者对科学课程进行不断的探索,在探索中不断有新的发现,逐步深化了对科学课程的认识。

(二) 课时设置的变化

通过查阅文献,对不同年份科学课开设年段、课时设置占总课时的比例作了计算和比较,结果见表 1 - 2 - 1①。

表 1 - 2 - 1　不同年份科学课开设年段、课时设置占总课时比例表

课程名称	年份	开设年段	占总课时比例(%)
格致	1904	初小	3.33
		高小	5.56
理科	1912	高小一年级	6.67
		高小二、三年级	男 6.67、女 6.25
	1916	高小一年级	6.25
		高小二、三年级	5.88
自然	1923	初小一、二、三年级	12(含园艺课程)
		初小四年级	8
		高小	8
	1932	一到六年级	11.7

① 谢恭芹.中国近现代小学科学课程演变研究[D].北京:首都师范大学,2008.

（续表）

课程名称	年份	开设年段	占总课时比例（％）
自然	1936	高年级（五、六年级）	10.9
	1942		8
	1948		8
	1952	四、五年级	4.58
	1963	五、六年级	2.15
	1978	四、五年级	2.59
	1981	三、四、五年级	4.7
	1988	一到五年级	5.9
	1992	一到五年级	5.9
科学	2001	三到六年级	7—9
	2017	一到六年级	7—9
	2022	一到六年级	8—10

从科学课程占总课时比例来看，民国初期为 10％ 左右。中华人民共和国成立后，小学自然课教学时数占小学总课时的比例从 1952 年的 4.58％ 降至 1963 年的 2.15％，呈下降趋势。改革开放以后，1978 年、1981 年、1988 年、1992 年的自然课占五年制小学总课时的比例分别为 2.59％、4.7％、5.9％、5.9％，呈上升趋势。与前期相比，自然课程的地位在逐步提升，这与改革开放实施"科教兴国"的国策是分不开的。2001 年，《全日制义务教育科学（3—6 年级）课程标准（实验稿）》[以下简称《课程标准（2001 年版）》]发布，"自然"改为"科学"，小学科学课程占总课时设置的比例为 7％—9％。2022 年《义务教育科学课程标准（2022 年版）》[以下简称《课程标准（2022 年版）》]发布，科学课时的占比为 8％—10％，比原来的 7％—9％ 又有所提升①。

从起始学段看，1923 至 1941 年，小学自然课设置在一至六年级。1942 至 1987 年，自然课设置在五、六年级。1988 至 2000 年，小学自然课设置在一到六年级。2001 年科学课的设置为三至六年级，科学课不再单独在低年级开设。然而在课程实际实施中，研究者们发现低年级不开设科学课会带来一些问题，如学生在低年级时没有经历动手做科学实验的过程，抑制了后续学习科学的兴趣；低

---

① 中华人民共和国教育部.义务教育课程方案[S].北京:北京师范大学出版社,2022.

年级科学教育被大大削弱,幼儿园的科学教育与小学的科学教育无法顺利衔接。于是,发布于 2017 年的《义务教育小学科学课程标准》[以下简称《课程标准(2017 年版)》]明确提出恢复科学课程单独在低年级开设,即在小学一、二年级增设科学课。至此,科学课程又开始贯穿整个小学教育全程,课程地位明显提升,这既符合世界科学教育发展的趋势,也符合我国重视科学教育的现状。

（三）课程性质的变化

从不同年份科学课课程性质的描述(见表 1-2-2),可以发现,科学课的课程性质也是在不断演变的。

表 1-2-2　不同年份科学课课程性质的描述

年份	科学(自然)课的课程性质
1977 年之前	未对自然课的性质予以明确界定
1977 年	自然常识是小学阶段学生学习自然科学知识的一门主要学科
1986 年	自然课是对小学儿童进行科学启蒙教育的一门重要基础学科
1992 年	自然是义务教育小学阶段的一门重要基础学科
2001 年	小学科学课程是以培养科学素养为宗旨的科学启蒙课程
2017 年	将小学科学课程定位为一门"基础性课程""实践性课程""综合性课程"
2022 年	义务教育科学课程是一门体现科学本质的综合性基础课程,具有实践性

从上表可以看出,经过 100 多年的不断探索,小学科学课程的性质经历了从未定性向明确定性的转变,从"主要学科""基础学科""启蒙学科"向"基础性""实践性""综合性"课程转变,课程的蕴意不断丰富,课程意义也不断凸显。

（四）课程理念的变化

在 20 世纪的《纲要》《大纲》等文件中,均未对自然课的课程理念进行描述。进入 21 世纪,教育部颁布《课程标准(2001 年版)》,科学教学改革的新篇章由此翻开。纵观 21 世纪三个版本的科学课程标准,其阐述的课程理念指向科学课程的对象、学生观、学习方式、课程内容、课程资源、课程评价等方面,具体的课程理念主题阐述比较见表 1-2-3。

表1－2－3　各版本科学课程标准课程理念主题阐述比较

年份 课程理念指向	2001年版	2017年版	2022版
课程的对象	面向全体学生	面向全体学生	面向全体学生,立足素养发展
学生观	学生是科学学习的主体	突出学生的主体地位	激发学习动机
学习方式	科学学习要以探究为核心	倡导探究式学习	加强探究实践
课程内容	科学课程的内容要满足社会和学生两方面的需要	保护学生的好奇心和求知欲	聚焦核心概念,精选课程内容;科学安排进阶,形成有序结构
课程资源	科学课程应具有开放性	未单独列出,但体现在其他理念的具体阐述中	未单独列出,但体现在其他理念的具体阐述中
课程评价	科学课程的评价应能促进科学素养的形成与发展	/	重视综合评价,促进学生发展

1. 课程的对象

通过比较不难发现,不同版本课程理念阐述唯一不变、一直放在首位的是明确科学课程面向全体学生,要求科学课程要为全体学生提供合适、公平学习与发展的机会,满足学生的个性发展、终身发展和适应社会发展的需要。

2. 学生观

2001年版与2017年版课标都以标题的形式提出学生是科学学习的主体,要突出学生的主体地位。2022年版课标虽然没有将这样的学生观以标题的形式列出来,但在阐释"激发学习动机,加强探究实践"课程理念时,已然包含了要突出学生的主体地位这一理念。

3. 学习方式

2001年版课标开始提出科学的学习要以探究为核心,强调探究是科学学习的目标,同时是科学学习的方式,提倡学生学习科学的主要途径就是亲历以探究为主的学习活动。2017 年版课标关于学习方式的阐述变成了"倡导探究式学习",明确界定了"探究式学习"的内涵,纠正了此前的一些偏激做法,着重强调与肯定小学科学的学习方式的多元化。2022 年版课标提出了探究实践,学习方式则变为了以探究和实践为主的多样化学习方式,更加注重让学生经历科学探究以及技术与工程实践的过程。

4.课程内容

（1）课程内容选择

2001 年版课标提出了小学科学的课程内容要满足社会和学生两方面的需要,强调知识、能力和情感、态度、价值观的整合。2017 年版课标提出小学科学课程的组织与教学要兼顾知识、社会、儿童三者的需求,将科学本质、科学思想、科学知识、科学方法等学习内容镶嵌在儿童喜闻乐见的科学主题中,保护学生的好奇心和求知欲[①]。2022 年版课标则更强调要聚焦学科核心概念,遵循"少而精"原则,精选与每个核心概念相关的学习内容。

（2）课程内容结构

2017 年版课标对学习内容的呈现融入了学习进阶的理念和成果,而 2022 年版课标则明确提出了"科学安排进阶,形成有序结构"课程理念,即要基于学生的认知水平和知识经验,科学安排学习进阶。一是学习内容由浅入深、由表及里、由易到难,二是学习活动从简单到综合。将学习内容和学习活动有机整合,规划适合不同学段的、螺旋上升的课程目标和课程内容,设计适合不同学段学生的探究和实践活动,形成有序递进的课程结构[②]。

5.课程资源

2001 年版课标提出"课程应具有开放性",指向的是课程资源的问题,是指科学课程在学习内容、活动与组织、作业与练习、评价等方面应该为教师和学生提供选择的机会和创新的空间。2017 年版和 2022 年版课标并未将此理念单独列出,实则它也会出现在其他理念的阐释中,如:2017 年版本在阐释"倡导探究式学习"理念时提及"为学生提供更多自主选择的学习空间和充分的探究式学习机会",2017 年版课标在阐释"突出学生的主体地位"理念时提及"充分利用学校、家庭、社区等各种资源",2022 年版课标在阐释"激发学习动机,加强探究实

①　中华人民共和国教育部.义务教育小学科学课程标准［S］.北京:北京师范大学出版社,2017.

②　中华人民共和国教育部.义务教育科学课程标准［S］北京:北京师范大学出版社,2022.

践"理念时也提及"利用学校、家庭、社区的各种资源,创设良好的学习情境"。

6. 课程评价

2001年版课标提出了课程评价的理念,指出要用多元化的评价指标、多样化的评价方法促进学生科学素养的形成与发展。2017年版课标未在"课程理念"部分提及评价,但在"实施建议"部分提出了评价建议,强调教学和评价是课程实施的两个重要环节,相辅相成。通过立体多元、方式多样的学习评价可确保课程实施质量,促进学生科学素养的发展。2022年版课标则提出要构建素养导向的综合评价体系,指出综合评价体系探索的方向:改进结果评价、强化过程评价、探索增值评价,提出综合评价还要充分利用信息技术,全面提高评价的科学性、专业性和客观性,强调主体多元、方法多样、内容全面的评价,充分发挥学校、教师、学生等多主体参与评价的积极性。

二、我国小学科学课程目标的演进

100多年来,不同时期的小学科学课程目标在表述上经历了从教学要旨、教学目的到课程目标的转变。在改革开放初期,"知识观"是我国小学科学课程的主要目标,教师的主要任务是传授知识,学生记住科学知识即可。随之,"能力观"在科学课程的发展中逐渐占据主导地位,开始强调"双基"教学,即知识与能力并重,要使学生获得相对系统的科学知识的同时还要掌握相应的技能方法。到了20世纪末21世纪初,课程理念转变为素质教育,开始提倡"素质观",提出科学课程要培养学生的科学素养。总体上讲,我国小学科学课程目标实现了从经验充实、自然理解,到知识传授、能力发展,再到素养主导的重大转向,适应了不同时代社会生产生活发展的需要。

（一）经验充实,自然理解时期

清末格致课程的目标是了解自然物的基本知识,自然物之间以及自然物与人的关系,唤起儿童对自然界的兴趣,增强儿童观察、推理的欲望。民国初期比较注重实利主义,重视自然科学的基础知识,强调基于儿童经验的自然学习。

1923—1949年,小学科学课程的目标是逐步扩展的,从基本的科学知识、技能,到明确人与自然的关系以及研究自然的兴趣再增加到养成科学的研究态度和试验精神,从而培养儿童爱护自然、欣赏自然的兴趣和道德。

（二）知识学习,能力发展时期

新中国成立至改革开放前,自然教学的主要目标是科学知识的传授,希望通过小学自然教学传授科学知识,提高国民的科学素质。除此之外,能力和方法目标由抽象变为了具体。如1950年颁布的《小学高年级自然课程暂行标准初稿》中提出"指导儿童获得初步的生产常识,增进用科学的思想方法和态度,以及观察、研究、试验、创造的兴趣和能力。"1956年颁布的《小学自然教学大纲》草案中规定的自然课的目标为"发展儿童的观察力、发展儿童的语言和逻辑思维的能力。"文革十年,开始重视劳动教育,自然学科真正成为了边缘学科。

1977—1999年,小学自然特别强调学生能力的发展,如在1977、1978年《全日制十年制学校小学自然常识教学大纲》中提出"培养学生观察、分析自然界事物的初步能力和进行科学实验的初步技能";1986年颁布的《全日制小学自然教学大纲》中指出"在指导儿童认识自然界的过程中着力培养、训练、发展他们学科学、用科学的能力,主要是观察能力、实验能力、逻辑思维能力、想象能力、创造能力以及栽培、饲养、制作等能力。"与改革开放前相比,自然课程的目标实现了从知识传授到能力发展的飞跃,体现了改革开放对科学教育提出的新要求。

（三）目标分级,素养主导时期

1999年,上海实施了第二期课程教学改革,上海市教育委员会教学研究室组织制定并颁布了《面向21世纪上海市小学自然学科教育改革行动纲领》(以下简称《行动纲领》),确定了"以学生发展为本,科学知识、科学方法和科学态度全面均衡发展,以创新精神和实践能力为核心,培养学生的科学素质"的改革目标。《行动纲领》引发了小学自然学科课程目标的三大转变:一是从要求掌握"自然常识"到全面培养学生科学素养的转变;二是从"以科学方法为主线"到"以科学探究为核心,让学生经历科学探究过程"的转变;三是从"知识、能力本位"到"以学生发展为本"的转变。《课程标准(2001年版)》提出小学科学"以培养科学素养为宗旨",从科学知识、科学态度、情感态度与价值观等三个方面提出了课程的总目标和分目标,大致勾画出了小学生科学素养的轮廓。这既是对原《全日制小学自然教学大纲》的继承和超越,也充分体现了新的时代精神,意味着我国的科学教育跨入了素养主导的时期。《课程标准(2017年版)》直接提出科学课程培养的总目标是"培养学生的科学素养",并就科学素养给出了明确定义,围绕科学知识、科学探究、科学态度、科学技术与社会环境等四个方面提出了每个学段的具体目标,层次显得更加清晰。《课程标准(2022年版)》的课程目标则对应核心素养,包括科学观念、科学思维、探究实践、态度责任等方面,科学课程的四个核心素养相互依存,共同构成一个完整的体系,体现了科学课程的育人价值[①]。相比前一版本,2022年版课标凝练了科学课程核心素养,对科学课程要培养的学生核心素养作出了规范性定义。

21世纪以前,我国的小学科学课程目标主要是知识传承,虽然也会提到能力、科学态度等,但相对应的描述都比较笼统。进入21世纪素养主导时期后,小学科学注重知识的形成过程及其蕴涵的教育价值,强调过程体验与探究能力的培养。课程目标的阐述既有总目标,也有不同维度、领域、主题的分目标,相应的描述也逐渐变得清晰明确、合理科学。

三、我国小学科学课程内容的演变

(一) 课程内容的选择

清末的《奏定小学堂章程》规定的课程内容主要包括动植物、矿物和人身生理卫生的知识。在随后的1912—1950年间,课程内容变化不大,适当增加了自然现象、物理化学现象、元素与化合物、简易器械之构造作用、天文学部分知识。在1923年、1932年删除了人身生理卫生知识,但是在1936年又将此部分内容加入到了科学课程内容中。

1956年的《小学自然教学大纲》草案,规定一至四年级学习生物界自然,五六年级主要学习非生物界自然,具体包括水、空气、土壤、动植物、矿物、人体保健、机械、电等内容。1963年增加了"宇宙"的内容,1977年、1978年增加了"岩石、地壳、声光热"方面的知识。1986年增加了"环境保护""生物进化"和"信息"的知识,并明确提出知识、能力、思想教育方面的内容要求。1988年又增加了"力、电磁现象、地球和地壳变动"的知识,并针对相关知识内容提出了"观察、实验、操作"方面的内容要求。

《课程标准(2001年版)》中将课程内容从五个方面展开:科学探究、情感态度与价值观、生命世界、物质世界、地球与宇宙。《课程标准(2017年版)》对科学探究和情感态度与价值观的要求不再是一个独立的方面,而是将科学探究的学习以及情感度与价值观的培养贯穿于整个科学课程的始终,这样的划分结构清晰明确,便于教师把握[②]。此外,《课程标准(2017年版)》和《课程标准(2022年

① 中华人民共和国教育部.义务教育科学课程标准[S].北京:北京师范大学出版社,2022.
② 刘恩山.《义务教育小学科学课程标准》的变化及其影响[J].人民教育,2017(7).46-49.

版)》都在课程内容中加入了技术与工程的内容,让学生在体验、操作和制作的过程中综合运用所学知识,认识科学技术对生活和社会的影响①。

纵观100多年来,随着社会经济、科学技术的迅速发展,小学科学的课程内容在不断地丰富。当然在考虑学生学业负担的情况下,也会删减部分陈旧的课程内容。在改革和发展的过程中,我国小学科学课程内容顺应了课程目标的变化,从经验本位到学科本位再到素养本位,课程内容的选择不断趋于合理,力求既满足社会的需要,又满足个人的需要,提升学生的科学素养,促进人类的进步与发展。

(二) 课程内容的组织

1. 从知识排列到内容整合

21世纪之前,科学课程内容的组织大多采用知识排列的方式。《课程标准(2001年版)》的课程内容设置了科学探究、情感态度与价值观、科学知识三大领域,每一领域包含系列主题与二级主题,课程内容开始按照主题或主线将教学内容进行整合。《课程标准(2017年版)》按照科学"大概念"组织和呈现具体课程内容。强调科学的大概念,旨在让学生的学习聚焦于对科学课程中主要概念的理解和应用,促进科学教学向"少而精"的方向发展。《课程标准(2022年版)》进一步优化了课程结构,重新整合了学习内容,取消了2017年版的四大领域,调整为13个学科核心概念和4个跨学科概念。13个学科核心概念相互联系,共同构成科学课程的横向内容结构,既保证课程内容的科学性和时代性,又促进学生学科核心概念和跨学科概念的形成,以及学生核心素养的发展。

2. 从整体要求到学习进阶

在《课程标准(2001年版)》中,课程内容标准上所表述的是小学毕业后绝大多数学生应达到的程度。采用这样的课程内容表达方式,只是提出整体或笼统的要求,课程的实施者就很难根据不同年级小学生的学习特点组织教学内容。学习进阶是针对学生特定年级认知发展,制订相应的由浅入深、循序渐进学业要求,为课程实施者提供有效的教学依据。《课程标准(2017年版)》的课程内容就以学习进阶的形式进行了设计,将目标阶段分为低段(1—2年级)、中段(3—4年级)和高段(5—6年级)三个阶段,并对各阶段的学习作出了细节化的要求。《课

---

① 叶德伟,何沂琳.新世纪三版"小学科学课程标准"比较研究[J].教学月刊小学版(综合),2022(Z2):58-62.

程标准(2022 年版)》将目标阶段分为 1—2 年级,3—4 年级,5—6 年级,7—9 年级,与中学的科学知识进行了有机整合和衔接。

四、我国小学科学教材的革新

(一) 教材版本的演进

20 世纪二三十年代的小学自然教材版本较多。20 世纪 40 年代,自然课程标准走向刚性与统一,自然教材内容、结构、单元一统化。新中国成立初期"以俄为师",小学自然课一纲一本,教材以人民教育出版社统编教材《自然》为主,这一特征持续了较长一段时间(除了"文革"时期各地自编教材外)。1988 年,教育部提出"一纲多本"原则,实行教材审定制,揭开了教材多元化、特色化发展的序幕,激发了编写自然教材的热潮,自然与科学教材从"一本"走向"多本",教材版本增多,教材风格多样。2001 年以来,多数地区的教材开始使用"科学"的新名称。一些省市与出版社纷纷出版了小学科学教材,版本较多。这些教材力求体现新的课程理念,并追求各自的特色[①]。

(二) 教材编写指导思想的迭代

清末民初科学课程注重儿童的经验、兴趣和儿童的发展,民国时期的自然教材编写也具有浓厚的经验色彩。新中国成立初期的 1950—1965 年期间出版的四套小学自然教材特别重视系统知识的呈现,体现了对"知识本位"的目标追求。1977—1999 年的自然教材编写着力突出能力培养,改变知识本位的目标,旨在促进儿童的全面发展。2001 年以后的教材紧紧围绕"科学素养"的核心理念,立足学生素养的发展,采用主题单元对相关领域的知识进行整合,重构教学内容。

由此可见,我国小学自然与科学教材编写指导思想经历了从充实儿童生活经验,到强调知识传授、能力发展,再到聚焦科学素养培养的时代转变。这些转变与我国小学课程目标的变化是一致的,适应了不同时代社会生产生活发展的需要。

(三) 教材结构的重组

民国初期教材内容按照逻辑顺序由简到繁排列,强调单元教学,强调对学生的外显行为进行评价。民国后期的教材常采用大单元组织法,依照学历时令编排。新中国成立初期,自然教材的编排体现出"结构"论的思想,大致形式为:先

---

① 潘洪建.中国小学科学课程发展 110 年(1912—2021)[J].教育与教学研究,2021,35(07):45 - 61.

叙述有关定义原理,再用演示实验或举例对该定义或原理进行证明,最后复述定义或原理,或者以布置作业的形式进行巩固加深[①]。

20世纪80年代初,小学自然进行了整体改革研究,小学自然教材的呈现形式发生实质性转变。如1984年《自然》的实质内容分几个大的板块,不同年级的教材从这几个板块中按照从简单到复杂、从直观到抽象的原则选取教学内容进行螺旋式编排。

1992—1999年小学自然教材编排以主题单元为单位,在课文结构上,通常会提出1—2个引发学生思考的问题,阐释需要解决问题的过程,逐步引导学生作出行动,获得相应的技能。

2001年后的小学科学教材,打破了原先以学科知识的逻辑结构作为框架的传统做法,大多采用主题单元的形式整合相关领域的知识,按照主题选择和组织教学内容,教材结构呈现出了新的特点。教材致力于突破传统的以学科知识为中心的体系,将科学知识较好地融入精心设计的各类活动之中。

（四）教材内容的变化

民国时期的教材内容选择强调实用性,是基于儿童经验的自然学习,所选材料也与儿童生活环境和认知程度相符合。自20世纪50年代末起,小学自然教材内容开始呈现系统的科学基础知识,基本照搬苏联的教材内容,只将与我国实际情况不一致的内容进行变更或补充。20世纪60年代,我国的教育进入了自我探索阶段,小学自然教学内容初步形成了自身的内在体系,课本内容由浅入深,逐步扩展,渗透思想教育,注重教学内容与学生生活经验、工农业生产的联系。"文革"期间,自然教材根据当时生产、生活与革命实际选择材料,教材内容不够系统、完整。

20世纪80年代,教材内容不再单纯追求科学知识,且按照学生的认知规律和教学实际组织内容,体现知识的螺旋上升和学生的认知特点。自然教材内容的选择在关注基础性的同时,开始强调可实践性,如实验材料的可获得性。教材的行文更加清新活泼、充满情趣,较注重发挥插图的教育作用,插图的数量不断增加。

1992—1999年,一纲多本的课程政策促进了教材的特色化发展。自然教材内容的选择贴近儿童的日常生活,突出了学习方法、过程以及思维能力的发展,渗透科技史,体现科学人文精神。教材表述方式通俗化、简明化。许多课本的彩

---

① 潘洪建.中国小学科学课程发展110年(1912—2021)[J].教育与教学研究,2021,35(07):45-61.

色插图生动逼真,制作较为精美。

2001 年以来,小学科学教材内容做了较大的调整,将以往割裂的单元知识改以主题的形式整合成三大领域,加强知识的综合,强调科学探究以及探究实践的重要性。教材安排了多种方式的科学探究活动。教学内容的呈现情境化,图文并茂,增强了教材的趣味性。教材会创设问题情境,引导学生展开科学探究活动。教材通常还有相配套的学习辅导资料以辅助教学。

其实,不同版本的教材除了内容选择有变化之外,在教材内容呈现形式上也发生了翻天覆地的变化。从单一平面的文字和图表走向立体多维的文字、图表、音频、视频乃至数字技术,印刷从黑白到彩色,教材质量大大提升。纸质教科书、教学参考书、学习辅导材料、活动手册、练习册并行,教学资源日益丰富而多彩。科学学习有了更多的选择,个性化学习逐步成为现实。

本节从小学课程定位、小学课程目标、小学科学课程内容、小学科学教材的演变和发展等几个方面阐述了我国小学科学课程的发展历程。了解我国小学科学课程的发展历史,对指导当今以"素养发展"教育为主旋律的基础教育科学课程改革意义重大。

第三节　我国小学科学教学实践与研究的发展

一、教与学方式的变革

课堂教学是科学教育基本而又重要的阵地,广大科学教师一直在寻求更为理想的科学课堂的教学方式。在课程改革推进的过程中,广大科学教师对学科本体及其育人价值的认识不断加深。在课程目标不断迭代发展的指引下,教学实践中的教与学方式也随之不断改变。

(一) 从基于科学探究到加强探究实践

科学探究是人们探索和了解自然、获得科学知识的重要方法,也是小学科学学习中学生认知过程的重要体现。科学探究的主要特点是以证据为基础,运用各种信息分析和逻辑推理得出结论,公开研究结果,接受质疑,不断更新和深入[1]。科学探究也是小学科学学习中学生认知过程的重要体现。《课程标准

---

① 中华人民共和国教育部.义务教育小学科学课程标准[S].北京:北京师范大学出版社,2017.

（2001 年版）》更是明确提出"科学学习要以探究为核心。探究既是科学学习的目标，又是科学学习的方式"①。《课程标准（2017 年版）》虽不再将"探究"作为科学学习的核心，但仍高度重视"科学探究"，倡导探究式学习。该版课标指出"探究式学习是学生学习科学的重要方式，让学生经历科学探究的过程，促进学生主动探究，突出创设学习环境，为学生提供更多自主选择的学习空间和充分的探究式学习机会"②。

2018 年，上海在《小学自然学科核心素养研究报告》中将"科学探究和实践"作为学科核心素养的重要构成，率先提出要组织学生通过"体验科学活动和发现科学问题，运用科学知识与方法开展不同形式的科学探究和实践"来开展科学教学，并指出"小学自然学科强调以探究为基础，对学生进行科学启蒙。科学探究是学生的学习内容，也是重要的学习方式。科学探究能力是学科核心素养的重要组成部分，是学生通过小学自然学科学习应具备的关键能力③。"在《小学自然学科核心素养研究报告》指引下，学科教师在课堂教学中积极采取适切的探究实践方式，让学生经历提出问题与作出假设、搜集证据、处理信息、解释问题、表达交流等过程。在此过程中，教师创设情境以引入探究活动，激发学生探究兴趣；采取实验探究、资料阅读、师生交流等方式，帮助学生在经历各项探究实践活动的过程中建构科学概念。

《课程标准（2022 年版）》从课程性质就将科学课程确定为具有"实践性"，并在课程理念及课程目标中，将"探究实践"作为课程核心素养的重要内涵，重点提出了通过课程实施培养学生具有初步的"科学探究能力""技术与工程实践能力"和"自主学习能力"的总目标。在该版课标的指引下，学科教师通过课堂教学活动设计与实施，帮助学生形成科学探究的意识，理解科学探究的内涵，学会通过提出问题、作出假设、制订计划、搜集证据、处理信息、得出结论、表达交流和反思评价等过程解决问题，以具有初步的科学探究能力；帮助学生理解技术与工程实践的一般过程和方法，学会通过明确问题、设计方案、实施计划、检验作品、改进完善、发布成果等过程解决问题，以具有初步的技术与工程实践能力；帮助学生

---

①　中华人民共和国教育部.全日制义务教育科学（3—6 年级）课程标准（实验稿）[S].北京：北京师范大学出版社，2001.

②　中华人民共和国教育部.义务教育小学科学课程标准[S].北京：北京师范大学出版社，2017.

③　上海市教育委员会教学研究室.教学与评价的风向标（上海市中小学各学科核心素养研究）[R].上海：上海科技教育出版社，2017.

根据自身特点制订合理的学习计划,监控学习过程,反思学习过程与结果,以具有初步的自主学习能力①。

从"科学探究"到"探究实践",不仅是描述科学教育教学和学习活动用词的变化,更是科学教育教学活动重心的转移。科学探究是一种学生学习科学的方式,有利于调动学生参与科学学习活动的积极性、主动性。而探究实践更能够体现科学学习活动的本质和内涵,强调学习活动不仅包含理论和实验的探究过程,还包含"科学解释"和"科学评价"等科学社会性活动。对于科学课程的价值取向而言,科学探究主要体现了认知过程取向,而科学实践则在认知过程取向、社会重建取向、自我实现取向、技术取向等多个方面都有所体现,将会在培养学生科学素养的同时,促进科学课程价值取向的多元发展②。

无论是"科学探究"还是"探究实践",都是学生开展科学学习的重要方法和途径。尤其是"探究实践"超越了传统的知识授受和把探究作为步骤的学习方式,代表了学习方式变革的新方向。"探究实践"不仅继承了探究的要素,还将工程实践与探究并列,既注重学科性,也注重实践性。"探究实践"要求学生以一定的知识储备为基础,通过实践获取、理解与运用知识,在实践中建构、巩固、创新自己的学科知识。在《课程标准(2022年版)》的要求和指导下,教师通过组织学生经历各种形式的学习活动,将"探究实践"作为主动获得新知识和新技能的重要途径,促使学生形成强烈的自主性和真实的社会性,从而提升学生的核心素养。

(二)从认识课程文本到实现课堂转型

随着课改的不断深化,学科教师对课程本体及其育人价值的认识不断加深,科学素养培育的课堂教学模式也随之不断改变。教师从认识课程文本到课堂变革的有效转化,是深化基于课程标准的教学与评价的需要,也是提升小学自然学科各级教研品质的需要。

自2017年起,教育部推出了《课程标准(2017年版)》《课程标准(2022年版)》及其解读等多项课程文本。上海市自2016年起,陆续推出了《小学自然学科核心素养研究报告》《上海市小学自然学科教学基本要求(试验本)(2018年版)》[以下简称《教学基本要求(2018年版)》]、《上海市小学自然学科基于课程

---

① 中华人民共和国教育部.义务教育科学课程标准[S].北京:北京师范大学出版社,2022.

② 刘志学、张磊、王晶莹.小学科学课程标准(2017版)课程价值取向研究——基于NVivo 11.0的编码分析[J].教育与教学研究,2021.

标准评价指南》《小学自然单元教学设计指南》《上海市小学自然学科德育教学指导意见》《上海市小学自然学科教学基本要求(修订版)(2021 年版)》[以下简称《教学基本要求(2021 年版)》]等多项课程文本。教师在学习以上各课程文本的过程中,得以充分认识并理解各时期实施课程的具体要求。不同范围、不同阶段推出的课程文本,对于基层一线教师更好地落实并执行课标要求起到了积极的推动作用。教师在具体落实各项课程文本的基础上,以教学方式变革和信息技术应用为突破点,逐步探索实现科学课堂教学的转型,从而深化课程改革。教学方式变革是课程改革的重要标志和突破口,是实现课程价值的基本途径,是个性化培养的关键要素,是实践性经历的具体体现。信息技术融入课程,是实现课程价值和丰富学习经历的重要手段,是实现个性化教育的可行路径,是促进教学方式变革的时代标志①。

认识与执行课程文本是基础,实现课堂转型是促进教学方式变革的途径。课堂是教师、学生、环境资源相互作用与转化的结果。课堂教学方式变革通常包括组织方式、认知方式和活动方式三方面的变化。组织方式一是人员组织,如教学班组织方式、小组学习组织方式、跨行政班教学组织方式、社团组织方式等;二是内容组织,如以知识结构来组织教学内容,以问题任务来组织教学内容,以案例来组织教学内容等;三是教学环境资源组织,如实验室环境资源、场馆环境资源、社会真实环境资源、网络环境资源以及工具包、资源包等②。在人员组织方面,教师在课堂中探索开展以小组合作为主要形式的组织方式,积极推动学生开展分工合作,完成各项探究实践学习活动。通过分组合作学习,支持探究实践的深入程度和多样化程度,提高活动的操作性。在内容组织方面,教师在课堂中积极开展基于单元的教学设计。通过单元教学目标、单元学习活动、单元作业、单元评价、单元资源等要素在单元教学设计中的呈现,体现出目标导向下单元学习活动设计的关键所在。不同于传统的课时设计,学科单元教学设计从整个教学单元出发,在分析单元知识结构的基础上,整体设计教学活动,有效提升课堂学习活动的品质。在教学环境资源组织方面,教师积极探索学习环境创设和资源提供,为学生开展探究实践活动提供足够的支持,帮助学生发现或提出问题、设计问题解决方案、开展探究实践、展示交流学习成果。教师根据教学目标的价值

---

① 徐淀芳.以教学方式变革和信息技术应用为突破,深化课程改革[R].上海市教育委员会教学研究室.
② 同上.

取向,从组织方式入手选择认知方式和活动方式。建立知识理解和问题解决两类价值取向的教学与教学方式的关联,并持续提炼和积累教学设计、教学实施的经验[①]。教师更为关注学生在学习过程中的学科概念形成,更为关注教学过程中对学生在倾听、表达、表现、评价、责任、习惯等方面的培养,进一步推进教学方式的变革。

在新技术不断发展的新时代,教师更是积极探索通过信息技术应用促进科学课堂转型,较好地实现了科学实验的数字化、学生学习成果的共享化和课堂教学与评价的自动化,形成了从实验数字化到教学数字化的跨越式发展。

二、教学研究的变革

科学教学从只研究教学教材和教法,进入到研究教学过程,再进一步研究科学教学对提高学生科学核心素养、发展学生科学探究能力、健全学生品格等方面的育人功能。在实施科学教育的过程中,教学研究始终是推动教学方式变革的主体和基本的途径。在科学课程的不断发展过程中,学科教师们也始终践行着对教学研究的孜孜追求。

(一) 从研究教材到研究教学

随着社会政治、经济和科学技术的发展,小学科学的教学理念、目标和任务发生着变化。随之,科学课程标准也在不断迭代更新。这些改变对小学科学的教学内容、教材编写和教学方法都产生了影响。迄今为止,各个版本的科学教材已经呈现出“百花齐放”的状态,而科学课堂教学方式也在不断变革,这都需要学科教师投入足够的精力,研究教材与教学。

教师要进行课堂教学,首先要研究教材。学科教师对教材的了解包括:教材的内容选择和组织结构两个方面。以上海二期课改《自然》教材为例,沪远东版和沪科教版《自然》教材根据《上海小学自然课程标准(2004 年版)》规定的生命世界、物质世界、地球与宇宙 3 个一级主题和 11 个二级主题,从小学生原有的经验出发,选择了学生能够理解和便于体验的内容。通过比较可以发现,两套教材均关注小学生的科学学习活动的年龄特征,都能从儿童身边的自然事物和现象中选取学习内容,以便于他们以周围环境和生活经验为基础进行学习。教材既能够满足学生的好奇心,又有利于学生更好地感受和体验科学探究,感受科学的

---

① 徐淀芳.以教学方式变革和信息技术应用为突破,深化课程改革[R].上海市教育委员会教学研究室.

本质与发展历史,感受科学技术与人类社会的关系。教材从内容的选择到组织体现了以科学探究为核心和螺旋式上升的意图。两套教材在组织结构方面也各有特点:沪科教版以小学生的探究能力发展为编排主线,沪远东版以儿童生活经验发展和探究能力发展组织教材。

学科教师会通过了解整册教材体系,研读单册教材,分析教材单元与节内容,重组与处理教材内容,收集整理有关参考资料等过程熟悉和研究教材。这些步骤是有机联系的整体,教师备课时一般都会逐个经历。个别具有一定教学经验、水平较高的教师才会做到简化熟悉的环节,重点突破自己薄弱环节的方式研究教材。教师如果熟悉并了解了教材内容及组织结构,则能在课程标准或《教学基本要求(2018 年版)》的指引下,为备课与上课打下扎实的基础。

教师在研究教材的基础上,便要开展教学的准备与研究。首先,要根据课程标准和学校实际情况制订相应的教学计划。其次,进行备课(即设计教学活动)。科学学习的过程实际上是学生形成科学概念、获得科学技能、养成科学态度的过程。因此,在实际教学准备中应先厘清教学内容,分析其中包含的目标要求;摸清学生的学习基础,找准起点,明确方向;采用相应的策略和活动来帮助学生达成学习目标,帮助学生顺利从"此岸"走向"彼岸"[1]。在开展活动设计的过程中,教师要树立开放的科学教育观,并始终围绕课程核心素养培育的目标开展教学。教师要思考如何通过有效的组织和指导,充分发挥现代教育技术的作用,改进教学手段,让学生在探究实践中学习科学、体验科学,呵护学生的好奇心。

课程改革的不断推进,要求科学教师通过教学研究积极改变传统、陈旧的教学方式,努力实现科学课堂教学的活力与高效,从而引导学生积极地投入到科学学习中来。就教学研究而言,研究"教"和研究"学"都很重要。更重要的是把教学作为教师、学生、环境有机联系的整体来研究,尤其是要将教师的指导、学生的活动、环境(情境)的创设建立有机联系[2]。现在,更多的学科教师在研究教材与开展教学准备的基础上,还会围绕教学活动开展各种研究与实践。如探索在德育视角下的小学科学课教学设计与实施。通过在小学科学课程实施中关注德育元素的挖掘,围绕德育核心要求,落实德育表现性目标的体现与达成,有效推动学生在学习科学课程的过程中培养科学态度,形成社会责任。又如,探索单元视

---

①　盛桂兴.基于前概念的科学概念建构策略研究[R].上海市浦东新区教育发展研究院.
②　徐淀芳.问题导向的科学教育:思考与实践[R].中英科学教育论坛.

角下的小学科学课教学设计与实施。在科学规划单元教学内容的基础上,通过对教学内容的整合以及教学方式的创新,促进了学生科学素养的全面提升。通过单元教学实践,撬动学科教与学方式的变革,促进课堂教学转型。再如,探索课程资源的丰富与创新,学习评价的优化与创新,学生作业的拓展与创新和项目化学习的设计与实施等。

通过对教学设计、教学实施、资源建设、评价实施、作业设计与管理等方面的研究,科学教师不断探索可行的操作策略,力图通过教学研究转变教与学的方式,促使学生在科学课程学习的过程中,逐步形成适应个人终身发展和社会发展所需要的正确价值观、必备品格和关键能力。通过教学研究可以促使小学科学课程的育人价值在教学中得以充分体现,有效提升学生包括科学观念、科学思维、探究实践、态度责任等方面的课程核心素养。

(二)从研究课堂到研究课程

课堂是学生学习的场所,是育人的主渠道。课堂教学是开展教育教学的主要手段,是教师给学生传授知识和技能的主要过程。深入研究科学课的课堂教学,提高课堂教学效率,提升科学课的教学品质,是科学教师不懈追求的目标。

教学是一门科学,科学需要求真,需要不断寻求育人规律;教学是一门技术,技术需要熟练,需要不断实践掌握技巧;教学是一门艺术,艺术需要创造,需要不断突破展现魅力。课堂教学研究的内容非常广泛,概括起来可以从常态的教学过程、稳定的教学模式、独特的教学艺术等三大方面开展课堂教学研究。常态的教学过程研究一般包括教学实施的目标和要求,教学内容及具体实施状况,教学效果评价及其关系等方面。教学模式有着不同的类型,也有着不同的表现方法。具体的教学模式更是形式多样,丰富多彩。通过深入研究适合不同年段、不同学生、不同环境的教学模式,形成稳定的科学课教学模式,是落实科学课程核心素养培育的重要途径。对教学艺术的研究,有助于教师与教学实践紧密结合,在教学实践中充分发挥教学艺术的功能,对学生形成潜移默化的影响,实现把科学真理转化为学生的真知,把科学知识转化为实践能力,把科学意识转化为真实行为等作用,呵护学生的好奇心,激发学生的学习兴趣,激活学生的学习动力。

应该说,研究课堂是开展科学教育教学必须经历的过程,也是学科教师多年来矢志不渝的工作目标。随着新课程改革的不断深入推进,新课程方案和新课程标准的颁布,仅仅将视角聚焦于研究课堂教学是不够的,需要每一位科学教师对新课程要求有更多的关注和了解,才能真正做到遵循教育教学规律,落实立德树人的根本任务和开展素质教育；才能真正做到聚焦学生发展核心素养，培养学生适应未来发展的正确价值观、必备品格和关键能力；才能真正做到引导学生明确人生发展方向，成长为德智体美劳全面发展的社会主义建设者和接班人。学科教师要在关注和了解总体课程方案的基础上，对学科课程开展更为深入的学习和研究，才能更好地理解并执行课程标准，实现课程目标，落实具体要求。

新方案、新课标为我们描绘了未来科学教育的新蓝图，但从新课标到新教学肯定会有一个"教学落差"，这就需要我们每一位科学教师共同面对、认真研究。我们要不断深入研究新课程方案和新课程标准，读懂、读透，深刻领会新课改精神，探索基于课程标准的教学与评价的具体做法。我们要将立德树人和课程核心素养培育体现在每一节活生生的科学课堂教学之中，才能在发展学生的过程中成就每一位科学教师自身。

（三）从研究问题到研究课题

教学研究工作必须研究课程和课堂中的"真实"问题，针对问题，真正解决问题，才体现其有效价值[①]。这就需要学科教师重视课堂教学研究，发现教学中存在的真实问题。只有深入了解并分析了这些问题及其产生的原因，才能提出创造性的见解和有效的方法去化解问题；还需要学科教师把握住问题研究与解决过程中的变化，使不断产生与变化中的新问题得到及时解决。这样，可以使教学研究工作回归到它关注课程教育与教学实践问题解决的朴素追求上来。

在科学课程实施过程和课堂教学实践中，有各种各样的问题需要去发现并解决。学科教师要围绕着课程发展中的重点问题、教学准备中的难点问题、课堂教学中的生成性问题等，应用深度教研模式系列化、深层次、持续性地开展教学研究与实践。同时，形成跨学段、跨学校、跨学区，甚至是跨学科的教研团队。通过提炼教学问题的共性，分享经验来解决问题和深化研究。通过更加规范、有创造性、有品质的深度教学研究活动来提升科学教师学科素养和专业能力，促进科学课堂教学品质的进一步提升。

在日常教研中，学科教师一般会对课堂教学中的问题进行更多研究。有些是各学科的共性问题，有些则是本学科的特有问题。就科学课而言，如教学目标的制订与叙写，教学方法的选择与运用，学习评价的设计与实施，学生作业的设计与指导等一些学科共性问题，就可以在跨学科层面予以探讨研究并解决；如单

---

① 赵才欣.有效教研——基础教育教研工作导论[M].上海:上海教育出版社,2008.

元教学设计与实施,实验教学的设计与指导,教学具的开发与有效利用,多媒体课件的制作与使用,教学管理网络平台的使用,项目式学习活动设计与指导等一些本学科特有的问题,就可以在学科层面予以探讨研究并解决。当然,无论是共性问题,还是特有问题,学科教师一般以学习为基础,以实践为途径,以反思和行动研究为主要手段,围绕教学中的重要问题和突出问题开展研究;教研员则关注一线教师的需求,关注鲜活的课堂教学实践,从实践到理论概括提升。

当然,有些问题仅仅依靠教研是无法较系统、有序地解决的。这时,通过科研课题的方式则能更好地解决这些问题。布鲁贝克曾经说过:"教师在教学和科研中只能兼顾一方面的两难说是虚设的,一个好的教师也应该是一个出色的科研工作者。"从古至今的教育发展史也都表明,多数知名的教育家都曾是一名基层的教师,他们都是在自己的实际工作中边实践、边研究获得科研成就的,最终经历了很多努力才成为了伟大的教育家。现实的种种迹象都表明了我们的学科教师参与到教育科学研究中是非常有必要的①。

如何提高课堂教学效率是学科教师在教学时始终追求的目标,而只有当教师进行了教育科学研究之后,才能更加系统地理解并掌握这门学科。进而不断更新对该门学科的认识与理解,不断创新教育教学方法,最终使学生在有趣生动的学习中轻松掌握知识、提高能力、提升情感态度与责任意识。学科教师只掌握基本的教育规律和教育教学的技巧还不完全能做好教育教学工作,必须还要了解开展教育科研的基本理论和方法,积极参与到教育科研中去②。

在新课程方案和课程标准的推动下,广大小学科学教师针对科学课程实施与科学课教学中的问题,应该积极开展相关的教育科研课题。可以包括:①教育理论研究,如科学课程标准深度解读研究,核心素养导向下的科学教学理论研究等;②教研模式探讨研究,如区域多层级研修模式的研究,促进青年教师专业素养提升路径研究等;③教学问题解决研究,如学科德育实践路径与策略研究、线上线下教学融合难点与突破路径研究、基于实践的科学探究活动设计与指导研究、幼小衔接中科学教育教学研究等;④育人方式变革研究,如"双新"背景下深化科学课堂教学改革研究,学科育人价值导向的课堂教学质量评价研究,核心素养导向的学生科学学习评价研究,教学数字化转型策略与实践研究;⑤课程资源

---

① 易文岚,杨小雯.教育科学研究的重要性[J].科学导报,2019.7.
② 同上.

建设研究,如实验教学资源开发与应用研究,教学资源的创新开发实践研究,科学教育校本课程开发实践研究等。在以上科研课题探索研究的过程中,在推动课程改革提升教育教学效能的同时,教师要不断学习更新自己的教学观念,从而使科学教育教学能力得到巨大的提升①。

义务教育课程方案和课程标准的颁布,为学生科学素养培育提供新的契机和新的平台。深挖义务教育科学课程的整体育人价值,引导学生沿着问题解决路径去探究实践并构建科学观念,发展科学思维并形成科学态度与责任,我们还有更大的改革时空,还有更多需要攻坚克难的研究与实践。

随着时代的发展,科学教师的角色定位也在发生着改变。新一轮基础教育课程改革就对教师角色定位提出了新的要求。当今科学教师不应该只是一个传授科学知识的教书匠,而应该是参与科学教育课程设计与建设的创造者,更应该是学生学习科学道路上的促进者、解决实际问题的指导者、具备科学研究潜质的发现者。只有加强教育科研,积极开展科研课题研究,才能不断推动课程改革与发展,提升自己的教育教学水平,真正落实立德树人的根本任务,才能实现培育学生课程核心素养的教育目标②。

本节从教与学方式的变革、教学研究的变革两个方面,阐述了我国小学科学教学实践与研究的发展过程。从基于科学探究到加强探究实践,从认识课程文本到实现课堂转型,从研究教材到研究教学,从研究课堂到研究课程,从研究问题到研究课题,对于教师探索教学方式变革有重要意义。

---

① 2022 学年度上海市教育学会中小学科学教学专业委员会教育科研规划课题指南.
② 易文岚,杨小雯.教育科学研究的重要性[J].科学导报,2019.7.

第二章　德育视角下的小学科学课教学设计与实施

　　科学课程以培养学生核心素养为宗旨,是培育社会主义核心价值观、落实立德树人根本任务的重要载体。在课程实施中要充分挖掘德育元素,落实德育表现性目标的体现与达成,推动学生在学习科学课程的过程中培养科学态度,形成社会责任。本章以小学科学教学设计与实施为抓手,从教学内容中的德育元素、教学设计中的德育实施、课堂教学中的德育实施和跨学科融合中的德育实施等四个方面进行阐述。

第一节　教学内容中的德育元素

　　《课程标准(2022年版)》指出:以习近平新时代中国特色社会主义思想为指导,全面贯彻党的教育方针,遵循教育教学规律,落实立德树人根本任务,发展素质教育。坚持德育为先,提升智育水平,加强体育美育,落实劳动教育,反映时代特征,努力构建具有中国特色、世界水准的义务教育课程体系。聚焦中国学生发展核心素养,培养学生适应未来发展的正确价值观、必备品格和关键能力,引导学生明确人生发展方向,成长为德智体美劳全面发展的社会主义建设者和接班人。

一、结合生活,感悟生命

（一）结合生活实际,渗透生命教育

　　教师应充分发挥科学课程综合知识面广、紧密结合实际生活的优势,在认识上引导学生珍爱生命,引导学生身心和谐发展,培养学生有关爱社会、感悟人生意义与价值的意识,丰富学生成长体验,收获人生健康体验。教师应根据科学课程的教学方式,针对不同年级学生的心理特点和教学内容,通过读、写、听、画等多种方法,将生命教育渗透到教学活动中。在生命教育渗透过程中,紧扣教材内容,针对学生实际,在保证教学目标完成的前提下,有步骤地进行渗透教育,达到生命教育渗透的目的。还可以在教学中采用探究、交流、演讲、表演、游戏和模拟等活动形式,观看录像,查阅资料,完成教学过程中教书育人的目的。

在灵活多样的教学活动中,学生可以认识自我,学会调节,感悟人与自然和谐相处、人与社会和谐相处、自我与他人和谐相处的重要性。学生的心灵得到陶冶,知行合一,丰富对生命的认识,加倍对生命的珍视,加强对生命的尊重和热爱。在教学过程中,对生命教育的浸润,可以借助很多节日。比如教师可以利用各种"世界日",开展对学生生命教育的专题活动。如 3 月 12 日"植树节",开展植树造林活动,教育学生爱护花草树木,学会关心关爱大自然。再如,5 月 31 日"世界无烟日",对学生开展吸烟危害健康的教育,让学生珍爱生命。与这些主题日活动相结合,相应的设计可以固定在教学活动中,形成常态化的活动安排。总之,应更多地结合生活实际,鼓励学生自主探究,真正加深理解生命教育的真谛,通过师生之间的交流讨论,渗透生命教育。

(二) 关注生命发展,增强教育底蕴

开展生命教育是青少年自身发展变化的迫切需要。生命教育在教学中的渗透应循序渐进地进行,帮助和引导学生初步认识自己的特点,树立正确的人生觉悟和成长观念,在生活和学习中养成健康的习惯。低年级的学生可以从对自然界生命现象的初步认识入手,对自己的身体、性格有所了解,明确性别意识;初步掌握基本的自救自护技能;懂得家庭安全等自我防护常识,等等。高年级的学生要了解自己身体生长发育的特点和规律,对性别的认同也要进一步形成;学习必要的自我保护技能,并学会识别不同的人,具有处理意外、初步掌握自救知识等能力。

如"认识我们自己"单元,主要学习内容包括"人体的细胞和器官""人的呼吸""食物的消化""心跳与脉搏"和"人的脑"等。为了更好落实单元"细胞器官""呼吸系统""消化系统""血液循环系统"和"神经系统"等内容的认识,可以突出指导学生通过使用显微镜观察人体细胞,使用简单的测量工具和实验仪器测试人体呼吸和心跳频率,学会使用简单的工具或仪器来收集信息,并能做到爱护器材。教学中可以出示涉吸烟、酗酒、熬夜等资料,引导学生了解不良行为对人体器官造成的伤害,养成保持健康的生活习惯,体会人体及系统间的协同作用,具有关注自己健康的意识。

通过以"生命教育"为出发点,将学科德育核心要求与教材内容相结合,通过挖掘内容中的关联性,从细胞需求角度进一步推动学生对"人体"的认识,引导学生从细胞层面发现"人是一个整体",提高学生关爱生命的意识,关注生命发展。

二、关注劳动,体验收获

教育必须为社会主义建设服务,必须与生产劳动相结合。科学课程要培养学生的栽培能力、饲养能力,启发学生的创造精神,培养学生热爱自然、热爱劳动的思想感情,指导学生了解人类对大自然的利用、改造、保护的科学常识。随着我国教育体系的不断完善和发展,劳动教育已经成为我国小学科学课程教学的重要任务之一,然而小学阶段劳动教育成效有待提升[①]。开展劳动教育的目的是让学生在劳动过程中掌握相关的劳动技能,体会劳动的艰辛,懂得劳动对生活的重要性,产生热爱劳动的情感。

(一)关注情感体验,感受劳动意义

劳动教育对小学生的智力、能力和素质起着重要的作用,主要体现在以下几个方面:一是劳动教育能有效地开发小学生的智力,劳动能有效地促进小学生的血液循环,加快新陈代谢,减缓大脑疲劳,对左右脑的开发,提高学生的学习能力和创造力是一条有效的路径,对学生的身心健康十分有益;二是劳动教育可以使学生从小学习生活技能,从小掌握良好的生活本领;三是强化学生劳动意识,引导学生在思想上养成优良品德。实践证实,许多优秀的品质都是在劳动中形成的。通过劳动教育,可以使学生养成勤俭节约、吃苦耐劳的品质,为学生适应社会发展打下良好基础,对学生形成集体意识、独立生活能力起到重要作用。

如"保持健康"一课,教学内容重点关注"保持个人卫生""改善公共环境卫生"等,可以结合日常生活实际,从不同方面交流防止有害微生物大量、快速繁殖的方法,懂得保持个人卫生有利于健康,初步形成健康的生活习惯。从"双手的卫生"着手设计活动,创设学生熟悉、容易发生在自己身上的情境,适时将食物、细菌、手三者有机联系,以直接经验和科学证实的方式使学生知晓个人卫生的重要性,真切感受正确洗手等个人卫生习惯对保持健康的作用,提高"关注日常行为,重视习惯养成"的意识。教师须充分考虑到学生身心特点,关注学生情感体验,设计生活化的"洗手"活动,将较为抽象的健康知识变为学生喜闻乐见的活动,集理论、技能、趣味为一体,避免空洞的说教。通过课堂教学渗透劳动教育,

---

① 迟艳波.陈晨.生命科学相关核心概念简析——兼谈从话语和数据入手解读课程标准[J].科学课.2022(12).

提高学生的劳动意识。

（二）结合劳动过程，营造德育环境

在科学课上对学生进行劳动教育，使学生在劳动的过程中，逐步养成爱劳动、讲卫生的习惯，树立健康的劳动观。可以借助学校的种养基地、绿化园地、科普走廊、科学实验室和创新实验室等，利用好校园中的德育环境，打造适合学生积极参与劳动的场地空间。在亲近自然和探索科学的良好课程德育环境中，多提供学生动手、动脑的实践机会，引导学生重视科学技术的发展，尊重爱惜生命，善于展示表达，学会安全操作，珍惜劳动成果。

如"动植物的栖息地"一课，为了让学生认识动植物栖息地的重要作用，可以通过阅读动植物栖息地的相关资料，知道不同的动植物生活在不同的栖息地，懂得保护生态环境的重要性；可以通过设计、制作鼠妇"家"的活动，选择合适的工具和材料完成制作，具有正确的劳动观念和责任意识；通过调查并交流城市中动植物的生存现状，主动关注人类活动对动植物产生的影响，感悟人类可持续发展的重要性。

劳动是科学教育的学习方式之一，是学生探索未知世界的途径之一。为了积极探索五育融合视角下的劳动教育，小学科学课程以劳培德，在科学教学中挖掘德育内涵。如在秋天，可以利用假期让学生参与"亲近自然，热爱劳动"的实践活动，感受劳动带来的收获与喜悦。劳动不仅仅是行动，更是一种情感的传递，是一种爱的奉献。秋天是收获的季节，孩子们只有用辛勤的汗水，才能换来承载着丰收和希望的果实。加强劳动教育，让学生走进自然，感受劳动的喜悦，培养劳动习惯，促进健康成长。

三、整合资源，提升发展

教师要深入探索科学课程资源的开发和利用，既要为学生开展科学学习提供各种图书资料、查询服务系统和网络平台等信息资源，还要为学生获取信息提供技术指导、相应的场地及时间的保障。

（一）发掘社会资源，丰富学习情境

学校要注意充分挖掘和利用社会资源，丰富学生体验，优化科学学科德育。通过充分发掘科技馆、博物馆、动物园、植物园、气象台、高校、科研单位、公共图书馆、工厂、农村等各种社会资源以及丰富的自然资源，将自然和人文资源转化为科学学科资源，发现并探索其中的德育资源，发挥其影响作用。

如可以借助各种场馆资源,带领学生开展参观、考察、访问、调查、体验、阅读等活动,用文字、图画、拍照、录音、视频等多种形式记录研究主题的资料和数据,并解释相关问题。在与各类场馆资源零距离的接触中,学生学习科学探究的一般过程,明白科研的严谨性,同时感受社会的发展与国家的强大,领略我国科技发展的进步与发展,体会科学技术给人们带来的幸福与美好生活。

教师可以通过设计开发信息资源和发掘场馆资源,充分利用相关资源,给学生创设独特的学习情境,为学生的学习提供良好的体验场景。

（二）优化信息资源,拓宽学习视野

教师组织并指导学生有效获取可靠的科学信息,学生学会及时关注最新信息,支持学生拓宽视野、丰富阅历,适时组织开展读书沙龙、演讲比赛、表演展示等活动。通过信息资源的优化,引发学生主动关注和了解我国一些科技领域的发展历程及重大事件,关注我国在科学发现和科技发展上的最新动态。

如"太阳系与宇宙探索"一课,可以通过收集资料、制作太阳系模型等,描述太阳系中八大行星的相对位置,懂得认识自然事物或现象要基于事实和证据;也可以通过设计、制作和发射火箭模型,在设计与制作过程中,学生分工合作完成任务。优化信息资源,可让学生拓宽学习视野。教师设计收集太阳系中八大行星的资料作为课前调查,学生带着任务学习,目的是在提高学生搜集、整理资料能力的同时,通过课堂上学生的交流与互动评价,实现信息资源的整合,也为下一环节制作太阳系行星模型打下基础。

四、融合教材,感悟情怀

《课程标准（2022年版）》明确了学生核心素养内涵的发展,学生在学习科学课程的过程中形成科学观念、科学思维、探究实践、责任态度。教书更要育人,责任态度在学生的发展中至关重要,在教学过程中,教师尽可能融合教材内容,树立正向的价值观。

（一）关注德育要求,感悟爱国情怀

教师要紧紧围绕德育核心要求,充分挖掘教材中的培养学生爱国的要素内容。有机融入开展教学活动设计,促进学生爱国情怀的产生。

如"探索宇宙的工具"一课,可以抓住"列举我国在宇宙探索中的进展"学习要求,指导学生重点关注我国探索宇宙的最新成果和进展,领略中国特色社会主义制度对科技进步的重要作用,增强学生对我国社会主义制度优越性的自豪感和自信心,帮助学生树立远大理想,立志成为科技工作者。通过关注学科德育的核心要求,结合教材,充分挖掘教学内容中涉及我国在太空探索、海洋探索、新能源利用、新材料开发、生态保护、工程技术等多方面的国家重大项目,培养学生的爱国情怀和开拓创新的精神。

（二）提升科学素养,培养民族精神

科学课以其独特的教学内容和方式,促进学生德智体美劳全面发展。中国科学发展历程辉煌,在教学中增强学生民族自豪感尤为重要,教师要把握教学中的德育渗透时机,提高学生的民族自信心。

如"家蚕的一生"一课,基于单元的主要学习内容包括"蚕卵的孵化""蚕宝宝在长大""结茧"和"破茧而出的蚕蛾"等,可以设计出示"丝绸之路""一带一路"的阅读资料,引导学生交流蚕对人类的贡献,了解"丝绸之路"的起源与发展,增强学生的民族自豪感和自信心,领略中华民族的悠久历史和劳动人民的智慧。

针对提升学生核心素养的课程目标,可以充分挖掘教材中我国古代科学与技术发展的历史,有机结合教学内容设计教学活动。增强学生民族自豪感和自信心,感悟中国特色社会主义制度优越性,最终具有深刻的爱国主义精神。

梳理教学内容的德育元素,教师需要充分挖掘学科教学内容中的德育渗透点,结合生活实际,关注劳动教育,整合各类资源,通过多种方式促进学生自主参与,增强学生的体验和感悟,提高德育渗透的有效性。

第二节　教学设计中的德育落实

核心素养的提出是学科育人价值的集中体现,学生通过科学课的学习,逐步形成正确的价值观、必备品格和关键能力。德育目标的达成,首先需要教师在教学设计中就有所关注与体现,这样才能在具体教学中落实。在开展教学设计时,教师要注意德育目标的整体性和不同教学目标之间的联系,既实现素养目标的有机融合,如科学思维、探究实践和态度责任等,又能根据不同学习内容有所侧重。在活动设计和过程安排时,教师既要体现内容安排的逻辑性和层次性,反映知识点间的内在关系,还要关注学生情感体验过程的需要。在教学设计中,教师还要树立以德育目标促进学生发展的评价观念,通过评价,增强学科德育功能的发挥,帮助学生健康成长。

一、把握内容，明确目标

小学科学课程包含了一些科学、技术和工程领域的具体概念，同时也包含了对科学本质的理解，以及用于解释自然现象和解决实际问题中应用的科学概念。在教学设计中，需要根据教学内容和课堂教学实际，对涵盖的科学观念进行提炼与总结，明确德育实施的目标，通过设计探究实践活动并实施，最终达成教学目标。

（一）了解科学内涵，确立德育指向

在教学中，主要围绕物质的结构与性质、生命系统的构成层次、宇宙中的地球、工程设计与物化等领域的 13 个学科核心概念开展教学，其中包含的科学观念与内涵较为复杂。教师在上课前需要对教学内容进行整体了解并梳理，理解其中蕴含的科学内涵对促进学生德育提升的作用。在研究自然现象、发现自然规律的基础上，结合学生的实际情况进行教学。在课堂教学中，引导学生通过观察、测量、观测、调查、体验、实验探究、种植养殖等学习活动，掌握基本的科学知识，形成初步的科学观念；掌握基本的思维方法和科学方法，具有初步的科学思维和探究实践能力；树立基本的科学态度，具有正确的价值观和社会责任感。

如"望远镜里的天空"单元，主要有"望远镜""探索月球"等学习内容。在教学设计中，要关注内容安排的逻辑性和层次性，有意识地选择从古至今有代表性的望远镜图片，配合简单的文字介绍，尽可能地给学生提供直观的印象。学习本单元，可以通过交流望远镜的发展历程和广泛用途，感受科技发展对人类探索宇宙的促进作用。教师可设计阅读世界范围内有代表性的望远镜图文资料的科学阅读活动，要求学生按照不同望远镜发明的先后顺序作介绍，并交流望远镜的发展历程以及广泛的用途。还可以在学生初步知晓望远镜发展历程的基础上，设计组织学生观看上海天文台佘山科技园 65 米射电望远镜、贵州"FAST 超级天眼"等图文资料，让学生了解我国探索宇宙的先进设备和在天文科技领域的不断突破、进步。

这样通过图文资料呈现并组织学生观看和阅读的活动设计，能较好地引导学生感悟科技发展离不开科技工作者开拓进取的精神，深刻体会科技进步造福人民大众。

（二）注重探究过程，明确德育目标

探究实践活动是小学科学课中学习活动的主要形式之一。在科学课程的实施过程中,教师要理解科学探究与实践的价值,为学生提供丰富的探究性学习经历。在制定德育目标时,要体现引导学生通过观察与实验、设计与制作、宣传与服务、长周期探究等探究实践活动形成德育提升。以促使学生形成基本的科学观念与思维、科学探究与实践、科学态度与责任,全面提升学生综合能力,形成科学课程核心素养培养的目标。

科学探究是科学学习的重要途径。科学教师要善于引导学生真正做到像科学家那样做科学实验,而且要实事求是。学生在进行科学探究的过程中,要学会思考、观察、判断、分析的科学探究能力。教师要帮助学生在科学认知、科学思维、科学品质上有所发展,引导学生通过科学探究活动获得有价值的科学知识。帮助学生塑造实事求是、不迷信权威、追求创新、尊重科学、反对迷信、勇于探究的科学态度。

如"水的浮力"一课,在"探究影响水的浮力大小因素"的活动环节中,学生需要根据已有的经验和教师演示实验的迁移进行合理猜测,并选择合适的材料进行实验。实验过程中,随着钩码浸入水中的体积发生变化,观察到弹簧测力计的示数也发生变化。经过分析、判断,得到可靠的实验结论。

教师要根据校情、班情、学情等,遵循科学课的特点,开展基于核心素养培养的探究式学习;以创新为契机,激发学生的好奇心和探究欲望,引领学生通过探究活动明理启智;以核心素养培养为核心,提升科学综合能力,在实践中养成科学的思维方式和行为表现,培养学生良好的科学习惯,奠定学生良好的素质基础;帮助学生开启科学探究的大门,引领学生走向科学探究的深处。

如"蜗牛怎样生活"一课,为了引导学生更好地了解蜗牛的生活环境,教师可设计课前在学校、小区等多种环境中进行调查的任务目标,旨在提升学生通过探究实践活动了解蜗牛生活环境和饲养小动物的兴趣。在此德育目标的基础上,可制订组织学生开展对比实验的具体活动目标。通过后续教学中对德育目标的达成,引导学生在提出蜗牛喜欢阴暗潮湿环境的假设基础上,运用条件控制,观察蜗牛爬向某种条件环境的现象,从而收集证据并验证假设得出结论。在小组合作探究中,学生作出猜想和提出假设、设计方案、搜集证据和解释问题,体会搜集证据、验证假设的重要性。

通过科学探究活动中对比实验的设计与操作活动,学生能体会到细致地观察和科学的实验方法对于获取验证假设所需事实证据的重要性;通过探究实验后的交流活动,学生能更乐于在班内分享学习经验与成果,获得服务集体的荣誉感。

二、围绕目标,设计活动

在开展教学活动设计时,教师要围绕德育目标进行教学活动的设计和优化,在具体的学习活动中形成德育渗透,并强化德育体验。要引导学生对自然现象保持好奇心,在探究实践的过程中亲近科学,从整体上初步认识科学、技术、社会与环境的关系,发展基本的科学研究能力,形成基本的科学态度和社会责任感,逐步树立正确的世界观、人生观、价值观,最终促使学生在科学核心素养上有所提高。

(一)把握德育目标,深化德育渗透

学科德育核心要求对开展教学提出了明确的德育指向,而单元德育教学要求又对教学内容提出了具体的目标与建议。教师要在理解单元德育教学要求的基础上,采用设计学习情境、明确表现目标、提供体验经历等方式,充分体现达成德育表现性目标的过程。作为一门基础性、实践性、综合性的课程,教师要在学科教学中融入立德树人的目标,就必须在科学学科中充分挖掘蕴含的内在德育价值,强化学科核心素养与德育的契合度,发挥学科凸显学科独特的育人功能。但教师有时对学科德育目标和地域范围认识还不到位,德育目标不能有机落实到教学中,这也是一线教师经常会遇到的困惑。

如"寻找校园动植物"一课,教师可以针对单元德育教学要求提出的"寻找、记录校园中各种动物、植物,体会校园也是动植物的'家园'"德育表现性目标,设计组织学生进行实地考察的活动,提出考察和展示的具体要求,帮助学生获得校园也是动植物"家园"的体验。

在教学设计中,通过分析并把握"在科学探究和实践活动的过程中,能注重事实和证据"的德育核心目标,引导学生亲身参与探究实践活动,了解科学的本质和科学探究的严谨性,是深化德育渗透的有效方法之一。

(二)优化教学设计,强化德育体验

在开展教学设计时,教师要把握科学学科学习内容的基本内涵,提炼其蕴涵的德育要素,根据课程标准等课程文本要求确定教学中应关注的重点和难点。在制订教学目标的过程中,要根据学习内容明确相应的德育表现性目标,加强德育目标和其他目标的联系。关注学生正确价值观形成、必备品格养成和关键能力提升等方面的要求,将学科德育核心要求与学习内容有机结合,把德育目标转化为具体的学习行为要求。

如"探索宇宙的工具"一课,教师在设计教学活动时,可以抓住"列举我国在宇宙探索中的进展"学习要求,设计"调查我国的宇宙探索历程"的学习活动,引导学生重点关注我国在探索宇宙进程中的最新成果和进展,增强学生民族自豪感和自信心。

通过学习活动设计并优化教学活动组织形式,使学生能在更广阔的范围深入地了解我国探索宇宙的最新成果,增强民族自豪感,强化德育体验。

三、达成目标,设计评价

学科德育核心要求对学生参与具体的学习活动提出了明确的德育表现性目标。德育表现性目标综合了情境、表现、体验等要素,其目标的达成需要在可观察、可测量和可评价的基础上,加强学生的学习体验。教师要在理解德育教学表现性目标的基础上,采用创设学习情境、提供学习经历、引导分享交流等方式,以有效的学习评价充分体现学生在具体学习活动中达成德育表现性目标的过程和结果。

(一)定性评价为主,发挥激励功能

在设计学习活动评价时,教师要切合学科德育核心要求,以学生的活动表现为主要评价依据。以教师"点评式"和学生个体、小组"自评式"定性评价为主要方式。注重发挥定性评价在"质"方面对学生德育发展的激励功能,充分考虑学生的自尊心和探究的积极性。在评价的过程中,教师要充分关注学生的学习行为和学习成果,对表现积极的行为方面要给予鼓励,而对有偏差的行为方面要给予及时适当的引导。

如"自然资源和生态环境"一课,在设计教学活动时,教师既要关注学生对资源、环境与人类关系的认识,也要有意识地安排学生体验的环节。可以设计模拟、阅读等学习活动,帮助学生形成对我国自然资源和生态环境状况的基本认识,肯定学生提出的保护环境举措并进行积极评价,让学生懂得尊重、顺应和保护自然是每个公民的责任,形成遵守法规、保护环境、节约资源、维护国家资源安全的意识和习惯。

再如"吸烟和酗酒的危害"一课,教师可以设计课前调查活动,引导学生关注家人和同伴的健康,激发学生关心身边人的意识;设计"小组讨论和全班交流吸烟、酗酒的其他危害"的活动,使学生的关注点进一步拓展至包括自己在内的公众健康和安全;设计"劝阻嗜好烟酒者的宣传语"活动,引导学生分组展示交流、相互评价,进一步激发学生参与学习、分享的热情。

在设计教学活动时,要思考对学生认知过程中可能的情绪反应和情感体验的预设,关注学生在情感上的体验。在加强学生学习成果获取的基础上,通过多种评价方式激发学生对于参与多种学习经历的兴趣。促使学生将学习情感转化为学习行动,增强成就感。

（二）重视过程评价,体现以评促学

每位学生都是一个有独特个性表现的学习个体,对学生的学习评价要切合学科德育核心要求和德育表现性目标的达成情况,以学生在活动过程中的具体表现为主要的评价依据。教师要关注学生的点滴成长,并将他们成长的轨迹展现出来,让他们看到自己的进步,并能及时发现某一阶段存在的问题。

如"形形色色的植物"单元,教师可以根据低年段学生的年龄特点,制订适合低龄段学生认知水平和操作能力的德育表现性评价目标,充分发挥学科的德育功能。制订的单元目标有:设计观察和阅读等活动,认识植物的主要组成部分和植物的根、叶、花的不同形态,初步学会运用各种感官有条理、正确地观察植物的各个组成部分,乐于观察身边常见的植物,有爱护植物的意识。教师以单元教学目标为基本导向,设计相应的单元学习评价,可以提出"能观察常见植物,并用画图的方式进行记录;能将自己的观察过程和记录的结果与同伴进行交流分享;能在观察过程中不伤害植物"等评价要求。

过程性评价的设计,既关注了学生自身成长的需要,更关注了学生正确价值观形成、必备品格养成和关键能力提升等方面的要求,很好地将学科德育核心要求与学习内容有机结合,把德育目标转化为具体的学习行为要求。

通过对教学活动的设计和优化,渗透学科德育的实施,通过有效的学习评价,有效达成德育目标,更促进学生课程核心素养的提升。

第三节 课堂教学中的德育实施

科学课程承担着全面培养学生科学核心素养的要求。科学课程在课堂教学中应有效利用学科育人价值,真正体现学科思政功能,凸显教育教学的真谛。教师更要把握课堂教学过程中的生成,不断渗透德育思想,在民族情怀、爱国敬业、环境保护、成果分享等价值观层面的内涵,体现科学教育的重要作用。

一、情境应用,无痕渗透

一堂好课,情境的适切至关重要。优质的情境,既能更好地吸引学生的课堂注意力,增强学习活动的实效性,提高课堂的连续性,又是教师学科道德修养的切入口。科学课通常以情境导入开始,提出问题,通过课堂学习,最后解决情境中的问题,体现整堂课的完整与统一。科学教师在备课过程中不仅要有意识地创设情境,还要善于利用课堂生成的情境,抓住时机加强情感、态度、价值观方面的教育。

（一）注重情境应用,对应德育目标

科学课在学生育德方面可挖掘的点是比较多的。在教学环境创设上,教师要注意正向引导,根据学习过程中的学生学习生成,对应教学内容,引导学生关注教学环境与课堂生成,引发深层思考,更好提高学生身临其境的感受。在科学探究活动的导入或实践应用等阶段,可以采用提供文字、图片、视频或现场表演等形式,利用现场教学环境资源,呈现反映政治身份认同、民族意识、文化自信、个性养成、环保意识的情境,以满足学生探究意愿,激发探究兴趣,活跃学习氛围,同时强化情境的德育作用,促进德育效能的提升。

如"净化母亲河"一课,教师将教学任务前置,学生在上课前就会开展调查活动,了解自己生活的嘉定区在水资源、水污染上的一些问题和应对举措。通过课前调查、视频资料观看和文字材料阅读,学习过程与内容被有意识地安排在课中的交流环节,通过学生熟悉的情境产生共鸣:水资源是有限的,而过多的污染让原本洁净的水资源现状变得更为堪忧。学生知道嘉定区横沥河水质污染的成因及危害,感受人类的不适当活动会破坏环境,将体验内化为保护水资源的意识,学生在学习过程中形成对环境保护的内在动力,树立良好的环境保护意识。本节课在知识与技能层面上学生已经有较好掌握,通过教师情境的引入,学生增强了对环境保护的意识,提升了德育在学科教学中的内涵。

合适的情境应用能有效唤起学生的共鸣,在掌握基本科学知识的同时,也能达成对应的学科德育目标,体现育人价值。

（二）推进文化认同,提升学科内涵

科学课程始终关注最新的科技发展和成就,学生也能通过学习了解当今科学技术推动人类世界的发展。作为当今科技发展最迅猛的国家之一,教师在科学课程授课时,应不断强化学生的国家意识,提升学生的民族自信。在课堂授课过程中,教师除了强调科学基本知识要点,还应根据课堂教学实际,适时增加文化内涵,以正确的国家意识和价值观为导向,促进学生形成健全人格、关键能力提升、必备品格养成等方面的要求,将学科德育核心要求与学习内容有机结合,把德育目标转化为具体的学习行为要求。

如"太空探索"一课,教师可以抓住"列举我国在宇宙探索中的进展"的学习要求,指导学生重点关注我国探索宇宙的最新成果和进展,有效将爱国主义情怀,对科技工作者的敬爱融入教学,同时引导学生通过学习知道人类使用天文望远镜研究太空,并了解望远镜的发展过程,感悟科技发展对人类的巨大推动作用。学生通过图片排序、阅读资料等活动过程,描述望远镜的发展历程和广泛用途,特别是通过对我国贵州天眼望远镜的介绍,体会望远镜对人类探索宇宙的促进作用,激发学生爱家乡爱国家的情感;通过阅读图文、观看视频等过程,交流我国探月工程的主要成果与进展,体会人类在探索未知世界过程中的坚持与不易,同时也为中国航天事业骄傲。

在教学过程中,要有效利用好我国现代科技发展的大情境,根据地域发展和学生特点,因地制宜地进行文化宣传,了解家乡和祖国的高速发展、中国特色社会主义的优势,提升学生文化认同。

二、节点把握,认知提升

在科学教学中,学科德育融入的时间点转瞬即逝,把握育德的时机非常关键。教师如何在关键节点进行升华,提高学生对科学课程的内涵认知,感受科学课程的独特魅力,实现科学课程的育人价值? 除了需要有充足的准备,教师还需要学会捕捉德育渗透的关键节点,善于引导学生讨论、思考,提升思想认知。

（一）明确探究节点,紧住提升时机

教师要关注学生科学探究学习的过程,善于把握情感体验与认识提升的关键环节。聚焦学生提出的问题或设计方案,引导学生关注活动过程中可能存在的错误和差异,养成反思的习惯;抓住学生寻证中的宝贵问题,引导学生深入思考并开展后续探究活动;引导学生交流科学探究的过程,避免只关注结论而忽略过程。

如"电阻"一课,其重点活动是探究电阻大小的影响因素。学生不熟悉影响电阻大小的因素,平时也很少接触有关于电阻的内容。在教师的引导下学生提出了影响电阻大小的因素,并根据自己的判断和小组讨论决定研究不同的影响因素。有小组选择探究导体的长度,并且选择了铜丝作为研究对象。根据经验,在长度相差不大的情况下,铜丝的电阻大小很难通过电路中小灯泡的明暗进行判断。这组学生在实验时也发现两次实验小灯泡的明暗程度相差并不明显,得出长度不会影响电阻大小的结论。学生的操作并没有问题,这与其对铜这种金属的认知有关系,因此教师在引导时肯定了学生的猜想与操作,通过实验现象不明显进行提问,引发学生深入思考并提出开展进一步探究的想法。学生讨论后确定增加铜丝之间更大的长短差异,再次实验获得结论。在教学过程中,教师就应抓住学生寻找证据过程中一些有价值的问题,引导学生深入思考并开展后续探究活动,真正体现科学探究精神。

科学探究是科学课程重要的载体,教师不仅关注结论,更为重要的是让学生在学习过程中掌握科学探究的一般方法,通过各种形式强化科学探究方法,在探究活动中更应该通过活动让学生掌握科学学习的真谛,养成学习品格与习惯。

（二）提供互助契机,促进同伴合作

目前,科学课的学习模式多为小组合作,同伴互助是小学科学课堂教学中最明显的特征。小组合作学习是学生学习交往的一种表现与形式,是学生学习中的一种必备技能。学生要学会与他人合作,利用团队力量完成项目,这一点在科学课堂上须始终贯彻,为学生终身发展助力。在教学中,教师要提供学生充足的尝试和反思时空,激发学生主动参与并乐于与同伴合作,帮助学生获得成功的体验,形成德育认知的升华。教师应注重对合作式学习法的指导,认识小组合作学习是促进学生互相支持的一种有效途径,联系彼此的所知,集合学生智慧,共同解决问题,形成良好习惯。教师在组织教学时,也要对学生有小组合作要求,正向引导,小组成员自愿,协商完成分工,鼓励有明确小组分工的学习模式,力求做到互助、增效、达成学习目标。

如"水会流动"一课,执教教师重点关注了学生科学学习习惯的养成,在经历实验探究活动后,大部分小组均能按照教师的要求以小组合作的形式将实验器材按照课前的要求摆放整齐,桌面的水渍擦拭干净。但还有一个小组未能按照教师要求将实验器材摆放整齐,因为在小组成员间没有分工协作,成员间的职责不明确。教师以此再度明确小组合作的要求以及科学学习的规范,鼓励明确的小组分工,确保学生良好习惯的养成。

合作作为学生的一种必备能力需要抓住时机进行训练,科学课程学习是良好的途径,学生能在学习活动中积极与同伴交流,获得成功体验,感受同伴互助的乐趣。

三、优化评价,促进成长

评价作为一种有效手段,具有诊断课堂、激励学生、调节教学等作用。教学评价就是观察教学的各个环节,判断教学的质量和效果。全面客观的教学评估,既能对学生的学习效果进行评估,又能对学习过程进行分析,发现短板。教师和学生可以根据评价信息对计划进行修订,对教学行为进行调整,从而达成目标,这就是评价起到的调控作用。

(一)丰富评价内容,彰显德育表现

教师要注重课堂中的评价作用,特别是对学生德育发展的描述、判断和激励功能,充分考虑学生的自尊心和探究积极性。通过课堂形成性评价及时反馈,帮助学生自陈得失、扬长避短,自我激励、建立自信,激发学生的学习动力,促进学生更好地发展。要关注学生的学习行为,也要重视学生的学习成果,对表现积极的行为和良好的成果方面,要给予肯定和鼓励。如果有条件,也可以利用信息技术手段,随时、随地、随需地记录学生在学习过程中的德育表现,实现对每位学生的多维度、及时性和形成性的评价,并为阶段性评价积累相关的数据。

如"水的沸腾"一课,以探究水在沸腾过程中温度变化为重点活动,实验需要通过小组合作的方式协作完成,小组成员各司其职,共同完成探究活动。但并不是每个小组都能获得准确的实验数据和正确的结论。教师在小组分享实验所得时,除了评价各组的实验成果外,还应对小组合作的过程以及实验数据的获得进行有效评价。对实验过程中学生相互配合、沟通操作和方法进行表扬;对记录的数据进行分析,评价数据记录与操作的精准,进一步激发学生参与探究活动的积极性,为学生建立自信的同时,凸显评价的正向作用。

评价能有效促进学生学习的热情,丰富评价内容,让更多学生得到学习成功的获得感,在情感上认真对待学习,凸显德育价值。

(二)提高评价准度,关注学生成长

课堂教学中,对学生的学习评价要尽可能精准。评价要契合学科德育核心要求和德育表现性目标的达成情况,以学生的活动表现为主要评价依据,以教师"点评式"和学生个体、小组"自评式""互评式"的定性评价为主要方式。教师在课堂教学中,应经常采取任务带动的方式,有目的地引导学生进行活动。将学习评价融入学习活动任务之中,帮助每位学生在活动中明确任务要求,主动承担更

多的责任,更好地激发学生的主观能动性,促使他们主动地投入到学习中去。教师要在学习的过程中关注学生的成长轨迹,让学生看到进步,及时发现并解决某一阶段存在的问题。通过课堂师评、自评和互评的方式,形成及时反馈,帮助学生自陈得失、扬长避短,自我激励、建立自信,激发学生的学习动力,促进学生更好地发展。

如"溶解"一课,探究影响物质溶解快慢的因素,是一个典型的对比实验。课堂教学中,教师通过任务单中的评价表确定实验的要求。在探究前,教师通过评价不断肯定学生对探究过程思考的准确性;探究过程中,学生通过评价表对探究活动进行自评,规范实验探究的过程;在探究结束后,学生进行小组的互评,及时发现亮点和不足。整个过程教师利用评价,激发学生主动参与探究活动,准确了解学生掌握情况。

教师在课堂教学中,应关注好评价的准度与有效性,运用丰富的评价方式,增强学生参与科学探究的兴趣,积极推动学生养成科学思维和习惯,助力学生成长。

四、重视经历,明晰途径

学习经历是学生能力发展的基础,充实、丰富的科学学习经历对学生的科学素养培养有着至关重要的作用。科学教师需要根据各方面的情况,因地制宜地开展学科活动。通过多样的学习途径,落实学习经历,体验科学学习的严谨与责任。

（一）注重学习经历,夯实学习品质

教师应以学科为依托,探索综合化教学,开展探究式、项目式、协作式学习。在特定的教学内容上可以改进原有的课堂教学样态,丰富学习经历。如在环境保护、节约资源和可持续发展等方面内容的学习时,可以将水、空气、土壤、森林等资源现状与保护情况的调查活动整合后,以"长周期探究项目"的方式让学生对某一区域的生态开展研究,力争做到既可以充实探究、拓展课程的内容,也能使学生获得更为充足的时空开展相似主题内容的科学探究学习,更深入地认识科学与社会相交织的问题,增强社会责任感。

如"森林"一课,可以组织学生课前对森林中的动植物进行调查,了解不同的动植物在森林中的生存位置,通过自然笔记的方式呈现森林动植物的分布。课堂中,学生根据课前的调查猜测动植物如此分布的原因,并给出调查的结果,同时明确森林中动植物分布与食物链、食物网有关,说出人类活动对森林的影响,破坏食物链和食物网后对森林生态系统的影响。这样的学习经历,让学生把更多的注意力放在与课堂相关的内容上,达成我们育人的目的。

在组织教学时,教师可以开展多样的学习活动,长周期探究、自然笔记、实验解说等不同的学习活动都能培养学生不同的能力,同时,也可以通过这些活动,提升学生对学习活动的认同感,在形成正确的价值观和责任感上有着积极的作用。

(二)拓展学习途径,凸显学习内涵

在教学中,教师应始终保持开放的态度,不断拓展学生学习的途径,提供丰富的学习途径为学生发展助力。科学学科的学习不仅仅只有科学探究,开展科学阅读、撰写观察日记和科学小论文,同样也是科学课程的一部分。这些活动既能丰富学生的知识来源,提高他们的表达能力,同时也可以帮助他们感受汉语言文字的博大精深。另外,还可以进行科学数据分析,学生应用数据处理的方法和思维解决探究过程中的数据处理、模型建立等问题,从数据的准确性、数学定律的角度形成实事求是和尊重自然规律的科学态度。

如"宇宙中的太阳系"一课,学生了解太阳系中的八大行星,八大行星的大小就是通过行星的直径来确定的。学生自己收集八大行星的资料,记录并分享相应的数据。根据获得的这些数据,学生用计算的方式确定八大行星的比例大小,构建太阳系八大行星。这样的学习过程能让学生感受宇宙的浩大,同时也发现自然规律的奇妙。

课堂教学中,教师可以不断丰富学生的学习途径,尝试让学生用已有的技能和方法探索科学问题,用不一样的方式呈现学习成果,多方位凸显学习的内涵。

课堂落实德育实施时,教师要把握好情境、时机、评价和经历,根据学习内容明确相应的德育表现性目标,选择适当的方式加以落实,注意情境、时机、评价和经历的相互联系。在实施过程中关注学生情感、态度、价值观的形成,将学习内容与学科德育工作的核心要求融为一体,体现学科德育的真正价值。

第四节　跨学科融合中的德育推进

《课程标准(2022年版)》设置了13个学科核心概念,对义务教育阶段学生应掌握的科学核心内容作了明确规定,同时新增了4个跨学科概念,即物质与能量、结构与功能、系统与模型、稳定与变化，为学生今后跨专业学习打下理论基础。现今的小学科学教学中，我们确实需要有多重整合，但不是简单的学科知识叠加，需要教师对教学内容进行有效梳理，寻找学科德育内在关联，提升学科育德实效。

一、内容梳理，整合要求

小学科学是一门基础性、实践性、综合性、复合性为定位的课程。在实施课程的过程中，我们发现小学科学与其他课程有着较多的关联，是非常适合开展跨学科学习的，因此小学科学学科推进跨学科学习存在天然的优势。如何有效融合不同学科的内容，实现跨学科教学呢？教师应从核心素养如科学思维、探究实践、态度担当等方面进行高度融合，实现真正的跨学科育人价值。

（一）推进综合学习，协同德育发展

社会发展新趋势对科学课程学习提出了更高的要求，因此，科学课程的学习已经超出了我们原来的认识，科学课程学习关注更为综合的学习。在授课前，教师要全面梳理科学课程中各个主题的学习内容，发现、挖掘、整合教学内容，从学科德育核心要求出发，凸显学科在育人中的重要作用，将单一的学习活动变得丰富，探索基于学科的综合化教学与活动。有效引入探究式学习、合作式学习和项目式学习等综合学习的方式，在解决问题过程中学习相关科学知识和技能，形成学科德育的协同发展。

如同济大学附属实验小学的"一米菜园"项目学习活动，就是一个典型的学科德育协同项目。"一米菜园"源自学校的生态农业项目，在建校初期学校建设了操场看台，对于小学来说，操场看台的使用率并不高，绝大多数时间只能闲置，极大浪费了学校的场地资源。作为新建的乡村学校，学校在办学之初就明确了新型生态农业作为科学研究的阵地和抓手。在校区投入使用后，学校就操场看台重新进行了规划和改造，利用看台一米宽的空间重新填入土壤，让操场看台成为学生植物种植区。由于操场看台只有一米的宽度，因此命名为"一米菜园"。学生在"一米菜园"中进行植物观察与记录，开展植物生长对比实验探究，进行食用植物种植与义卖。学校利用"一米菜园"统整课程，为学生开展项目化学习提供了场地，让"一米菜园"成为学生开展生态研究的平台，又是学校丰富的课程资源，同时也是课程育人的场所，真正体现科学学科的德育功能。

科学课程的发展与建设就是将单一的学习内容变得丰富，通过综合学习方式解决真实世界中的现实问题,在解决问题的过程中学生逐步提升能力,形成观念与价值观。

(二)整合德育要求,提升育人价值

科学课程中包含了大量的学科德育内容,这些德育内容的落实仅靠学校课内的教学时间是完全不够的,要有效利用好课前和课后的时空,有效发挥活动的育人价值。课程实施时,教师应有意识地落实学科特色活动,整合学科德育要求,不断提升学科的育人价值。

科学课程是以培养学生的科学素养为宗旨的,学生通过不同形式的科学探究与实践,认识自然现象,树立科学观念,逐步形成科学思维,习得基本的科学探究方法;教师在教学过程中呵护和发展学生探究自然奥秘的好奇心,培养学生严谨认真、求真务实、坚韧不拔的科学精神,重视科学、技术、社会与环境的关系,树立尊重自然的理念,以保护环境、节约资源、坚持可持续发展为己任,亲近自然,热爱生活,珍爱生命,做德智体美劳全面发展的社会主义建设者和接班人。针对科学课程的德育要求,教师应该做好德育要求的整合,体现多方位的育人价值,在一个教学活动中,应该充分挖掘德育内涵,多方位体现学科育人的作用。

如"水的蒸发"一课,以探究影响水分蒸发快与慢的因素为主要实验活动内容,是科学素养中习得科学探究方法的典型实验。该实验是典型的对比实验,学生对对比实验的学习充满了好奇。怎样利用实验内容让学生在对比实验中充分理解对变量的控制方法,通过实验与交流逐步形成科学观念,并习得基本的探究方法,这是教师在教学过程中需要不断思考的。而在实验操作中,学生需要严格控制好实验的变量,并且实事求是地记录实验现象和数据。这些都是在探究活动中须不断深化和强调的,这也是科学课程育人价值有效整合的体现。

科学教师要做好课堂研究,根据学生课堂生成,有意识地整合德育要求,将多方位的育人点做好链接与强化。

二、加强关联,优化过程

科学课程与其他课程的关联性很强,理解和应用科学知识与技能,并能解决生活中实际的问题,才是科学课程的终极诠释。因此,科学教学也应积极地与其他学科进行联结,形成接近真实的学习情境。在学习过程中,教师应立足育德要求,不断优化教学方法和过程,提升学生综合实践能力。

（一）探索学科整合，形成育德合作

备课过程中，教师可以有意识地关联其他学科。在学科德育实施中，探索科学与语文、数学、英语、美术、音乐、劳技、信息科技等基础型课程的关联，同时关注探究型、拓展型课程的整合，开展跨学科教学。跨学科教学是支持学生解决真实问题的重要方式，也是学科统整落实学科德育的有效途径。

如"水和冰"一课是可以有效开展科学与数学学科整合的典型载体。数学学习是科学教学的基础，在学生自主探究出水和冰相互转化过程中的温度变化之后，可以向学生提出利用数学知识将温度数据绘制成折线统计图的要求。教师可以指导学生通过画出折线统计图，分析水和冰之间的温度变化规律。学生应用数学知识、方法、思维进行数据处理和建立模型，从折线统计图中发现液态的水和固态的冰是其状态相互变化过程中温度变化的关键点。数学思维的有效应用，解决了科学教学中的难点，为学生呈现出数据变化，根据实验数据变化分析得出变量的变化趋势，得出相应的结论。在这个过程中，教师能较好地锻炼学生数据处理、观察分析和归纳总结等科学研究的基本能力。可以引导学生感悟数学对科学研究和技术发展的重要作用，并从数据的准确性和数学定律的角度形成实事求是、尊重自然规律的科学态度，实现学科育人目的。

（二）优化学习过程，提升综合素养

科学课程的学习提倡知识的内化与应用，解决真实世界中的相关问题。如何灵活应用科学知识，通过制作、实验等环节提升学生综合素养，是科学学科教学的目的。因此，学习过程至关重要，简单记忆科学知识已经无法满足学习的需求。教师应根据教学过程不断优化教学设计，创设情境与环境，为学生开展具有创新性的学习提供支持与帮助。

如"结构与力"一课，可以有效将科学与劳技学科有效整合。学生在动手做中学习，发现科学规律，提高动手能力，同时感受科研人员从事精密设计与建设中的不易。在教学中设法让学生知道哪种物体形状或结构承受的力更大，并非教师简单演示呈现一个实验现象，抑或是设计既定的学生实验操作。课堂可以是开放的，让学生通过建模设计制作相应的结构。对结构进行破坏性实验，发现结构与力的关系。学科整合很好地弥补了原有授课方式的不足，体现了学科融合，优化了学习过程，学生也能在这样的学习中真正掌握方法，主动建构知识体系，全面提升思维品质。新课程标准在结构与工程、设计与物化上有较大的改变，突出跨学科教学的理念。教师在设计课上就要重点体现学科融合，提高技术与方法在实际生活中的应用。

在教学过程中,体现建模与工程设计思维,提升学生思维品质。这样优化学习的过程,是真正提升学生课程核心素养的关键。

三、因地制宜,项目融合

在科学课程实施中,学校应该考虑实际条件,从原有的校本课程中寻找德育内容。结合社会实践、专题教育等,设计相应的综合实践活动,以项目驱动科学学习,提高学生真实解决问题的能力。

(一) 探索校本特色,推进课程融合

教师要积极探索与校本课程的有效整合,寻找校本课程中与科学学科有关的德育内容,结合学校兴趣活动(含体育活动)、专题教育、社区服务等活动开展课程德育,配合学校德育工作的协同发展。如结合学校德育课程和科技创新活动课程,开展低年级的"我与自己""我与社会""我与自然"等内容的主题式综合实践活动,设计与科学学科相关的系列化活动,帮助学生学会认识自我,参与社会活动,亲近自然,对自然的认识初步形成一个整体。

"节气"是一个非常好的项目化学习主题内容。其中,"舌尖上的春菜"就是跨学科的典型代表。以科学内容为主要载体,融合跨越语文学科和美术学科,有效贯穿劳动教育,发挥跨学科学习育人作用。在本项目中,学生需要认识春季常见的食用植物,了解其结构特征,用自然笔记的方式记录其生长状况与特征,了解本地春菜的食用历史、传统制作工艺等,知晓本地特有食物的演变和发展历程,加深对传统文化的领悟与传承。

校本课程融入基础型课程是非常好的尝试,利用地域特征,依托学校实际,开展有针对性的融合教学,能更好为学生提供学习、展示的舞台。科学课程校本化实施能通过系列化活动,有效挖掘德育内容,凸显学生自我学习、自我认识和自我发展,同时也推动科学课程与学校活动的有机融合,学生在这样的活动中逐步形成社会责任感,达成德育目标。

(二) 注重实践考察,形成社会意识

教师要充分发掘科技馆、博物馆、动植物园、高校、科研机构、企业等校外单位的教育资源,将自然和人文资源转化为科学学科的德育资源,发挥其影响作用。如借助各种场馆资源,带领学生开展主题研究活动,积累资料和数据,解释问题。学生利用各类场馆资源,在社会实践考察活动中,社会意识逐步形成,具

备对我国自然资源和生态环境状况的基本认识,形成遵守法规、保护环境、节约资源、维护国家资源安全的意识和习惯,同时也真切感受国家的发展与强大,领略我国科技发展的进步与发展,体会科技给人们带来的幸福与美好生活。

如"植物的叶"一课,教师可以有效利用上海自然博物馆资源辅助科学教学。如"缤纷生命展区"的"叶美如画"展项,营造了真实的探索时空,可以帮助学生了解人类探索植物的历程。学生从不同种类的叶开始研究,利用场馆资源了解植物叶子的形态、叶缘种类,进行树叶拼画制作等,交流人类对植物研究的发展历程。场馆中的实践让学生感受到动植物研究与人类生产生活的紧密联系,知道我国在植物分类学上的不断突破和进步,进而感悟我国科学工作者的爱国情怀和开拓创新精神,领略中国特色社会主义制度的重要作用。

灵活借力场馆资源,能拓宽教师的授课思路,以资源带动成效。同时,在活动过程中,学生逐步形成社会意识,懂得合作学习的重要性,掌握筛选有用信息的能力。

在开展跨学科融合时,教师要充分梳理资源,有效挖掘跨学科中的德育元素,为学生提供更多体验的实践机会,引导学生主动关注和了解社会发展、科技进步的重大事件,关注我国在科学发现和技术发明上的最新动态,感受国家的发展与强大,体会科技给人们带来的幸福与美好生活。在学科德育不断加强和推进中,真正把科学课程做成科学教育。

在德育视角下的小学科学课程更专注学生的科学态度和社会责任,在教学内容、教学设计、课堂教学、跨学科活动中均能进行有效挖掘。教师应转变观念,有意识地在教学五环节中落实学科育人,让学生在科学态度和社会责任上产生"质"的飞跃。

第三章 单元视角下的小学科学课教学设计与实施

基于单元的课堂教学实施凸显了小学科学课程的系统性,展现了新课改的理念与要求。在对单元教学内容进行科学规划的基础上,通过对教学内容的整合以及教学方式的创新,可以更好促进学生科学素养的全面提升。本章从单元内容整合核心素养培养点入手,结合本区域教学实践案例,构建"教学目标可视化和课堂实施可视化"的单元整体教学设计策略,依次从单元规划与单元教学设计、目标导向下的教学设计、基于单元的课堂教学实施三个方面进行阐述。

第一节 单元规划与单元教学设计

单元规划与单元教学设计是科学课程中不可或缺的一部分,旨在培养学生的科学素养和探究精神。在教学设计和实施过程中,教师应从单元视角出发,注重学生的主体地位,激发学生的学习兴趣和好奇心。

一、基于单元视角的规划与教学设计

（一）小学科学单元规划概念

单元规划是指教师根据教材内容和教学目标,对整个学期的教学内容进行系统性的安排和组织。一个好的单元规划应该具有明确的目标和重点难点问题,能够整合不同学科的知识点,注重实践与应用,同时也要考虑到学生的个体差异和兴趣爱好。通过科学的单元规划,可以使教学过程更加有条理、有针对性,提高学生的学习效果和兴趣。

如"温度和温度计"单元,以热气球和温度计为研究对象,让学生从热空气会上升的现象到学会如何测量温度。首先观察纸蛇旋转的游戏,初步感受热空气会上升;其次,通过孔明灯、热气球等生活中孩子们感兴趣的事物引发学生对"冷和热"的探究欲望;最后,承上启下,引入温度的概念,激发学生对温度计等温度测量仪的学习兴趣,"温度与温度计"单元规划见图3-1-1。

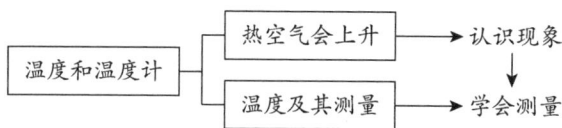

图 3-1-1　"温度与温度计"单元规划

通过由现象到具体测量循序渐进的单元规划策略,学生对于温度的认知也由浅入深。他们的知识都是自己在观察趣味现象、体验温度测量中自主获得的。如此教学能有效地落实新课标的理念和要求,全面提升学生科学核心素养。

(二) 小学科学单元设计原则

单元教学设计是指教师根据单元规划的要求,对具体的教学内容和活动进行详细的设计、安排。一个好的单元教学设计应该具有清晰的教学目标和要求,合理的时间分配和难易程度设置,丰富的教学资源和多样化的教学方法,以及有效的评价方式和反思机制。通过科学的单元教学设计,可以使教学过程更加生动有趣、富有创意和互动性,激发学生的学习兴趣和主动性。

1. 学生主体原则

每个学生都是科学学习的主体。单元设计应遵循学生的发展规律、认知规律,基于单元情境创设不同的课时情境来激发各年级段学生的学习兴趣,并通过规律性的探究活动为学生后续学习奠定基础,同时培养学生的科学思维能力,还有助于提高学生的实践应用能力,促使学生对科学知识和科学思维方法形成初步理解。

如"常见的化学物质"单元,首先,说出生活中常见的酸性、中性和碱性物质、学会用紫甘蓝指示剂、pH 试纸检测物质的酸碱性;随后,通过观察、实验、阅读等活动,知道酸碱混合后酸碱性会减弱,了解酸碱中和在生活、生产中的应用实例;接着,通过观察、实验等活动,知道分离食盐的方式以及食盐的用途;最后,通过调查、观察、阅读等活动,知道糖的制作过程。根据学生认知规律,设计符合学情、学生为主体的情境教学,见表 3-1-1。

表 3-1-1　"常见的化学物质"单元活动表

单元名称:常见的化学物质	
课时名称	学生主要活动
常见的酸和碱	制作"魔法药水"(紫甘蓝酸碱指示剂)
酸碱中和	成为鱼塘管理员(利用酸碱中和调节 pH)
盐和食盐	成为海水淡化师(粗盐提纯)
糖和牛奶	成为糖果达人(提取蔗糖并制作糖果)

以学生为主体的单元设计是学生形成科学素养的主要途径,使学生保持高度的学习兴趣,促进学生对核心科学观念的深度理解和主动迁移。

2. 教师引导原则

小学科学单元教学设计有利于教师针对不同年级段学生的学习项目进行关联和解读,并对学习任务的达成路径进行有框架、有目的的整体设计;有助于教师实现对教学目标的层次化设计,并通过"问题链"串联学生活动,不断引导学生自己发现科学本质,培养学生实事求是的精神,并为教学活动的顺利开展提供创新思路;有助于促使教师充分认识学生原有认知能力和水平。

如"植物的生存"单元,教师作为沙龙主持人,引导学生以沙龙的形式利用调查、实验、科普剧等方法了解风媒花和虫媒花的区别以及各种种子的传播方式。教师引导学生记录自己感兴趣的单元重点知识,作为沙龙的引导者,教师在黑板上作笔记,对本堂课的教学内容起到了梳理的作用。教师引导的沙龙活动设计见表3-1-2。

表3-1-2 "植物的生存"活动沙龙设计表

沙龙形式	学习内容
PPT介绍	花的结构
画报介绍	花的受精过程
科普剧介绍	花的受精过程
画报介绍	花的传粉方式
互动分享	虫媒花和风媒花
快板	种子的形成

在单元教学实践中,教师需要注意:在单元教学设计时,如何清晰呈现单元教学的核心与精髓;在课时教学设计时,能否有清晰呈现与单元教学设计相呼应的教学设计等。

二、基于整体规划单元教学策略

(一)整体单元规划策略

1. 任务主题双线并行,纵向形成能力坡度,横向保证互为补充单元规划

通过确定主题类型文本、学习任务属性来明确逻辑关系。单元规划双线并行、详略得当,可形成虽然主题一致,但层次丰富、形式多元、相关性高,且目标能

力具培养坡度的内容编排。

2. 明确单元任务,创设融个人体验、学科知识学习、真实社会生活的情境

在实际的单元规划过程中,教师根据《课程标准(2022年版)》分析教学内容在教材中的位置及逻辑关系,分析教材内容与学生的适切性,确定最适合的单元属性及学习任务,进行语言、思维、审美、文化视角的教学功能考量。

单元学习任务适切,确保了单元教学内容的结构化整体性,使得单元规划富有创造性与生命力,能使学生在真实的个人体验经历中,在一个自然本体知识学习情境中,在一个能够连接过往、当下、未来的真实社会生活情境中,完成有生命的学习。

(二) 整体单元目标设计策略

1. 课时目标逆向转换,归类抽象为单元教学目标

教师在接触单元教学目标设计的初始阶段,很容易将课时目标与单元目标混淆。教师可以将本教学单元所有课时目标叙写出来,然后进行归类抽象,最后逆向转化为单元教学目标。

2. 完善单元教学目标设计的思维路径

在《小学自然单元教学设计指南》一书中,要求凸显要素、明示规格、强化指导,在设计流程、属性、问题导向上,进行了关键步骤、关键环节的关注点提示。仔细阅读其中的单元教学目标设计流程,可以发现其清晰说明了实施单元教学目标设计时,必须有环节关键步骤,多层级地帮助教师个体完成自我反省,进行合理、规范、准确的单元教学目标设计。

3. 遵循课程标准提炼要点

教师应遵循课程标准,完成要点提炼,注重目标性名词及实践活动类型动词,形成第一次的分解。在此基础上,进行怎么教、用什么教,即方式方法与资源运用路径上的细化,形成第二次分解。然后,在此基础上梳理目标之间的关系、联系,进行逻辑整合和优化,形成最恰切的单元教学目标。

4. 依托教材,明确单元任务要点

在进行单元规划和单元教学设计之前,教师应该仔细研读教材内容,了解单元所涉及的知识点和概念以及教材的结构和组织方式。只有深入理解教材内容,才能更好地制订教学目标和任务,确保教学过程的连贯性和系统性。

5. 制订切实可行的单元教学方案

教师应该根据教学目标和任务要求,设计相应的教学活动。教学活动应该

具有多样性和灵活性,能够满足不同水平学生的学习需求和兴趣爱好。同时,要注意活动的难易程度和时间分配,确保学生能够在有限的时间内掌握必要的知识和技能。同时也需要注重学生的个体差异和兴趣爱好,采用多种教学策略和方法,使教学过程更加生动有趣、富有创意和互动性。

三、基于核心素养构建单元教学进阶路径

学科核心素养是立足具体学科开展教育教学活动形成的促进"人的发展"的核心素养,是学科教育的灵魂价值体现。单元主题教学设计基于课标和教材内容的分析,从整体促进学生深度学习出发选择结构化、情景化、学科大概念较为突出的知识和教学要素,结合教学对象进行分析解读、重新组合和优化改进,形成相对独立的、有一定逻辑结构的教学单元,制订对应主题的教学设计,经过教学实践和反思不断优化完善,在这个过程中体现学科知识内容和思想与方法的持续发展。

（一）核心素养在单元的体现

1. 单元教学的核心——科学观念

科学观念的体现是单元整体教学的核心,也是充分体现科学课程教学效果的重要因素。教师所设定的科学观念必须同学生的学情和日常生活紧密联系起来,有利于学生真正吸收并理解科学观念。在构建单元教学时,教师要在充分考虑学生的科学思维特点和认知水平的基础上,结合实际,为学生设定分层级的科学观念目标,以此促使学生从不同科学视角深度感知和充分挖掘相关知识。

如"身边的力"单元中,学生理解抽象的力的概念是困难的。可以通过"滚铁环"游戏,将力的体验与体育游戏相结合,贴近实际、体验充分,帮助学生掌握力是有大小和方向的、力可以改变物体的形状和运动状态。通过本单元的学习进一步完善了对物理学中力学的科学观念认知,有利于学生建立力的相互作用的科学观念。

2. 单元教学的落脚点——科学思维

科学思维的体现是一个比较抽象的概念,科学思维是科学课程学生需要习得的思维品质。如何培养学生的科学思维是一个难题,教师需要因材施教、尊重学生的想法,为学生设定科学探究目标,梳理知识框架,并引导学生在教师的带领下学会猜想、假设,进行反复实验验证。

如"随处可见的材料"单元所涉及的观察、探究、体验、实验等是自然学习研究

的主要思想方法,应用思想解决实际生活中"房屋建造""桥梁承重"等问题。"科学的伟大进步,来源于崭新与大胆的想象力。"科学思维的体现不仅与单元目标紧密结合,而且与单元整体教学形式精准对应,以此有效提高学生的创新性思维。

3. 单元教学的路径——探究实践

探究实践的体现是学生掌握核心科学观念的路径。在教学过程中,教师应该鼓励学生进行科学探究,让他们自主发现和解决问题。例如,可以通过小组合作、研究性学习等方式,让学生自主选择课题、设计实验方案、收集数据等。通过科学探究,可以帮助学生培养创新意识和团队合作精神。

如"磁铁"单元中利用学习平台选择一种玩具材料包,平板电脑上内含"①平台操作要求""②任务与思考""③磁铁玩具制作视频"的资源包。通过阅读、观看视频、操作等方式进行玩具的制作并在赛灵格平台上拍摄记录实验过程,体验磁现象的奇妙,养成善于观察、乐于探究的科学态度。"实践是检验真理的唯一标准。"通过创设有效的科学探究,将科学探究渗透在单元中,让学生在解释交流的过程中提高实验探究能力。

4. 单元教学的追求——态度责任

态度责任体现在学生良好科学观和价值观的树立。单元教学中应着重培养学生的求真精神与团队合作意识,学生在科学单元教学中的态度责任体现了他们对科学的热爱和追求。

如在"电的产生与利用"单元中,通过分享优秀作业——《节约能源》小报,帮助学生认识更多的节能意义和方法,了解"节约燃气"的重要性。如有学生分享了制作小报过程中的收获,从我国人口众多的国情出发,阐述了节约用电的必要性,并且分享了很多节能小妙招。运用课堂小练习检测学生对前半节课学习的掌握情况。通过阅读《节约燃气小妙招》,拓展生活中的节能方法和运用本节课所学劝说他人使用太阳能热水器代替电热水器。不仅让学生知道生活中自己应该做到节能,还可以提醒自己的家人积极参与节能,形成节能意识。将良好的科学态度责任融入单元,让美好的科学之花在每个学生心中绽放,让学生充分意识到自己是地球的主人,肩负着爱护地球、创新发展的重任。

(二)依据核心素养规划进阶路线

依据核心素养规划进阶路线可以帮助学生更好地发展自己的核心素养,提高自己的综合素质。同时,也可以帮助教师更好地指导学生学习和成长,实现教育目标的最大化。单元设计不能就单元论单元,因为教材的单元可能无法保证进阶,单元难以实现整体规划,所以我们要建立单元与核心概念之间的联系。基于核心概念的大单元教学的具体实施路径见图3-1-2。

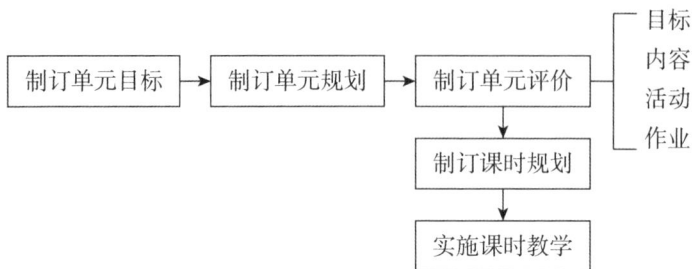

图 3-1-2 单元规划进阶路线

1. 制订单元目标

制订核心概念的教学目标,即核心素养的发展。核心概念是可以进阶的,要明确在其不同学段的发展水平,这就是课程标准中的学业要求。

2. 制订单元规划

制订核心概念整体教学规划,这其中需要明确内容结构和实现路径,实现路径又包含目标体系和教学规划。

3. 制订单元评价

整体教学规划设计完之后,制订单元教学评价,从目标、内容、活动、作业四个方面入手。

4. 制订课时规划

制订课时教学规划,包括目标和内容。教师在设计单元中的一节课时过程中要注意情境的创设,真实情境可以提高学生问题解决能力。其次要关注问题的设计,抓住问题,根据有效的问题设计教学活动,让学生根据问题进行合作探究。

5. 实施课时教学

在实施课时教学时要体现思维型教学理论的五大原理。教师要深入理解这五大原理并积极付诸实践。这样才能真正落实培养学生核心素养的目标。

(三) 结合课时特点建构逻辑框架

结合课时特点建构逻辑框架是一种进阶的单元设计方法,它可以帮助学生更好地理解和掌握所学知识。

构建知识点较多的课时的单元逻辑框架时,可以将知识点按照一定的分类方式进行整理,例如按照主题、概念、关系等分类,然后将每个知识点与前面的知识点联系起来,形成一个逻辑链条。这样可以帮助学生更好地理解知识点之间的联系和逻辑关系。

构建需要进行实验或操作的单元逻辑框架时,可以先介绍实验或操作的目的和步骤,然后逐步引导学生进行实验或操作,同时强调实验或操作过程中需要注意的事项和安全问题。最后,可以总结实验或操作的结果和结论,并将其与前面所学的知识联系起来,形成一个完整的逻辑框架。

构建需要进行讨论或辩论的单元逻辑框架时,可以先提出问题或话题,然后让学生进行讨论或辩论,鼓励他们发表自己的观点和意见。在讨论或辩论的过程中,可以引导学生思考问题的各个方面,例如背景、原因、影响等,并将这些方面与前面所学的知识联系起来,形成一个完整的逻辑框架。

（四）细化核心素养设计,落实课时教学环节

细化核心素养设计、落实课时教学环节是进阶的单元教学方法,它需要教师具备丰富的教学经验和专业知识,同时还需要注重学生的个性化需求和发展特点,以便能够更好地实现核心素养的培养目标。

在设计单元教学内容时,要明确学生需要掌握的核心素养,并将其转化为具体的学习目标。例如,如果要培养学生的问题解决能力,可以将学习目标设置为"通过实验探究和分析问题,解决实际问题"。

在设计教学活动时,根据学习目标,设计相应的教学活动,如实验、讨论、小组合作等,以帮助学生实现核心素养的培养。在设计教学活动时,要注意活动的难度和深度,确保学生能够在活动中逐步提高核心素养。

在引导学生思考时,鼓励他们提出问题、探究解决方案、进行实验验证等。通过引导学生思考,可以帮助他们深入理解核心素养的内涵和实践方法。

在强化评价与反馈时,教师要及时对学生的学习情况进行评价和反馈,指出其优点和不足之处,并给予针对性的建议和指导。通过强化评价与反馈,可以帮助学生更好地理解核心素养的重要性和实践方法,促进其全面发展。

合理的单元规划与单元教学设计应该注重学生的全面发展、实践能力的培养,采用多种不同的教学方法和手段,加强课堂互动和实践性教学,采取个性化的教学策略,让每个学生都能够充分发挥自己的潜力并提高学习兴趣和学习效果。

通过以上措施的综合实施,可以有效提高小学科学课的教学效果,为学生的全面发展奠定坚实的基础。

第二节　目标导向下的教学设计

本节以小学科学课时教学设计为主要内容。完整的课时教学设计包括多个环节,教学任务分析、教学目标制订、教学重点和难点分析、教学设计思路、教学过程、板书的设计等多个环节。教学设计的制订要以目标为导向,通过分析课标、教学基本要求、教材和学情后制订教学目标,设计课堂学习活动。

一、多方面分析,合理制订教学目标

教学活动以教学目标为导向,始终以教学目标的实现为中心。因此,研究、制订和实施单元和课时的教学目标是非常重要的,它决定了一个班级的教学内容、教学结构、教学方法和教学组织形式。

教学目标制订的原则首先要明确指导思想,教学目标的确定要依据课程标准、教学基本要求,课堂教学才能更具针对性。其次,教学目标的制订要分析教材编排,根据单元目标和课时目标,有效调整教学内容。最后,教学目标的制订要基于学情,把握教学的广度和深度,使目标制订更适切。

（一）分析教学任务,明确教学目标

1. 关联单元学习内容,实现整体建构

单元整体教学是构建系统的科学课程学习、提高小学生科学学科核心素质的有效途径。单元整体教学将单元教学任务整合成一个不可分割的、系统的、螺旋形的整体,从而实现使单元教学从分散走向结构化,从单点走向关联的效果。因此,科学教师需要将教学设计的理念从对单个文本的解读转变为对一个单元的整体设计,从整个单元的角度来设计和安排学习任务。

如"白天与黑夜"一课,是"太空中的地球"单元的第 2 课。"太空中的地球"单元的学习内容隶属于《教学基本要求(2018 年版)》(试验本)的主题 11"地球与太阳系"。该单元的学习,以地球和太阳系为研究对象,通过观察、阅读和模拟等活动,认识昼夜交替、四季变化和月相变化,学会选择适合的器材制订观察计划、开展模拟实验,养成持续观察、认真记录、收集证据证明观点的习惯,具有民族自信心和自豪感。本单元是在二年级第二学期第九单元"太阳、地球和月亮"的学习基础上,进一步了解地球的自转是昼夜交替现象的主要原因,为四年级第二学期第六单元"太空中的地球"中学习季节变化、月相、日月食的成因等奠定良好的基础。

"太空中的地球"单元共有"太空""白天与黑夜""季节的变化""月相的变化""日食和月食""宇宙中的太阳系"六个课时。本节课是单元的第2课时,是在地球上有白天和黑夜等内容的基础上,知道地球自转引起昼夜交替现象白天与黑夜的变化。

在本节课中先通过分析单元目标,"白天与黑夜"是"太空中的地球"中的一课,从整体角度考虑教学的完整性,不仅考虑了学生之前的学习基础,还为后续的学习奠定了基础。

2. 了解学生已有知识,分析学情

分析学情的目的是了解学生在具体内容中的生活经历、知识储备、学习兴趣、学习动机、能力特征等方面的基本情况,这些构成了分析学生学习情境的关键要素。分析学习情境包括两个方面:具体学习内容的分析和学习者特征的分析。前者包括学生的生活经历、知识储备和学习兴趣,后者包括该年龄组学生的能力特征、学习动机和认知风格。教师对这六个内容进行分析,并据此确定教学起点、教学目标、教学过程和教学评价。

如"白天与黑夜"一课可以做如下学情分析:本节课的学习以地球上有白天和黑夜的现象是由于光的直线传播形成影子和地球与太阳的位置关系等知识为基础。能力方面,学生需要具有一定的空间想象能力,感受到因为地球的自转引起昼夜交替,也需要具有仔细观察和认真记录的习惯。

在学习本节课内容之前,所执教的学生已经对于"白天与黑夜"有一定的认识,知道地球的自转产生白天与黑夜,也知道一天中太阳在天空中的位置不同,但是对于白天黑夜交替出现的现象没有深入的思考,对于地球自转的方向不大了解,对于太阳在天空中的位置不同产生的原因还不知道。

在这节课中,通过分析学生的知识储备和学习能力,知道了学生在本节课之前所具备的一些基础,这为上好本节课打下良好的基础。

3. 基于目标和学情,设计教学过程落实核心素养

指向学科核心素养的教学目标是学科教育回归本真的指路明灯。教学目标要体现深度学习、因材施教、分层教学。凸显学科核心素养的教学目标,才能让学科核心素养更好地"落地",达到育人的真正目的。

以"白天与黑夜"一课结合教学主要过程,分析学科核心素养作为案例。本节课的教学以白天与黑夜怎么形成的这一问题为导入情景,以激发学生探究新知识的兴趣;接着,通过实验材料模拟白天与黑夜活动,知道地球上由于太阳光从一侧照射到地球上,被太阳光照到的地方就是白天,太阳光照不到的地方就是

黑夜,形成地球上不同区域有白天和黑夜的现象;随后,通过利用地球仪、手电筒等模拟昼夜交替现象活动,知道地球的自转引起昼夜交替现象;最后,通过学生体验活动,让学生在原地转动,观察太阳的位置变化,让学生认识到由于地球"自西往东"自转,造成太阳的东升西落现象,引起昼夜交替。

本节课以学生熟悉的白天与黑夜为探究对象,以模拟、观察、阅读等作为主要学习经历,通过模拟昼夜交替成因等过程,知道地球自转引起昼夜交替现象、白天与黑夜的变化,使学生养成仔细观察、认真记录的习惯,激发其对自然现象的探究兴趣。

通过设计教学主要过程,使教师对本节课有一个整体框架的认识,同时也在设计教学主要过程中去落实学科核心素养。

(二)制订教学目标,把握重难点

教学重点是指教材中一些最重要、最基本的知识,它在科学知识体系中处于核心地位,对后续知识的学习和理解会产生重要影响。因为知识体系是确定的,不同知识在知识体系中的地位和作用也是确定的,所以教学重点是一个绝对概念,不会因教育者或教育对象的变化而发生变化。

教学难点是指教材中学生较难理解和掌握的知识。因为学生的学习能力有高有低,而教学难点是相对于学生的能力而言的,所以教学难点是一个相对的概念。一般情况下,教师设置教学难点大多是基于中等水平的学生,所教授的知识的可接受度与课堂中的中等水平学生相适应。

教学重点和教学难点有关联但是也并不完全等同。首先,教学重点和教学难点有可能会相同,有些知识和技能既在学习内容体系中有着重要的地位同时也是大多数学生理解和掌握的难点,理解和掌握与否会对后续知识和技能的理解和掌握产生重大影响,这些知识和技能就会既是教学重点又是教学难点。但是,教学重点和教学难点也并不完全等同,教学重点未必是教学难点,原因在于教学重点和教学难点所确立的依据是不同的,教学重点是依据知识在体系中的地位和作用,而教学难点则是依据学生的学习能力和接受而言。因此,两者并不完全等同。

如"电磁铁"一课的教学目标是:①通过探究影响电磁铁磁性强弱因素的活动,能对影响电磁铁磁性强弱的因素作出合理的假设,运用证据与初步结论对所探究问题作出合理的解释,知道电流大小、导电线圈匝数等会影响电磁铁磁性的强弱,感受合作学习的重要性。②通过列举一些电磁铁应用的实例,知道电磁铁在生产和生活中有着广泛的应用,体会科学技术与人类生产和生活的密切关系;在了解上海磁浮列车等我国相关领域重大成就的过程中,感受我国科技人员的开拓创新精神。

依据"电磁体"一课的教学目标,本节课的教学重点是:影响电磁铁磁性强弱的因素,这是依据课程标准和教学基本要求确立的教学重点,不随着教师或学生的改变而变化。教学难点是:通过"探究影响电磁铁磁性强弱的因素"活动,设计验证猜想与假设的实验方案,这是在考虑班级大部分学生的学习和动手能力的基础上确立的教学难点。

教师在分析了课程标准、教学基本要求、教材和学情的基础上,确定本节课的教学目标以及本节课的重难点,这样有助于教师在教学时把握节奏,突出重点,突破难点,完成教学目标。

二、确立流程,细化目标教学过程

教学是学校实现培养人才的基本途径,而教学过程则是将教学活动展开,坚持以学生为教学主体、教师为主导的实践活动。

教学过程的设计要激发学生的求知欲,让学生从心理上为学习作准备,产生知与不知的矛盾,产生求知的内在动力。此外,教学过程可以起到引导作用,让学生对教材有一定的感知和理解。学生理解基础知识后,教师通过组织学生巩固和应用知识,让学生更好地吸收新知识,应用新知识。

（一）设计教学思路,确立教学流程

教学设计的思路遵循三步骤,从"为什么学"到"学什么",最后到"怎么学"。"为什么学"可以激发学生的求知欲,确定学习目标;"学什么"是根据学习目标进一步确定具体的教学内容,满足学生的学习要求;"怎么学"是学生要采取怎样的策略来实现具体的学习目标。

如"电磁铁"一课的教学设计思路如下。

本节课的学习内容包括两个方面:一是影响电磁铁磁性强弱的因素,二是电磁铁在生产和生活中的应用。

本节课的基本教学思路是:首先,学生汇报上节课自制电磁铁的磁性强弱情况,引出问题"为什么它们的磁性不一样?"引导学生从电磁铁的基本构造分析影响电磁铁磁性强弱的因素,并说出相关的依据;接着,引导学生借助赛灵格智能网络化教学系统,根据教师提供的实验器材设计实验,搜集证据验证假设;最后,组织学生列举一些电磁铁应用的实例,体会科学技术与人类生产、生活的密切关系。

本节课要突出的重点是:影响电磁铁磁性强弱的因素。方法一:在本节课的开始,请学生汇报交流自制的简易电磁铁的磁性,发现电磁铁的磁性强弱并不一样,由此结合电磁铁的基本构造,作出影响电磁铁磁性强弱因素的猜想与假设。问题来源于学生,猜想与假设也是由学生分析得出,可以较好地激发学生探究的主动性和积极性。方法二:明确实验器材,引导学生根据所提供的实验器材开展实验设计,使学生的思维活动更为聚焦,提高实验设计的有效性;方法三:借助赛灵格智能网络化教学系统,搭建运用控制变量法设计实验的界面,为学生的实验设计提供合理有效的支架。方法四:借助赛灵格智能网络化教学系统,将全班实验数据进行汇总,引导学生在小组实验结论的基础上,形成更为全面的实验结论。

本节课的教学重点体现在以下两个方面:①借用技术手段增设实验设计的支架。设计探究电磁铁磁性强弱因素的实验,会涉及导电线圈匝数、电流大小等变量。借助"赛·课堂"数字教学系统,搭建运用控制变量法设计实验的界面,为学生的设计搭设支架,便于学生在完成设计的同时,感受控制变量的方法,明确实验操作的要求。②突出课时之间的关联。与前一课时的学习内容紧密衔接,通过学生亲身感受与体验自制的电磁铁磁性有强有弱,产生后续探究的问题,激发学习的兴趣。

本节课要突破的难点是:设计验证猜想与假设的实验方案。方法一:明确实验器材,引导学生根据提供的实验器材开展实验设计,使学生的思维活动更为聚焦,提高实验设计的有效性;方法二:借助赛灵格智能网络化教学系统,搭建运用控制变量法设计实验的界面,为学生的实验设计提供合理有效的支架。

确定好本节课的教学目标和教学重难点后,要进一步设计教学思路,并且要通过设计方法突出重点,突破难点,为详细的教学过程打下基础。

(二)根据教学环节,梳理细化教学过程

教学过程的本质是一种以学生认识活动为基础、促进学生身心发展的过程。描述教学过程可以分为两大主要部分,学生的"学生活动"和教师的"指导要点"。"学生活动"的描述要清晰呈现学生在情景、问题引导下开展学习活动的安排,并且描述的主体要是学生。教师的"指导要点"描述的主体要是教师,描述要清晰呈现针对活动过程的教师引导性问题,科学思维与探究过程的指导策略,关注课堂生成、实施学习评价的操作要点等。

下面以"电磁铁"一课认识电磁铁磁性强弱的成因为例描述教学过程,见表 3-2-1。

表 3-2-1 活动 1 探究影响电磁铁磁性强弱的因素

学生活动	教师指导要点
1. 汇报与交流:自制简易电磁铁的磁性强弱 2. 猜想与假设:哪些因素会影响自制简易电磁铁磁性的强弱 3. 设计方案:在赛灵格平台上,完成方案的设计 4. 动手实验:搜集相关数据 5. 分析归纳:形成实验结论 6. 活动小结:电磁铁的磁性强弱与电流大小、导电线圈匝数等有关	1. 引导学生重点关注自制电磁铁磁性的强弱,并引出本节课探究的问题 2. 在学生提出猜想与假设时,重点关注是否表达了推理的依据 3. 学生猜想与假设的因素可能会比较多,要通过合理引导,提出本节课需要验证的因素,并引导学生基于实验材料设计验证假设的方案,指导学生设计时注重公平 4. 结合学生的回答,归纳形成实验结论

在描述教学过程时,不仅仅要描述学生的活动,还要指出教师的指导要点,这时候的教学过程是详细的。

三、课后反思,完善教学设计

教学设计是教师对课堂理论化的设想,但是,课堂中教学策略是否有效,学生能否掌握知识都是难以预测的,所以要通过课堂实践才能检验教学设计的有效性。课堂实践后,要对课堂实践进行课后反思,教师进一步对教学设计、教学思路等作调整,让教学设计更加完善。

(一) 强调课后反思,注重个性化

1. 反思课堂预设,加强有效课堂

课堂预设是指教学预设与设计,是课前进行有目的、有计划的设想与安排,是教师在课前对自己教学的一个清晰、明确的安排。在备课阶段,进行课堂预设时,一定要多多从学生角度出发,想学生所想,解学生所惑,为学生设置好相对应的活动,完成有挑战性的学习目标。但是在教学中发现,有些教师的预设问题没有根据学生的基础认识,问题抛下去后学生不知道如何回答;或者有些教师预设的问题太简单,学生已经掌握,对新知识没有兴趣,从而没有探究的欲望。这都需要教师去修改调整自己的课堂预设,从而达到有效课堂。

2. 反思课堂实践,提升教师应变能力

教师在设计教学过程时,会从常规的角度考虑,但是学生是具有独立个性

的,因此学生的思考是教师无法预知和预设的,这都会成为课堂中非常宝贵的教学资源,比如学生的创新思维、精彩的回答等。教师对于学生的精彩课堂表现要善于发现并充分肯定,对于学生的错误回答要进行探究,这样课堂才能实现师生良性互动。

(二) 重视文本修改,促进高效课堂

教学反思后,要对教学设计进行再次修改,这样才能促进高效课堂。

1. 修改课堂出错,补充遗漏知识

在教学备课中,教师难免会偶尔因为一时疏忽或者是知识局限,出现错误知识点的情况。教师有时候在备课时未察觉,直到在课堂实施的过程中才发现。如果遇到这种情况,课堂实践后教师要及时修改教学设计,同时也要及时将正确的知识点传授给学生,确保学生在获得及时反馈时候是准确无误的。

此外,因为课堂上传授的知识涉及面较广,课堂教学过程较长,教师在上课时候会出现遗漏知识点或遗漏教学环节的情况。如果是自己课后反思时候发现遗漏现象,则需要在课后进行查漏补缺,并将遗漏的知识点传授给学生;如果是学生发现有遗漏现象,要对他们善于发现勇于提出问题的精神表示肯定,并对教案进行修改。

2. 因材施教,调整教学要求

教师上课要做到因材施教,分层教学。一方面是班级与班级之间存在一定的差异,有的班级学生擅长动手,有的班级学生表达能力较强,这时候教师可以根据班级学生不同特征调整教学过程,让学生在合适的活动中掌握学习目标,促进核心素养的养成。另一方面,学生个体之间也有一定的差异性。如果发现问题对学生而言较难,可以适当降低学习要求,积极引导;如果发现问题对学生而言较简单,要适当提高要求,加大难度。总之,要根据课堂实践反馈后及时修改教案,做到班级与班级、学生与学生之间都能有不同的教学设计分层的教学,这样才有利于提高今后的教学效果。

总之,完整的课时教学设计需要教师以目标为导向,对课标、教学基本要求、教材和学情进行分析,同时梳理教学过程,设计教学环节,完成本节课教学。教师在设计和实施时,要从学生出发,重视学生的反馈,修改教学设计,从而促进有效教学。

第三节　基于单元的课堂教学实施

一、基于核心概念的课堂教学实施

核心概念是超越一般事实的观念和思想,具有很强的迁移性。以核心概念解构与重组知识,可以形成一个囊括无数相互联系的小概念与大量相关事实、范例的知识体系,能够有效解决学科知识的"少"与"多""劣"与"精""散"与"融"的问题。因此,科学教学的目标不是去获得一堆由事实和理论堆砌的知识,而是实现一个趋向于核心概念的进展过程。

《课程标准(2022 年版)》为科学课程凝练了 13 个学科核心概念,见图 3-3-1 所示。当然,这些核心概念不是小学阶段就能建构完成的,它们贯穿在整个基础教育阶段,呈螺旋上升。实施指向核心概念的教学,教师应在单元甚至是全套教材的框架下,把握整个单元中课与课之间、活动与活动之间的内在联系,以核心概念为统领组织和呈现教学。明确核心概念及其下级概念的层级框架,进一步实现教学内容的结构化和知识的系统性,并将核心概念关联到每一节课的教学目标中。

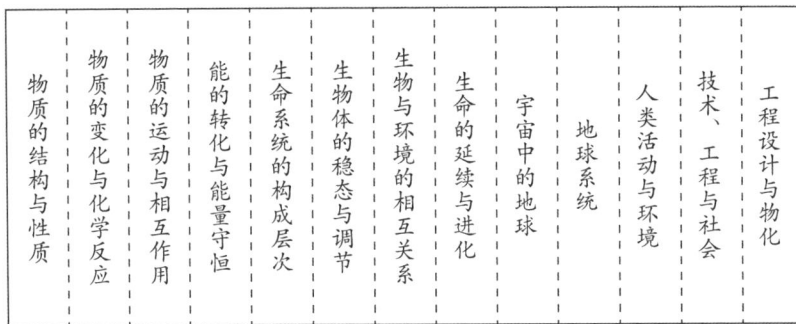

物质的结构与性质	物质的变化与化学反应	物质的运动与相互作用	能的转化与能量守恒	生命系统的构成层次	生物体的稳态与调节	生物与环境的相互关系	生命的延续与进化	宇宙中的地球	地球系统	人类活动与环境	技术、工程与社会	工程设计与物化

图 3-3-1　科学课程的内容结构

在以往基于概念的课堂教学中,一般存在以下问题:一是教师对概念背后的本质思考不足,教学中教师会提供丰富的材料,但多是为了引出概念。二是教师对概念形成的过程关注度不够,缺少有效的途径帮助学生建构核心概念。三是教师不太关注每个具体概念背后的核心概念是什么,往往无法从核心概念出发给学生提供足够的引导与支持,导致学生对单元的具体概念没有系统的认识和结构化的理解。

下面以"池塘"单元为例,分析如何基于概念开展课堂教学实施。

(一) 明晰主题概念框架,统整单元教学

人的认知结构发展呈现金字塔结构(见图 3-3-2)。课堂教学不能停留在认知的低水平阶段,即事实性知识层面,而是要超越事实上升到具体概念,再上升到核心概念。这样才能够提高学生的思维能力和思维水平。

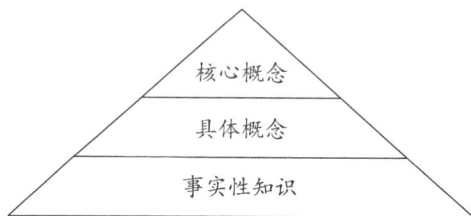

图 3-3-2　人认知结构发展图

指向核心概念的课堂教学,需要在分析《课程标准(2022 年版)》《教学基本要求(2021 年版)》和教材的基础上提炼教学内容所反映的核心概念,并以核心概念为主线,分解出统摄性较低的单元主题概念及课时具体概念,从而组织教学内容框架并设计具体活动。

"池塘"单元包括了"池塘是一个特殊的栖息地"和"池塘中的食物链与食物网"两个部分内容。它是"生命科学"领域中"生物与环境的互相关系"核心概念中的一个教学内容。在教学实施前,在明确核心概念及单元主题概念、课时具体概念和活动对应概念等下级具体概念层级的基础上(见表 3-3-1),形成一个围绕核心概念的单元学习内容框架。

表 3-3-1　"池塘"单元概念层级分析表

核心概念	单元主题概念	课时具体概念	活动对应概念
生物与环境之间存在着相互依存的关系	池塘中的生物对环境的适应　池塘中的生物间是相互依赖的	1. 池塘是一个特殊的栖息地　2. 池塘内的动植物之间存在食物联系	1. 池塘是一个小而浅的淡水环境 2. 池塘水温变化比周围陆地上方气温变化小 3. 池塘中存在着不同的动植物 4. 生物间以捕食和被捕食关系形成食物链 5. 食物链一般由植物、食草动物和食肉动物等组成 6. 池塘中有许多食物链,它们相互交错连接形成食物网

基于核心概念的教学中,教师应创设具体情境,选择恰当的活动,尽量为学生提供更多实践和探究的机会,帮助学生建立和运用核心概念,从而培养学生的科学素养,促进他们对生活相关现象的理解。

(二) 把握概念发展脉络,实施课堂教学

小学阶段的科学学习过程一般由一系列探究实践活动组成,每个活动要达到怎样的概念目标,将一个个活动按序组织,相应就厘清了概念发展顺序(见表3-3-2)。

表3-3-2　"池塘"单元概念发展顺序分析表

概念发展	概念内容	
	"池塘是一个特殊的栖息地" 课时内容	"池塘中的食物链与食物网" 课时内容
前概念	池塘中有许多动植物	有的动物吃植物,有的动物吃其他动物
课时具体概念	池塘是一个提供许多动植物生存的特殊的栖息地	池塘中的生物之间存在食物联系
单元主题概念	池塘中的生物对环境的适应	池塘中的生物间是相互依赖的
核心概念	生物与环境之间存在着相互依存的关系	

如本单元中"池塘中的食物网与食物链"一课,就可以从学生前概念引发本课教学活动,引导学生建立课时具体概念,最终形成单元主题概念,并丰富、强化与巩固核心概念。

1. 还原认知,引入前概念

指向核心概念,首先应该为学生引入和呈现核心概念的前概念。暴露学生前概念的过程,也是试图还原学生认识事物的真实过程。

本课的教学重点和难点是认识池塘食物链和食物网,帮助学生建立起"一个区域内的生物不会孤立地生存在环境中,它必定要和许多生物发生复杂的联系"这一上位概念。因此,教学开始不是从单一的一条食物链或几个有食物关系的生物开始的,而是从一个较大的自然环境——池塘入手,调动学生的原有认知,推测并记录生存在其中的生物,发现池塘生物存在着复杂的食物链网关系。

2. 分析研讨,建立具体概念

在呈现前概念后,就要在此基础上形成本课的具体概念:池塘中的生物之间存在食物联系;池塘中的生物间是互相依赖的。

在课堂教学时,教师先让学生用直线把池塘生态系统中有食物联系的两种生物连起来,再讨论箭头的方向,最后把直线变为带箭头的指向线,形成一个食物网。此时,池塘生物之间的食物联系一目了然。在这一过程中,学生课时具体概念形成。接着,通过一个模拟实验,即拿走"小生态瓶"中的植物,观察该生态系统中其余生物的变化。学生在观察中感知,池塘生态系统中的生物不是孤立存在的,它们之间是相互依存的,并且与周围环境有着密切的关系,进而也形成了本单元的主题概念。

3. 拓展运用,指向核心概念

学生核心概念的建立不是一蹴而就的,往往需要大量相关经验的累积。网状的具体概念的形成,有利于核心概念的建构。因此,教师在教学时应尽可能创造使具体概念"并联"的机会,引导学生举一反三,从而指向学生核心概念的形成。

除了上文提到的"池塘"单元外,在"森林""城镇"等单元教学中也涉及"生物之间的食物联系""生物间相互依存"等概念。在教学时,教师可以创设情境,引导学生讨论森林或城镇生态系统中生物之间的联系。学生在知识的互相印证中,不断完善具体概念,最终形成核心概念。

(三)深化核心概念内涵,拓展教学实践

指向核心概念的科学教学需要不断巩固与深化,指导学生运用核心概念,结合具体概念的方式来分析解决实际问题同样重要且有效。

在"食物链和食物网"的教学后,教师可以提出问题,如"原本在我国四处泛滥的水葫芦,为什么逐渐消失了?"引发学生思考。学生查阅相关资料,并结合课堂学习活动形成的具体概念作出回答。通过分析,学生得出水葫芦作为引入的物种一度泛滥,实际上是一种生物入侵现象。采用扩大灭杀范围和引入天敌是其逐渐减少、消失的主要原因。这个案例中,教师针对单元学习目标提出拓展问题,引导学生调用核心概念和相关具体概念知识解决问题,从而进一步深化并巩固了核心概念。

从学生的认知角度看,概念的形成是冲击旧概念,聚焦新概念,构建核心概念的过程。遵循学生的认知规律是最根本的设计原理。在开展单元教学设计时,要以核心概念为主线,从学生的认知起点和可能到达的远点进行构思,当然教师也要根据学生实际情况选用适切的教学方法,提升学生思维。

二、基于问题导向的课堂教学实施

《课程标准(2022年版)》强调以素养为导向,注重培育学生终身发展和适应社会发展所需要的正确价值观、必备品格和关键能力,特别是真实情境中解决问题的能力,重视学生生活体验,优化课堂模式,深化教学改革。结合新课标的落地以及国家对教学方式的明确指示,我们该如何进行课堂教学,培养学生的素养?

"问题"是一个最好的抓手。教师可以基于大单元视角进行问题链的设计,以问题牵引活动的方式引发学生思考,通过一系列问题引导学生观察与体验,使学生的学习过程变成思考和解决问题的过程。

(一)提炼统领性主问题,形成单元大任务教学

单元教学目标是学生学习一个单元的终点指向。要达成这一目标,教师要在认真研读教材和《课程标准(2022年版)》的基础上,关注学生的起点能力,准确判断现阶段学生的水平。要对未来单元中的每节课应达到的水平做好有效的规划,从而形成课时教学目标。课堂中达成同一教学目标可提出的问题是比较多的。教师在设计活动时,应考虑学生的学习兴趣、学习困难和具备的条件等,最终确定本课时的具体活动目标和须解决的问题。

有时候一节课活动是零散的、关联性较弱的,这就需要一个能统领整节课的主问题来驱动学生的高阶思维。主问题可以是教师基于课标,立足教材,充分把握教材重难点所提出的学科问题;也可以是在分析学情的基础上,融合学生问题而产生的。其规划流程如下(见图3-3-3)。主问题不仅可以促使学生积极主动思考,引导学生带着问题有意识地参与活动,更能使学生学习过程变成思考和解决问题的探索过程。

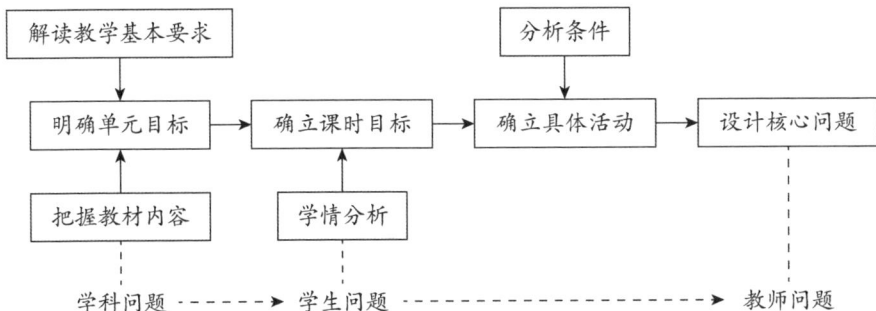

图3-3-3 主问题规划流程图

教师在设计主问题时应注意以下几点要求：①主问题必须指向目标，能解决教学的重难点，引导学生的学习逼近知识的"核心地带"，实现学习的突破。②主问题必须始于前概念，高于前概念，能激发学生探究兴趣，是课堂活动的"引爆点"。③主问题必须统领整堂课，贯穿多个活动，是课堂活动的"牵引机"。

如"生态家园"一课中，在分析教学内容和教学基本要求的基础上，确定了本课时的教学目标为"知道生物与周围环境有着密切的关系，明确人类在各种生态系统中应该做的事情"。如何打破时间、空间的限制，带领学生亲历探究？如何引导学生主动思考，直观了解生态系统的基本构成和变化规律？基于以上思考，本课时设计了"了解生态系统的构成""维持自然生态系统的稳定""创建更好的人工生态系统"等三个教学活动。

对接单元及课时目标，确立本课时的三个活动。基于主问题的设计原则，提出了"为什么人类的一些行为会影响整个生态系统？"这一主问题，在教学一开始就引发学生思考。为了找到这个主问题的答案，学生们不再是被教师牵着鼻子走，而是主动寻找问题的答案，在这过程中牵引后续探究活动的开展。

(二) 梳理进阶性问题链，分解课时活动任务教学

基于课时教学目标，并根据具体的活动将目标分解、细化，就形成了活动目标。活动目标更具体、指向性更明确，为学生开展探究活动指明了方向。

探究源于问题，有问题才会引发兴趣。遵循学生认知水平和身心发展的需要，此时教师可以基于活动目标，围绕主问题，提出多个具有层次关系、递进关系的问题，引导学生持续地投入探究活动，从而降低探究的难度，为学生的思维搭建支架。把这些逐渐深化、层层递进、具有内在联系的问题联结起来，就形成了"问题链"（见图 3 - 3 - 4）。

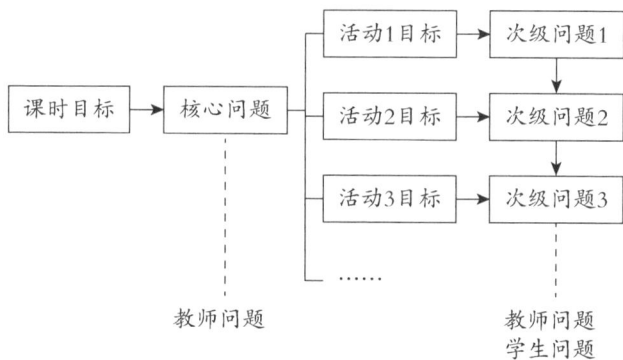

图 3 - 3 - 4　问题链设计流程图

问题链一般应具有以下两个特点：①关联性，即"问题链"的整体性。在自然课中，一节课中的几个探究活动是一个整体，设计出的"问题链"应环环相扣，并服务于活动目标的达成，引导学生围绕问题展开谈论与思考，促使学生主动开展探究、阅读、体验，甚至提出新的问题。②进阶性，即"问题链"的层次性。"问题链"的提出要遵循先易后难、逐步深入的原则，让学生在渐进的思考过程中体验到成功的愉悦，从而逐步抵达成功的彼岸。

如"生态家园"一课，通过对课时目标的分解和细化，围绕三个具体的教学活动，确定了如下活动目标：

第一，通过"了解生态系统的组成"的活动，知道一个生态系统有生物因素和非生物因素，生物与环境的关系非常密切。

第二，通过"维持自然生态系统稳定"的活动，知道野外考察时应遵守保护生态的原则，尽量避免改变考察地的原貌。

第三，通过"创建更好的人工生态系统"的活动，知道通过自身的努力可以创建更好的生态，形成从自身做起创建生态校园的意识。

以上活动目标的确立为接下来教学活动中的"问题链"设计提供了抓手。依据问题链的特点，围绕主问题"为什么人类的一些行为会影响整个生态系统？"形成如下问题链（见图3-3-5）。

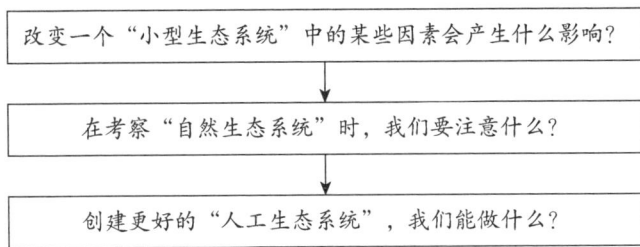

改变一个"小型生态系统"中的某些因素会产生什么影响？

在考察"自然生态系统"时，我们要注意什么？

创建更好的"人工生态系统"，我们能做什么？

图3-3-5　"生态家园"课次级问题链

第一个问题给予学生一定的启发，修正一部分学生的思路，并提出猜测——是否因为一个因素的改变，导致了其他因素的变化？ 在这个问题的驱动下，学生们主动创建一个小型生态系统——小生态瓶，人为改变其中的环境因素，观察对生物产生的影响，从而明确生物与环境之间有着密切的关系。继而，提出第二个问题——在自然生态系统（野外）考察时，我们要注意什么？ 在第一个活动的基础上，学生明确为了维持生态系统的稳定，我们应尽量不改变考察地原貌，减少对环境的干扰。在第三个活动中，提出问题——"创建更好的人工生态系统，我们能做什么?"在前两个活动的基础上,学生通过交流讨论,很容易理解应从自身做起,为创建更好的生态作出努力。此时,"主问题"得到解答,活动目标也达成了。

以上这几个问题环环相扣,通过设计"问题链"的方式为学生的思考提供支架,引导学生带着问题有意识地进行活动,使学生在设问和释问的过程中萌生自主学习的动机、欲望,使学习过程变成思考和解决问题的探索过程,驱动学生的思维不断向深度发展。

(三)构建结构化问题系统,关联单元与课时教学

从本节课设计的一系列问题来看,有的问题可以直接下放给学生,有的却过于生涩、理性。教师可以围绕活动目标,将问题链进一步细化,形成与教学内容和情境相符合的问题系统(见图3-3-6)。学生在问题系统的引领下,自觉主动地观察、思考、记录、交流。通过教师提供的材料,小组合作、师生互动,并在思考解决问题的过程中产生新的问题,对课堂教师提问进行补充,继续生成学习的新起点,实现高水平的探究。

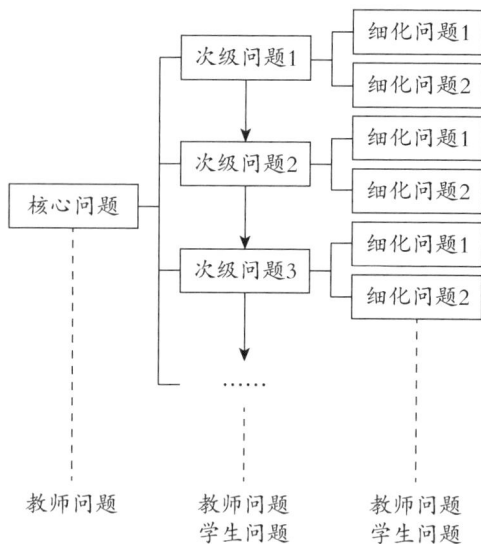

图3-3-6 问题系统形成流程图

在提出结构化问题系统时,要做到如下三点:①问题表述要具体。这里所说的问题系统是对上一层级的问题链的细化,是课堂教学有序开展和活动目标达成的保证。②问题之间有结构。问题系统应根据知识的内在要素或学生的认知结构设计,构成一组有内在联系的系统化的问题。如围绕一个任务,形

成"是什么、为什么、怎么做"等问题,帮助学生提高思维的系统性。③问题创设情境化。概念的理解和掌握离不开具体情境支撑。教学过程中,教师有目的地引入或创设一个生动具体的情境,可以激发学生的探究兴趣,帮助学生对问题的理解。

在"生态家园"一课的教学实践中,围绕活动目标,根据学生的认知结构,将问题进行了情境化的转化,创设了搭建观察小生态瓶、去野外生态考察等具体情境,根据学生的课堂生成,最终形成了如下问题系统(见图3-3-7)。

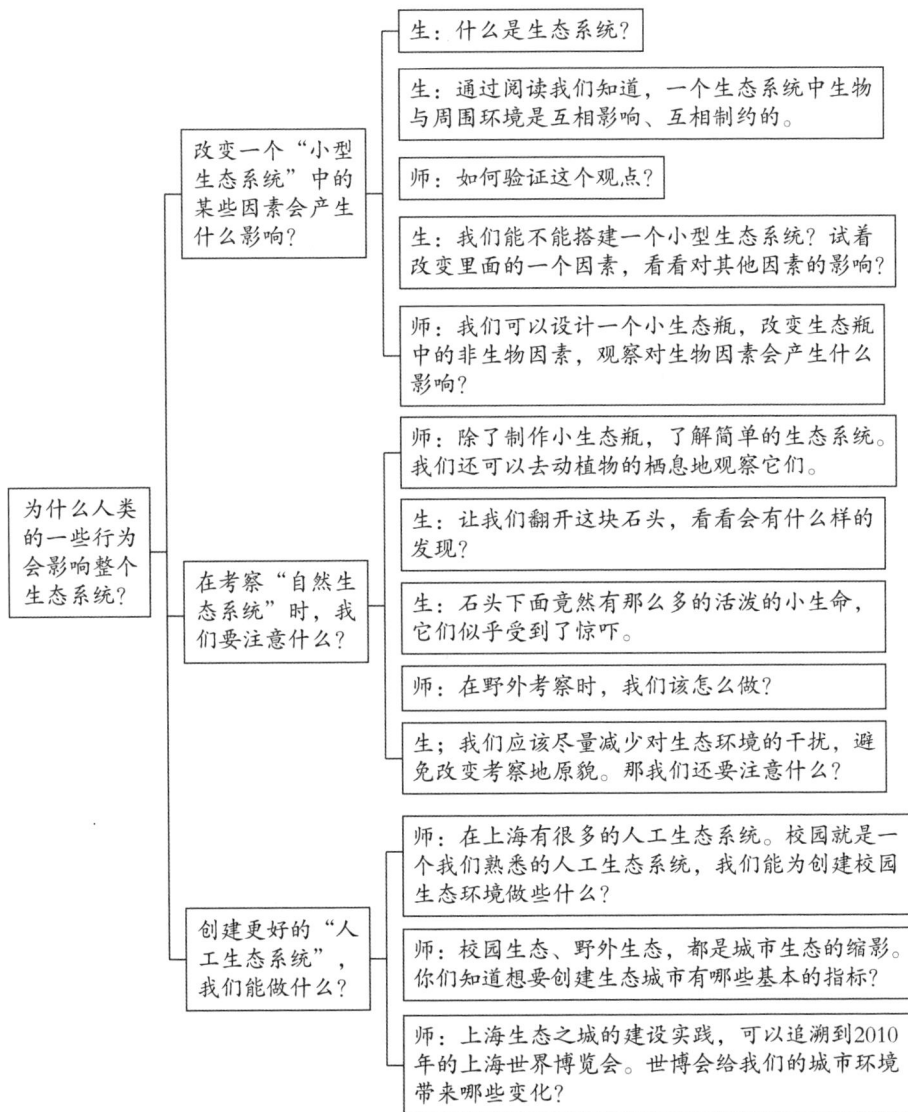

图 3-3-7　"生态家园"课问题系统

以活动二"维持自然生态系统的稳定"为例,教师创设了野外考察的情境。当学生看到石头下逃窜的小动物时,教师适时提出问题"在野外考察时,我们该怎么做?"学生产生了不破坏考察地原貌的想法,基本达成了该活动的目标。在轻松的课堂氛围中,学生大胆提出疑问"除了不破坏环境,我们还可以做些什么?"学生的有效提问成为课堂的重要环节,引发集体思考,借以提高了教学的深度和广度。

在课堂教学时,指向目标的问题设计应体现课堂提问的系统性。要以目标为导向,围绕课堂活动从主问题出发,通过层层细化,形成一系列有结构的问题。但教师也应关注课堂教学过程中师生互动生成的问题,使活动线、问题线与小结线"三线并进",营造一种开放式的问题解决氛围。当然,针对课程核心素养的培养,基于单元整体视角的问题链设计需要教师们在实践中不断探索。

三、基于任务驱动的课堂教学实施

课堂是一个由教师、学生、课程三者组成的开放性的体系,是教师与学生思维碰撞的开放环境。但当学生探究的积极性被调动起来之后,很容易受到课堂活跃氛围的影响产生一时的冲动和难以抑制的热情,造成课堂混乱。这就要求教师掌握好上课的节奏,使用有效的策略完成教学,以任务单为支架引导学生自主学习是一个不错的方式。

任务单又称为学习单,是学生开展探究活动时,将活动过程和探究结果记录下来的单子,它通常包括:活动名称(即"做什么")、活动目标(即"为什么做")、活动要求(即"怎么做")以及评价标准(即"做到什么程度")等几个部分,有时还包含阅读材料等活动资源附件。当然,根据活动需要,可以设计要素全面的任务单,也可以设计包含其中某几个要素的任务单。根据任务单的形式可以将任务单分为表格式任务单、文本式任务单以及图文结合式任务单。

(一)发挥任务单导向功能,实施任务布置

任务单在课堂教学中既是一种教学资源,又是一种管理手段,其是以完成探究活动为目的的,因此具有任务驱动的特点。在探究活动管理过程中,教师要帮助和指导学生完成探究任务,让学生在完成任务的过程中收获知识,发展能力。

任务单作为导向工具引导学生的探究活动,让学生明确探究活动开展的具体内容以及要达成的目标。因此,在开展活动之前,教师要将设计好的任务单发给学生,并引导学生仔细阅读、开展讨论、提出质疑,让学生明确活动目标和任务要求,为后续活动开展指明方向。

如"小磁铁找朋友"一课,教师就根据本课时需达成的教学目标和开展的探究活动设计了如下任务单(见图3-3-8),为学生开展后续活动指明了方向。

第_____组

《小磁铁找朋友》探究学习任务单

活动一【帮小磁铁找到朋友】

活动目标:知道磁铁的一些特性。 评价标准:1. 正确回答第一题 🌹 　　　　2. 正确回答第二题 🌹 说明:小组自评,根据完成情况涂星	活动要求:通过体验活动回答下列问题。 1. 当把磁铁靠近铁片,铁片(会/不会)被吸引 2. 通过活动我们发现磁铁有_____

图3-3-8　"小磁铁找朋友"课时活动一任务单

任务单中"活动目标"(上图粗线框出部分)明确了本课时第一个具体活动应达成的目标,为学生自我管理提供了可能。学生可以在任务单的指引下,围绕需要解决的问题,自主开展观察、记录、收集信息、分析数据、讨论、归纳等。教师也可以根据学生任务单的记录情况,了解由学生自我管理的活动开展的情况和水平,不断调整教学行为。

(二) 发挥任务单支架功能,实现任务管理

任务单作为探究活动的重要纽带,贯穿于整个探究活动的始末。这就要求教师用好任务单,使之成为探究活动管理的有效方法和手段。

在开展"小磁铁找朋友"教学的第二个活动时,教师设计了任务单(见图3-3-9):

活动二【帮小磁铁找更多的朋友】

活动目标:按步骤完成实验并及时记录	活动要求:用磁铁慢慢靠近以下物品。记录你的发现。磁铁能够吸引哪些物品?(能被吸引的在表格中打√,不能的打×)

序号	物品	猜想	验证
1	铁钉		
2	玻璃珠		
3	积木		
4	棉布		
5	铜钥匙		
6	钢钉		
7	铝钉		
8	塑料盒		
9			
10			

评价标准:1. 按序操作

2. 及时记录

说明:小组自评。根据完成情况涂星

图 3-3-9 "小磁铁找朋友"课时活动二任务单

以上任务单中"活动要求"(上图粗线框出部分)给学生提供解决问题所需的方法、步骤等。作为开展活动的支架,学生可以根据任务单指引,动手实验、完成记录、分析数据、总结概括,发现某种联系,找到问题的答案,最终达成活动目标。

此外,教师在设计任务单时,要根据学生的实际情况作出选择。如果学生的总体水平较高或探究任务不难,不妨减少任务单的支架,活动方法和步骤不做明确规定,适当增加开放性,发挥学生的创造力。如:给出一些器材,让学生从中选择活动所需要的;或是采用填空的方式,让学生完善实验步骤和方法。总之,教师要依据学生发展的需要,并根据探究水平的高低编制相应的任务单。

(三)发挥任务单评测功能,落实任务评价

学习任务单中一般还包含"评价标准"一栏,它明确了活动开展到什么程度,或者要完成哪几个步骤。所以,这种学习任务单兼具检测学习效果的功能,是对学生学习情况也是教师教学状况的一种反馈。

活动任务单中"评价标准"栏的设计应简洁明了,便于学生阅读和理解。一般情况下,"评价标准"栏无法对该活动的所有内容进行全面测评,因此教师在设计时,应当选择活动目标中的关键性问题进行评价,可对知识掌握情况、观点评测,也可对探究活动过程、态度价值观进行评测,并保证所设计的评价内容与教学目标的关键问题是相匹配的。

如"小磁铁找朋友"一课,根据课时目标和活动目标,制订了如下评价标准(见表3-3-3),并在之前的活动任务单示例(见图3-3-8、图3-3-9)中都有体现。

表3-3-3　"小磁铁找朋友"评价标准与各级目标对应情况表

课时目标	活动目标	评价标准	活动名称
通过体验、阅读等活动,知道磁铁有磁性,可以吸引铁和一些钢,并能列举生活中这一特性的应用	通过活动,知道磁铁有磁性,可以吸引铁	1. 正确回答第一题 2. 正确回答第二题	帮小磁铁找朋友
	通过活动,知道磁铁可以吸引铁和一些钢	1. 按序操作 2. 及时准确记录	帮小磁铁找更多朋友
	通过阅读,知道磁铁在生活中的应用	1. 认真阅读 2. 与同伴分享阅读成果	磁铁的故事

在开展活动时,将评价前置,引导学生阅读"评价标准"栏,有利于学生明确活动目标和要求,使活动的方向性更明确。在评价方式上通常采用学生自评为主,师评与互评相结合的方法。这样的评价方式解决了以往教师评价的滞后性和局限性问题,使评价更及时、有效。

总之,基于任务的课堂教学实施,以活动任务单为载体,是教师对教学任务的科学组织和有效建构,不仅能帮助教师从单元的视角整体审视教学内容和活动架构,做到科学设计和有序安排,还能够激发学生的学习兴趣,转变学生的学习方式,引导学生主动学习和自主学习,从而达到教学的有效性。

遵循学生身心发展规律,开展符合学生学习过程和认知发展规律的单元教学活动可以凸显科学课程的科学性和系统性,展现新课改发展的理念。因此,教师应当在小学科学课堂教学中尝试展开以核心概念为主线,以问题为导向,以任务为驱动的教学。

综上所述,单元教学设计打破了原有的课时教学设计方法,有助于培养学生的核心素养。

第二部分

小学科学教学设计与实施的新实践

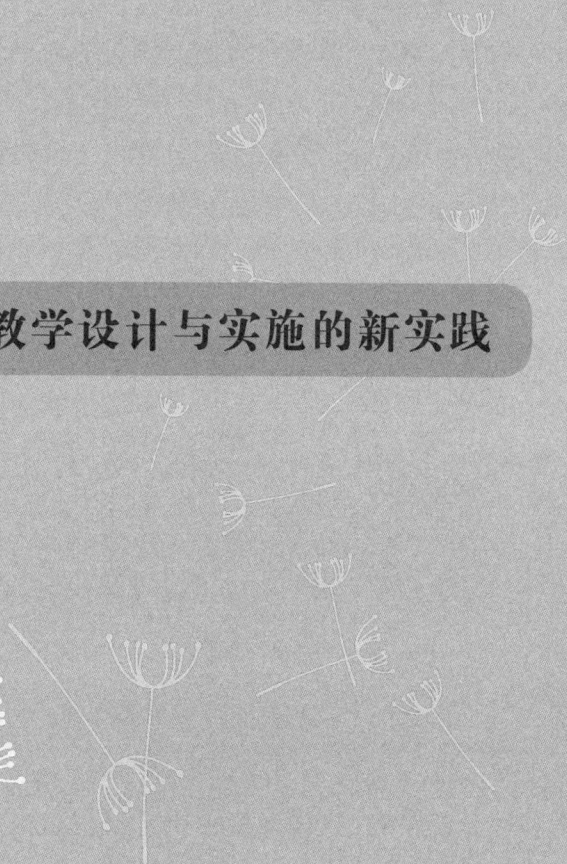

第四章 课程资源的丰富与创新

课程资源是指有助于科学教学活动的各种资源。课程资源作为完善课程建设、创新课堂教学的重要载体，其丰富与创新有利于激发学生学习动机，加强科学探究实践和培养自主学习能力。本章将从信息资源、教学具资源和空间资源等三个方面阐述丰富与创新课程资源在小学科学教学中的重要性、方向及策略，并分析总结实践中所获得的经验，为后续教学创新提供借鉴。

第一节 信息资源的重构

广义的信息资源是指人类社会信息活动中积累起来的以信息为核心的各类信息活动要素（如信息技术、设施设备、信息生产者等）的集合[①]。在小学科学教学中，教师是主要的信息生产者，教师通过教学活动传授的知识即为信息本身，信息技术就是教师给学生呈现出各种知识的手段和方法，可以是文字、图片、视频等视觉材料，也可以是各类软件和交互平台。

随着时间的推移和需求的变化，信息资源在教学中的应用免不了会出现一些缺憾，已有的资源会渐渐失去对教学的支持能力，甚至成为制约。重构信息资源能够较大限度地避免这种现象。教师通过对知识内容、呈现形式等方面进行重新整理和架构，优化其原有的功能、追加新的功能，并修补缺憾，让信息资源在教学实践中具有较强的适应性和发展性，使其更好地服务于教学。

一、信息资源重构的策略

教师作为主要的信息生产者势必要仔细考虑如何让信息资源更好地支持教学活动的开展。在长期的思考和实践中，团队归纳提炼了以下几点策略：

---

① 鄢春根.信息检索与利用[M].北京:人民邮电出版社,2007.

（一）紧贴科学课程标准，顺应学生发展实际

科学课程标准是开展课堂教学与教学评价的主要依据，因此在进行信息资源的重构时，所呈现的科学知识以及所采用的教学手段需要紧贴科学课程标准，有助于引导学生开展学习活动；同时，还需要仔细斟酌相应学段的学生身心发展特点以及学情，以保证学生可以获取科学知识或技能，并较好地理解内化。

（二）促成科学概念建构，培养学生自主学习

信息资源是科学学习中认识自然现象、形成科学观念、习得科学技能的重要支持，也是开展科学探究与实践的有效引导资源。学生在教师的引导下通过对信息资源的熟悉和使用，可以有效帮助自主建构概念、提升教学活动的参与感、激发学习兴趣和好奇心，推动自主学习能力的养成。

（三）规范科学探究习惯，提升学生核心素养

义务教育科学课程是一门体现科学本质的综合性基础课程，具有实践性[①]。小学阶段的科学学习重在对学生进行科学启蒙，引领学生亲近自然，培养科学素养。好的科学教育不仅要让学生习得科学知识和技能，还应当发展学生的科学兴趣，培养尊重事实的科学态度，养成科学探究的思维方式[②]。以此为基准进行信息资源的重构，可以规范学生科学探究的习惯，提升科学素养。

二、信息资源重构的实践研究

实践研究表明，信息资源是教育信息化中的重要组成部分，在科学教学中应用信息资源具有活化课堂学习氛围、培养学生探究意识、推动现代化教育全面发展的巨大优势。但当下部分教师在选用信息资源时，往往会出现与教学实际不匹配、应用意识不明确和使用手段单一化的问题。

以信息资源重构策略为指导，团队进一步开展探索实践，并取得了以下成果及思考。在下文中，将信息资源分为文本资源、视频资源的重构以及信息化平台资源及软件 APP 的应用四方面，以下分别叙述信息资源重构策略的实践研究。

（一）文本资源的重构

1. 文本资源在科学课程中的应用价值

文本资源可以说是科学课程中最常用的资源，主要体现于各类包含科学信

---

① 中华人民共和国教育部.义务教育科学课程标准（2022 年版）[S].北京:北京师范大学出版社,2022.

② 赵伟新.播下种子 给孩子一个自然生长的环境——小学自然学科成果展示与论坛交流教研活动案例[J].上海课程教学研究,2015,No.3(11):24-29.

息的文字、图片、图表等视觉材料,学生会通过科学阅读获取文本资源中的信息。

科学阅读是实现文本资源服务课程教学的重要途径。科学阅读通常指"阅读科学内容",即内容上传播真正的科学知识,方式和功能上有利于构建和提升科学能力,行为上反映科学态度的阅读活动。科学阅读不仅有利于激发学生学习科学知识的兴趣,还对借鉴科学方法、培养科学意识、熏陶科学精神等方面有重要作用[①]。

在小学科学课程教学中,科学阅读起到沟通教学实践与文本资源的桥梁作用。通过科学阅读,可以实现知识、理论向具体实践活动转化,让知识理论得以传播;同时学生可以根据实践需要,自我选择相关知识理论进行学习[②]。

2. 文本资源重构设计要点

(1) 阅读要素尽可能理顺

文本重构的目的是让学生更有效地通过阅读获取科学知识、习得科学技能、培养科学价值观,因此在文本资源重构时,首先需要理顺阅读的各个要素。

李铸衡等人以"阅读主体—阅读客体—阅读本体"为逻辑,梳理出了科学阅读的四要素——科学阅读内容、科学阅读行为、科学阅读方式、科学阅读功能。对于科学课程而言,"科学阅读内容"即贴合教学要求和学生实际的科学知识或理论,是科学阅读活动开展的基础;"科学阅读方式"是师生开展科学阅读时所采用的形式与方法,并有意识地由间接经验转向实践,以获得直接经验的过程,也是构建科学能力的起点;"科学阅读功能"强调学生通过科学阅读实现对科学知识的运用,是进一步提升科学素养的表现;"科学阅读行为"表现学生科学阅读活动时的心理活动和实际行动,能直接反映学生生成的科学态度,是衡量学生科学素质的一个重要维度[③]。

(2) 文本重构尽可能科学

在明确阅读四要素后,重构文本资源时首先需要关注内容的科学性。对于小学科学教育而言,文本的科学性体现在两个方面:一是选择科学的内容,是指在重构文本时,内容不能出现科学性错误,这一点需要教师在重构过程中关注科学知识的来源是否可靠,尽可能做到多方验证,避免知识的"一言堂";二是科学

①　乐进军.科学阅读:内涵、价值与策略[J].中国教师,2021,No.334(03):73-75.
②　李强.中学生科学素养培育方略[M].西安:陕西科学技术出版社,2020.
③　李铸衡,王海,欧阳美子.面向科学素质培养的科学阅读内涵及要素解析[J].当代教育科学,2019,(11):35-40.

地选择内容,也就是在文本重构时要同时兼顾,综合考虑课程标准和学生实际。

（3）应用手段尽可能多样

对于小学生而言,文本资源相对单调,导致在教学中如果只是单纯地阅读,学生很难较长时间地维持学习兴趣,从而使得课堂教学质量降低。因此在重构文本资源时,应当综合一节课当中所有文本资源的应用情况,在重构的同时考虑应用手段的多样化,提升学生课堂学习的体验,引导学生学会科学阅读的方法,维持学生阅读的学习兴趣。

（4）成效检验尽可能及时

文本资源中蕴含了大量的科学知识,在有限的学习时间中学生是否充分获取到有效信息,需要教师对阅读成效做好及时的检验。对于重构的文本资源来说,教师需要在重构的过程中预判学生阅读学习中容易产生的盲点或误区,设计对应的检验点和检验方式,以促成课堂教学中对阅读学习成效的及时检验。

3. 文本资源重构设计思路

（1）精选内容,适用教学

在设计阅读材料时,教师应当充分考虑所使用的文字、图片等资源是否围绕教学目标、贴合阅读对象,以激发小学生的阅读兴趣,有助于有效获得所需知识。在文字和篇幅的控制和用词口吻等方面,也要仔细考虑学生的身心特点和接受能力。

（2）创新方式,与时俱进

科学阅读的方式受到社会经济文化水平和科技发展水平的制约,与阅读内容的载体形式密切相关。传统的纸质阅读和时新的电子阅读在开展课堂教学中各自具有优势。教师在选择科学阅读方式的时候要根据学生的阅读要求和特点善加利用不同阅读方式,并适当创新,以求在阅读内容的同时促进其他几项阅读要素的落实。

（3）即时评价,巩固提升

科学阅读可以促进学生实现对科学知识的内化,但是阅读功能发挥作用却需要日积月累的过程。教师在重构科学阅读资源时,可以通过多元化的评价来引导科学阅读功能的实践与检验,巩固知识的同时形成螺旋上升的能力养成链,并在这个过程中引导学生经历重复、长期的实践,强调对科学知识的运用,进一步提升科学素养。

（4）关注行为，培养态度

培养正确的科学态度对小学阶段学生个体或群体科学素养的提升至关重要。科学阅读行为可以反映部分科学态度，而科学态度也能够影响科学行为。学生主观意识的养成有助于促进学生在学习生涯中去主动了解、学习科学知识，是实现科学阅读的内驱力和原动力。在重构科学阅读资源时，在科学知识生动化的同时，还可以因势利导地融入德育元素，关注阅读行为的养成和引导。

4. 文本资源重构设计实践——阅读"风媒花与虫媒花"

（1）重构需求分析

花的传粉作为花受精过程中的重要环节，其成功与否影响着种子是否可以顺利形成。因此在"种子的形成"一课中，花的不同传粉方式属于教学重点，更是学生体会"花的结构与功能相互适应"的重要知识基础。

以往的教学中，本环节教师多采用引导学生阅读教材图文的方式开展学习活动。教材上虽然对部分风媒花与虫媒花进行了简单描述，但虫媒花部分图文描述不匹配，所举实例没有很好地将昆虫的采蜜行为与传粉联系起来，同时缺少了风媒花与虫媒花形成比较的内容依据。

（2）文本设计思路

本环节的阅读资源需要帮助学生在了解一些风媒花和虫媒花的实例后，进一步厘清风媒花与虫媒花的结构差异，引导学生在圈画关键词、关键句的同时，自主归纳小结，得出花的结构与传播方式相适应的结论。再配合教师的及时评价引导，进一步巩固种子形成过程中"花的形态结构与功能相适应"的认知。

在设计本次阅读活动的材料时，考虑到对象是五年级的学生，文字设计预估在 500 字以内，分三个自然段：第一、二自然段分别介绍风媒花和虫媒花，配合相关图片，再一次明确定义，说明两类花的一般结构特征，以及它们与其他生物或环境相互适应的关联；第三自然段点明风媒花与虫媒花形态与结构的特点是与其传粉媒介长期适应的结果，加深学生的阅读印象，为后续学习植物的适应性作好铺垫，也在潜移默化中强化了单元内知识间的联系，便于学生形成单元知识的整体架构。

（3）阅读任务布置

阅读学习活动以学习任务单的形式在课堂教学中下发（见图 4-1-1），规定阅读学习时间为 3 分钟，学生采用独立阅读、小组讨论的方式进行学习。

阅读学习任务单:风媒花与虫媒花

阅读要求:

1. 仔细阅读材料,用"○"或"＿＿"划出阅读材料中的关键词语或句子。

2. 尝试归纳出风媒花与虫媒花的结构特点。

> 依靠风为传粉媒介的植物称为风媒植物,如水稻、玉米、核桃等,它们的花被称为风媒花。风媒花一般不鲜艳,小或退化,无香味,不具蜜腺;能产生大量小而轻、外壁光滑、干燥的花粉粒。一些风媒花的雄蕊具有细长的花丝,花药伸向外侧,方便随风摆动,散发花粉。风媒花雌蕊的花柱往往比较长,柱头常分裂成羽毛状,以扩大面积,增加接受花粉的机会。此外,风媒植物多在早春开花,具有先花后叶或者花叶同放的习性,以减少大量枝叶对花粉随风飘散的阻碍。
>
>
>
> 核桃花　　　　　　　　　　　玉米花
>
> 借助昆虫为传粉媒介的植物称为虫媒植物,如油菜、向日葵、洋槐等,它们的花称为虫媒花。虫媒花一般大而鲜艳,常有香味或其他气味,有分泌花蜜的蜜腺,这些都是招引昆虫的特征。此外,虫媒花的花粉粒较大,数量比风媒花的少,表面粗糙,有黏性,容易粘附于访花采蜜的昆虫身体上而被传播开去。传粉的昆虫种类有很多,如蜂、蝶、蛾、蝇、蚊等,虫媒花的大小、形态、结构和蜜腺的位置等,常与虫体的大小、形态、口器的结构等特征之间形成巧妙的适应。而且虫媒植物的分布以及开花的季节性和周期性,也与传粉昆虫在自然界中的分布、活动的规律性之间存在密切关系。
>
>
>
> 植物对不同传粉媒介的长期适应,常常相应产生与之相匹配的形态和结构。

图 4-1-1　案例"风媒花与虫媒花"阅读学习单

（4）学习成效分析

重构阅读文本后，在学生阅读获取信息的基础上，进行交流分享后对比归纳，有效地强化了对科学知识的理解。同时，学生的阅读习惯逐渐养成，越来越多的学生不再需要提醒就会在日常阅读中采用圈画关键词的阅读方法，阅读信息归纳能力也有所提升。

教师在明晰教学需求的前提下开展文本的重构，配合相应的呈现形式或技术手段，帮助学生更有针对性地获取知识，并规范阅读习惯。在教学完成后及时检验和分析学生文本阅读的成效，及时总结经验，也可以为后续的重构设计奠定基础。

（二）视频资源的重构

1. 视频资源在科学课程中的应用价值

视频资源具有生动形象、图文声像并茂等特征，是课程教学中的重要辅助手段。视频资源融入科学教学，可以把复杂、抽象的科学知识直观、形象地呈现给学生，有效地激发学习兴趣，降低学生内化难度，从而优化课堂教学，提高教学质量和教学效率。

2. 视频资源重构设计要点

（1）内容选择尽可能明确

在教学中并不是每个知识点都适合使用视频资源。教师在进行视频资源的重构设计之前应当仔细钻研教材、课程标准等相关文本，制订合理的教学目标和确定重难点后，根据具体教学需要选择视频素材呈现的内容。

（2）重构流程尽可能规范

视频资源的重构是一项系统的工作，可以体现在制作流程的规范和制作工具的规范两个方面。制作流程的规范需要厘清各阶段需要完成的任务，建立科学高效的制作流程链，流程链大体可以分为内容选定、脚本撰写、素材准备、后期制作等阶段。制作工具的规范可以体现在视频资源重构时借助规范的工具，让视频资源的重构模式化，进一步保障视频重构的品质。

（3）技术操作尽可能轻量

视频素材的制作需要教师掌握一定的软件使用知识和技能。面对现有五花八门的视频剪辑软件，教师制作视频时技术要尽可能轻量化。首先我们需要考虑工具的普适性和易用性，以及操作的简易性。可以借鉴的做法是充分利用教师已有经验，从教师常用的办公系列软件入手，活用录屏和导出视频功能，配合简单的剪辑软件进行加工。

3. 视频资源重构设计思路

(1) 短小精悍，以生为本

小学科学课堂中使用的视频资源容量较小，以片段为主，时间要短，一般不超过 90 秒。时间虽短，但要教师精心创设视频资源呈现内容，并较好地与教学过程融合。视频倾向以学生个体学习为本，让学生在短时间的学习中全身心地投入，注意力短时间内非常集中，形成自我的思考和认识。

(2) 突出重点，突破难点

视频教学资源不应当仅是课堂教学内容的简单重复，或是科学知识的照搬照套，应该落脚于解决一个核心问题，成为学习资源的有效补充，进一步帮助突出教学重点，突破教学难点，提升课堂教学效率。

(3) 形式多元，有趣生动

在视频资源得天独厚的优势下，教师还可以尽可能用多元的形式来加强学生观看视频的体验。可以选择一些视频片段，穿插一些动画，配合以音乐音效让视频更加生动有趣，以提高学生学习兴趣。

(4) 关注细节，明确要领

科学视频中会出现诸如实验、制作等需要规范示范的操作画面，这就需要教师关注操作细节，认真做好每一个操作细节，必要时配合特写展示，让学生能够在观看的过程中明确操作要领，避免发生危险。

4. 视频资源重构设计实践——视频《地球生命与光合作用》

(1) 重构需求分析

在“光合作用”一课中，学生在通过实验了解植物通过光合作用产生氧气后，需要进一步建立起光合作用对地球生命的意义。

教师原本多选用网络上下载的光合作用视频，但所下载视频多为英文版本，其内容并不贴合本节课教学内容，不符合教学目标设计，实际教学效果不理想。

为此需要在网络视频素材的基础上重构视频结构与内容，形成一段 2 分钟以内的、视觉效果震撼的视频来展现光合作用对地球的影响。

(2) 脚本设计思路

在脚本设计时，规范的表格工具有利于厘清设计思路和素材选用方向（见表 4-1-1）。

表4-1-1　案例:"地球生命与光合作用"脚本设计工具表

片段序号	片段主旨	视频画面选择	文字解说
1	早期地球地表状态	有火山喷发、岩浆流动的画面,突出无生命痕迹	地球形成之初,表面炽热异常,内部的剧烈运动使得火山遍布、岩浆横流,更有密集的陨石雨不断地从天而降。这时的地球毫无生机
2	原始海洋的形成	依次展示云层、降水、海洋的画面	经过数亿年的冷却,地球表面的岩浆终于完全固化。水蒸气开始在高空凝结成水滴和冰晶,并降落到地表。水逐渐汇聚成片,形成地球最原始的海洋,未来生命的舞台也将在这里开启
3	光合作用,生物出现	有单细胞生物、蓝细菌和蓝藻的画面,配合海洋画面,暗示早期光合作用发生在海洋;配合地球俯瞰图,营造视频的宏伟观感	随后又经历了数亿年的演化,海洋中出现了具有细胞的生物。30亿多年前,有一种细菌的基因发生了突变,进化出了一种当时其他任何生物都不具备的功能:能制造氧气的光合作用。这种细菌就是蓝细菌,也是最原始的蓝藻。它们利用阳光,吸收二氧化碳并释放出氧气。这一过程非常重要,因为我们呼吸的就是氧气。蓝细菌改变了地球,让它变得和太阳系其他星球不一样
4	光合作用对地球的影响	有地球地表风貌变化与动植物的画面,表示光合作用影响下,地球生命的蓬勃发展	随着这种微生物的繁衍生息,氧气在空气中的含量不断增加,改变地球的"大氧化事件"开始了。氧气的力量是强大的,世界完全变样了。有了氧气的提供,生命从单细胞的微生物向复杂动物进化

（3）学习情境应用

本视频作为"光合作用产生氧气"活动的一环,在教学活动中通过创设问题、视频学习、交流归纳的流程依次展开(见图4-1-2)。

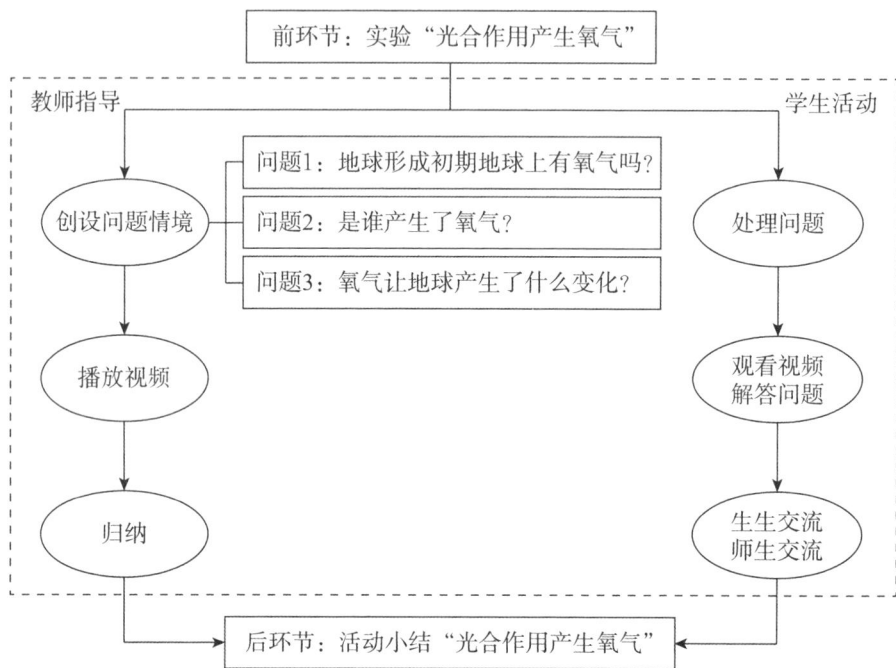

```
          ┌─────────────────────────────┐
          │  前环节:实验"光合作用产生氧气"  │
          └─────────────────────────────┘
教师指导                                        学生活动

           ┌── 问题1:地球形成初期地球上有氧气吗?
  创设问题情境 ─┼── 问题2:是谁产生了氧气?           处理问题
           └── 问题3:氧气让地球产生了什么变化?

   播放视频                                  观看视频
                                           解答问题

    归纳                                    生生交流
                                           师生交流

          ┌─────────────────────────────┐
          │  后环节:活动小结"光合作用产生氧气"  │
          └─────────────────────────────┘
```

图4-1-2 "地球生命与光合作用"视频学习情境应用流程图

（4）学习成效分析

宏大壮观的画面极大地调动了学生的学习兴趣。通过视频学习,学生了解到:正是植物的光合作用,才使得地球上的生物稳定地生存,地球才从一个火球变得生机盎然。从而进一步加深了对植物的认识,培养关注植物、保护植物的责任和意识。

信息技术的飞速发展推动着视频资源的更新与创新,重构后的视频无论是内容的科学性和时效性,还是音质画质的清晰度和生动性,都较为符合当下的教学需求,进而更好地发挥了视频资源在教学应用中的优势。

（三）信息化平台资源的应用

1. 信息化平台资源在科学课程中的应用优势

近年来随着数字化教育转型的推进,信息化平台资源越来越多地融入课堂,给科学课程教学带来了巨大的变革。

（1）促进教育方式变革

顺应数字化、信息化的潮流，市教委教研室提出了"变革教学方式是深化课程改革的突破口"等主张[①]。与传统教学方式相比，信息化平台依托于电脑和移动终端，能够在一定程度上摆脱学习的时空限制，从而促进教学方式的变革，更好地帮助基于核心素养培养的课程改革落实。

（2）优化课堂教学调控

课堂教学由学生、教师和环境组成，是一个复杂的、变化的活动，利用信息化平台可以帮助教师及时获取并充分关注每一位学生的学习情况，发现问题并处理，既有助于提高学生教学活动的参与感，又有助于教师分析教学数据，进而有效地调控课堂教学。

（3）帮助实现因材施教

不同的学生有不同的学习风格和习惯，思维方式也存在或多或少的差异。课堂教学很多时候做不到因材施教，难以维持学生的科学探究兴趣。将信息平台资源融入教学，对学有余力的学生来说，可以填补教材上的知识空白，辅助学生进行深度探究；对于学有疑问的学生，也可以通过平台数据分析找出学习薄弱点，通过信息交互及时查漏补缺。

2. 信息化平台资源选用要点

（1）以提升学习兴趣为先

服务科学教学的信息平台选择应当要包含丰富的互动模块、及时记录和导出的数据模块，在满足科学教学需求的前提下，以提升学生参与课堂活动的积极性为先。

（2）以方便师生操作为先

如果信息平台操作过于繁琐，让教师掌握就需要耗费大量时间和精力，它在一定程度上会不利于课堂教学的展开，会给教师的"教"和学生的"学"带来额外的负担，所以在选择平台时以师生简单操作易上手为先。

（3）以信息交互稳定为先

信息平台在课堂中需要传输教学所用的信息资源，并且及时双向反馈学习评价，而这些功能需要依托无线网络或局域网展开，所以在选用时优先考虑传输

---

① 赵伟新.用技术的力量促进教学方式的变革——从赛灵格系统迭代更新看小学科学课堂教学的变化[J].科教导刊,2021,No.450(18)：132－136.

稳定且交互及时的平台。

3. 信息化平台资源的应用实践

（1）实现信息实时交互

数字化信息控制系统可以将课堂教学中情境创设，各种新知形成和应用活动如观察、阅读、实验、体验、模拟、制作等探究实践活动的信息，通过数字化手段输入系统，通过处理后即时输出，反馈呈现在"教师端"和"学生端"，成为师生课堂互动交流生成性的资源。

如在"地球的内部结构"一课中，为了便于教师及时了解学生获取信息后开展探究的过程和成果，通过平台中"学生阅读"功能下发一系列有关地球内部结构的科学阅读资料，然后以任务驱动，引导学生从资料中获取信息，完成地球内部模型建构，绘制地球的内部结构图，并通过平台"拍照上传"功能反馈学习成果。教师在收到反馈信息后及时投屏交流，并及时掌握学生自主学习成效，以便顺利开展后续教学活动（见图 4-1-3）。

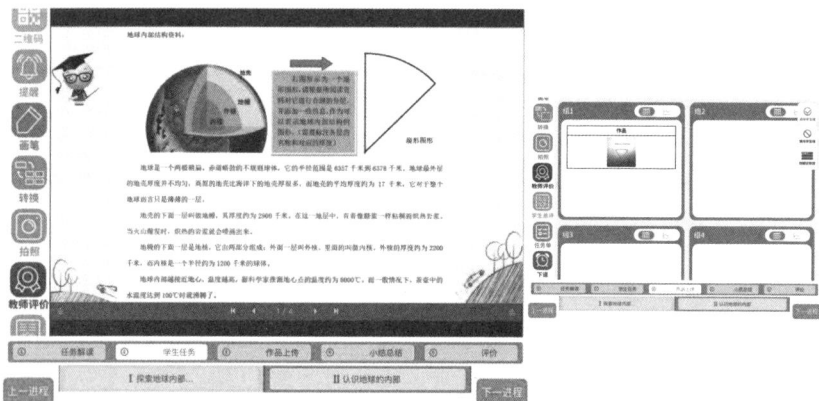

图 4-1-3　平台下发资料与作品收集

（2）帮助梳理实验数据

数字化信息控制系统同样可以将学生实验的各个过程信息数字化转换后输入系统，再通过软件处理，输出为课堂教学师生所需的信息，可使实验数据的形式、深度和广度得以进一步丰富和拓展。

如"风"一课，为了精确展示模拟海陆昼夜温度变化中沙子和水的温度变化程度，通过两个 DIS 温度传感器分别测量沙子和水的温度，并通过平台获取实时温度数据并完成数据记录（见图 4-1-4）。学生通过数据收集和分析得出科学的结论，提高探究的科学性和严谨性，同时共享班级数据，进一步增加结论的普遍性。

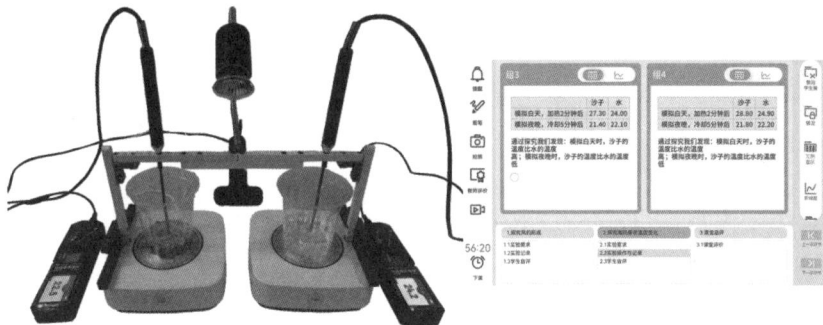

图 4-1-4　平台收集数据并汇总呈现

（3）帮助落实有效评价

数字化信息控制系统可以同时兼顾学生自评、互评和教师评价，并在"课堂评价"环节中进行汇总，同时在系统后台形成课堂教学分析，为教师分析学生课时或学期学习情况提供有效帮助。

如在"电路的控制"一课中，教师以评价量表为观察点对学生开展自评和师评活动，并在课堂结束前进行汇总点评，同时通过学生评价结果的雷达图，精确地掌握每位学生的学习情况（见图 4-1-5）。

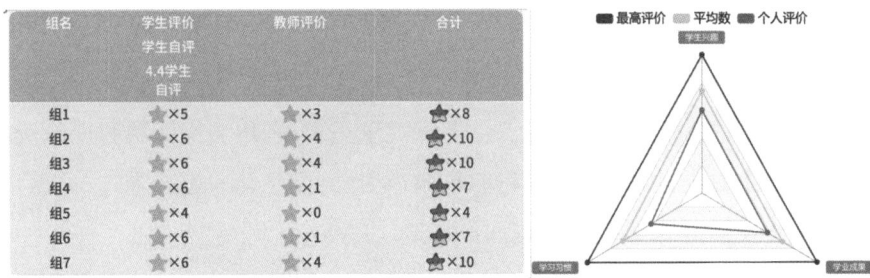

图 4-1-5　课堂评价汇总与个人评价结果雷达图

（四）软件、APP 资源的应用

1. 软件、APP 资源在科学课程中的应用优势

（1）摆脱教学时空限制

软件、APP 依托于电脑和移动终端，能摆脱时空限制，充分利用碎片化时间，并且可以帮助学生整合梳理碎片化的知识，形成系统的认识。

（2）辅助自主深度探究

教材中涉及的科学知识有时候不能满足一些学生强烈的探究欲望，将软件、

APP 融入教学可以填补教材上的知识空白,辅助学生进行深度探究。

（3）提高学生学习效率

利用软件、APP 可以帮助学习者选择合适的学习服务,为学生开展自主探究提供方向指引和有效帮助。

2. 软件、APP 资源选用要点

作为学生学习的引导者,教师在结合教学选用软件、APP 时需要严格遵守以下要点:

（1）以下载来源纯净为先

网络上一些不良来源的广告和推送会严重影响学生的身心发育,教师在推荐给学生之前必须严把质量关卡,提供合适的下载安装渠道,保证学生所用的软件、APP 来源纯净,没有不良内容。

（2）以终端操作简便为先

推荐给学生的软件、APP 操作界面要简洁明了,简单易懂,方便学生自主学习,且注意力不会因为软件本身而被打扰。

（3）以栏目设计清晰为先

软件、APP 中对于知识概念的梳理要清晰,最好以结构化形式呈现,方便学生根据需要快速检索学习。

3. 软件、APP 资源的应用实践

（1）优化学生学习体验

科学学习中一些内容难以在课堂上直观地呈现,利用文本资源和视频资源也因其缺少互动性和生动性而使得教学效果欠佳,学生体验感不强。一些软件或 APP 的使用则有效地弥补了这一不足。

如在"白天与黑夜"一课中,利用"北斗 AR 地球仪"软件中对昼夜长短现象的演示,方便学生在自主探究中获得生动形象的认知;又如在"火山与地震"一课中,通过观看地球内部圈层结构的演示,奠定了认识火山与地震成因的前概念。

（2）帮助学生获取知识

有限的课堂教学有时并不能满足学生的求知欲和好奇心,利用软件或 APP 可以很好地突破教学时空的限制,帮助学生更好地获取想要的知识。

如在教学"太空中的地球"一课后,学生对宇宙和天体的相关知识产生了浓厚的兴趣。教师适时推荐软件"虚拟天文馆 Stellarium"和"Star Walk",为学生课后自主探究提供方向与支持。

又如在"形形色色的植物"一课学习后,低年级学生热衷于探索身边植物的名称。教师推荐"形色"和"花伴侣"APP给学生,充分鼓励学生开展课后探究与发现,帮助扩大学生的知识面。

（3）助力在线实验教学

在线教学期间,利用APP的虚拟实验操作功能可以解决学生难以获取相应实验器材的难题,同时,清晰明显的实验现象也有助于学生观察,从而更好地开展分析,得出实验结论。

如在"简单电路的连接"一课中,由于受疫情影响,学生转入在线教学阶段。学生家中缺少电学实验器材,使得电路连接实验无法实施。教师及时转换思路,借用APP"物理实验室"中的"电学实验模块",引导学生利用开关、电池、小电珠三种元件进行电路的模拟连接,从而建立起简单电路的概念,初步了解了电路连接方式①。

通过实践分析,教师作为信息生产者,对教学中信息资源的需求与重构有非常直观的感受和经验,在重构策略作为大方向的引领下,细致分析不同信息资源的特点,开展各项信息资源的重构和应用,较好地优化课堂教学活动的设计,推动科学教学的有效进行,促进学生核心素养的形成与发展。

第二节　教学具资源的开发

在小学科学课堂中,教学具为学生探究实践提供物质材料的支持。如何开发有意义的、能提高探究实效性的教学具,是当代科学教师在课前需要考虑的问题之一。《课程标准（2022年版）》中明确指出:"教师应根据教学需要,本着科学合理、安全可靠的要求开发实验教具。充分利用日常用品和材料,开发创新科学实验,让实验更贴近生活,课堂更有趣,使学生有更多动手实验的机会。"开发教学具资源并有效使用,能够较好地激发学生学习科学的兴趣,优化探究实践,帮助学生科学思维的发展,使学生乐于探究、精于分析、善于总结,进而提高科学核心素养。

一、教学具资源开发的策略

教学具可以通过结构化的器材,为学生开展科学学习活动提供载体,弥补他

---

① 本案例由上海市嘉定区安亭小学张特榕提供.

们在生活经验和认知程度上所存在的欠缺。但是，实验室现有的教学具尚不能完全解决教学中的实际问题，或者有些传统的教学具已经不能适应现在的教学需求。因此，在实际教学中，教师有自制教学具的需求。教学具资源的开发首先需要教师结合教学具资源的现状，进行合理分析，发现问题并明确开发新教学具的目的。在确立目标、明确开发方向后，教师需要结合实际教学任务，参照一定的开发思路有选择、有方式地优化或开发教学具资源。

（一）教学具资源的开发方向

教师在教学实践中不难发现，精心设计的教学具可以突破传统教学具的局限性，完善学生体验科学探究的过程，使原本抽象的科学知识变得通俗易懂。此外，在教学具的开发中融合现代数字技术与建模思想，能更直观地呈现科学现象，快速处理实验数据，有助于启迪思维，帮助学生形成科学结论，从而体会科学与技术的重要性。

教师根据自己教学内容和教学活动设计的实际需要，有针对性地设计、优化和开发自制教学具。以下将基于学习兴趣、操作难度、科学现象、学习深度四个方向探讨教学具资源的开发。

1. 激发学习兴趣

"兴趣是最好的老师"，它是推动学生进行自主科学探究和学习的原动力。实验活动作为培养学生学习兴趣的有效途径之一，其教学具资源的开发也要符合学生学习兴趣培养的需要进行。不同年龄段的学生对于教学具的兴趣程度各不相同，中低年级的学生倾向于对教学具的外观和结构上的观察，被简单的科学现象所吸引，而高年级的学生则更加关注教学具的具体功能，喜欢探究科学现象背后的原理。教师需要依据学生的年龄发展特点，结合科学活动内容，选取适宜的材料进行教学具的开发，以此激发学生对科学的学习兴趣。

2. 简化操作难度

教学具资源在学生探究实践活动中的使用，首要确保的是教学具操作的安全性和成功率。教学具的整体结构越是复杂，操作步骤越多，在操作过程中出现问题的概率就越高。学生因其具有的科学知识不全面，操作难度过高，极易影响到学生整体的学习效果和学习热情，甚至出现安全问题。通过对教学具操作上的简化，使得操作时间减少，让学生更多地聚焦科学学习的核心内容，自主分析和思考科学问题和现象。此外，简化操作难度还可以使许多教师演示实验变为学生实验,进一步为学生亲身经历科学探究过程提供机会。

3. 突出科学现象

教学具资源在课堂中的使用,可以为学生带来更为直观的科学体验。教学具可以将原本抽象的科学知识在学生面前进行形象的展示,有利于学生对科学现象的观察和对科学问题的思考。还可以通过巧妙的装置结构设计或不同的呈现方式选择来突出教学具呈现的科学现象。此外,教学具的开发随着信息技术的不断发展也迎来了新的机遇,通过利用各类传感器构建教学具,利用“数字”代替那些不易观察的科学现象,为学生形成科学概念提供更为可靠的依据。

4. 促进深度学习

好的教学具需要为学生提供具有一定开放空间的探究过程,在解决问题的同时促进学生形成探索性的独到见解,提升学习深度。赋予教学具优化认知方式、培养科学思维的价值,成为现今开发教学具过程中的一大难点。教师在明确教学具所解决的教学核心问题的基础上,从学生探究的角度出发,结合活动设计将教学具所需要具备的功能和预设的学生探究内容一一对应。使教学具真正为学生完成课堂学习任务服务,为学生的科学思维发展提供支架,帮助学生能通过模型建构、推理论证、现象分析等有结构性的思维方式解决科学认知问题。

(二)教学具资源的开发方式

教学具资源的开发一般可以通过两种方式实现:一种是对现有配套教学具的优化,另一种是对教学具资源空缺的补充,即开发新型教学具。当然,随着数字化实验的推广,在优化和开发教学具资源的过程中,还可以融合数字化信息技术实现在实验现象以及教学难点上的突破。

1. 优化配套教学具

当前各学校的仪器室里有着大量的配套教学具,这些针对于小学科学课程的学习内容开发制作的教学具为教师授课带来了极大的便捷。但配套教学具的更新是缓慢的,为了使配套教学具与实际课堂教学需要更贴合,往往需要依赖教师自己的创新想法和灵巧双手开展对配套教学具的优化和改进。在优化配套教学具时,一般需要以提高科学探究实效为目标,完善教学具的可操作性、稳定性、科学性、安全性以及美观度等。

2. 开发新型教学具

新型教学具需要教师根据科学课程教学的实际需要,以人为本、因地制宜地设计和开发。一个新型教学具开发的成功与否,合理设计非常重要,教师在设计和开发时应当遵循以下要点。

(1) 安全性:教学具的开发必须遵循安全第一的原则,以人为本、以生为本进行设计和创新。

(2) 科学性:教学具的制作需要有可靠的科学原理作为支撑,能够合理反映和呈现教学内容。

(3) 简单性:教学具的设计和制作需要以简单易操作为主,需要基于小学生的科学思维认知水平和培养目标。

(4) 直观性:制出的教学具应使实验现象明显,使科学原理容易被学生接受和理解。

(5) 实用性:教学具能有针对性地突出教学重点、突破教学难点,做以致用。

(6) 参与性:鼓励师生共同参与教学具设计,从教与学的实践体验中进一步完善教学具。

通过新型教学具开发的实践证明,可以发现,师生使用的教学具如果能遵循上述设计原则,不仅能提高学生在科学课堂中的探究实效性,而且在新型教学具的开发过程中也进一步促进教师更多地思考学生探究实践过程中其科学思维的发展。

3. 融合数字化信息技术

随着技术的不断更新迭代,许多原本不能很好展示的科学现象在信息技术的帮助下得以呈现。在教学具资源开发中借助各类传感器和平台的使用,教师可以将许多学生不方便观察、测量和记录的电、热、磁等现象与数据,通过传感器进行数字化测量并呈现。利用计算机进行数据采集和处理,再通过数据、图表等形式使学生能够基于精准的数据对科学现象进行观察、记录、分析和解释,帮助学生形成基本的科学观念,培养学生严谨的科学态度。目前数字化实验系统(DIS)在小学科学中得到了广泛应用,DIS设备不断优化升级也具有了模块化的优势和特点,教师可以根据实际需要选择各类传感器进行自制教学具的设计、组装与开发。通过使用自制教学具资源,发挥传感器在自动数据采集、智能数据处理、数据结果精准等优势,助力发展学生科学证据意识,进一步提高学生科学思维水平和提升学生科学探究能力。

（三）教学具资源的开发思路

对教学具资源的开发需要遵循一定的思路。教师可以根据发现问题，创新思维；创意设计，巧妙制作；实践应用，优化完善等步骤进行实践。

1. 发现问题，创新思维

教师在教学设计时需要多思考每节课中教学具的具体应用情况，多关注学生在课堂中使用教学具的实际效果，明确是否缺少对应教学设计的教学具，是否需要对已有教学具进行优化提升教学效果，是否有开发新型教学具的必要。在发现问题之后，教师需要依据理论知识，对发现的问题进行针对性的思考，并围绕教学目标和科学概念展开，寻求在教学具上的解决办法或创新点。教师在对教学具进行开发时，可以采用灵感凸现法、类比法、模拟法、替代法等多种方法进行创新，结合教材内容和教学目标，完成对教学具开发思路的设想，并对教学具的开发制订预期目标，即教学具的达成效果[①]。

2. 创意设计，巧妙制作

教学具的开发是否成功，很大一部分在于装置的巧妙。教学具在满足教学需要的具体功能的同时，还应具备取材容易、结构简单、操作方便等特点。在对教学具有了创新思路后，可以绘制教学具的设计图，并通过选取适宜的材料，制作出教学具的雏形，在此基础上进行完善和修改。一般易加工的材料、具有模块化便于创意组合的材料可以给教学具制作带来极大的便利。此外，还可以考虑是否需要融入数字传感器。DIS 传感器具有功能全面、体积小巧的特点，能极大地满足教师对各类教学具个性化创作的需求。

3. 实践应用，优化完善

完成对教学具的设计与制作后，教师需要对其使用效果进行反复的试验，通过不断地打磨和调试，使其效果最优化。然后，在课堂的教学中进行实践应用，通过向教学具的使用者征求意见和看法，并及时进行对应的调整和完善，实现教学具开发的预期目标。最后，在教学具趋于完备时，再对它进行结构和艺术加工，使其外观进一步整体化、美观化。

二、教学具资源开发的实践研究

在科学探究实践中，根据活动，可以将教学具资源划分为以下五大类，分别

---

① 贺玉婷，樊秋瑜.小学科学教具创新的策略与方向[J].中小学实验与装备，2021,31(01)：52-54.

是实验类、模拟类、观察类、体验类、制作类等。

（一）实验类教学具资源开发的实践研究

科学探究中常见需要通过干预和控制实验对象或条件进行观察、认知相关科学概念时，实验类教学具通过创设相应的实验条件，形成对科学现象的验证或对比结果的呈现，有利于科学结论的得出[1]。

如在"探究四季温度变化与阳光照射角度的关系实验"的学习内容中，在以往的教学中，由于常用温度计、温度枪灵敏度不足及读数困难、实验器材复杂等原因，学生无法顺利开展实验。教师融合数字化信息技术，借助温度传感器和软件平台，开发新型实验装置"阳光不同角度照射时物体温度变化的测量"实验装置（见图4-2-1）。该装置使用温度传感器对阳光从不同角度照射时受热测量板的温度变化进行测量，探究阳光照射角度与温度变化的关系，实时反映温度变化，从而揭示四季的成因。该装置在教学实践中缩短实验时间，帮助学生利用数字化平台软件绘制温度变化折线图，直观地发现受热测量板偏转不同角度时，测量板温度变化趋势的规律。借助即时的多个数据分析，让结论得出更为科学严谨。

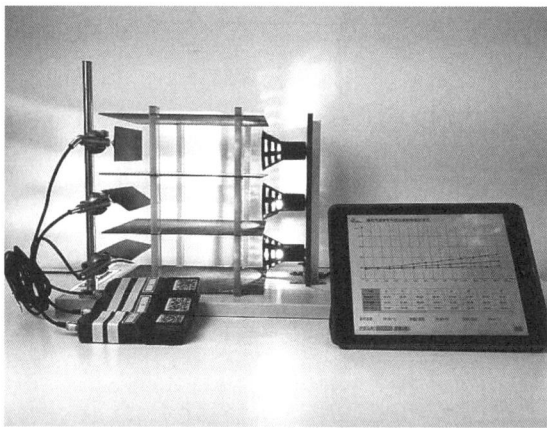

图4-2-1　阳光不同角度照射时物体温度变化的测量实验装置

通过对教学具的数字化创新，开发实验类教学具资源，更能激发学生的学习兴趣，对促进学生深入科学探究起着重要的作用。

---

① 赵伟新，沈慧丽.小学自然（小学科学与技术）：目标导向下的学生课堂活动设计[J].上海课程教学研究，2019，No.46（06）：78－80.

（二）模拟类教学具资源开发的实践研究

探究实践中经常需要模拟自然现象或过程，认识自然现象或过程的形态和特点。教学具资源通过对应要素，选用恰当的材料构建装置，可以在有限的教学空间中有效展现科学原理或规律，便于学生理解内化。

如在"认识电灯"的学习内容中，由于学生生活中较少接触并观察白炽灯，所以教师设计了"自制笔芯灯"的教学具（见图4-2-2），帮助学生认识白炽灯的结构及其工作原理。教师把与白炽灯钨丝类似作用的铅笔芯连接进一个简单电路，当连通电路后，铅笔芯产生短暂的发光发热现象，生动直观地模拟了白炽灯的结构和发光过程——当电流通过电阻很大的灯芯时，灯芯会发热甚至发光。最终，结合乐高积木、导线、金属片、玻璃罩和干电池等器材的组合完成了"笔芯灯"的创作。在活动中，学生对点亮"笔芯灯"的操作步骤仅是连接和断开电路，整个操作比较简单。此外，教师还设计使用玻璃烧杯罩住发光发热的笔芯，保证了实验的安全性。

图4-2-2 笔芯灯

"笔芯灯"这一自制教学具以模拟的方式让白炽灯这一伟大的科学发明在学生面前以最简单、最直观的方式还原和呈现，让学生学习白炽灯的主要结构以及发光原理。活动中实验现象明显、有趣，激发了学生学习兴趣，高效达成教学目标。

（三）观察类教学具资源开发的实践研究

观察是学生获取科学知识的重要途径，随着学生年龄的增大，探究实践对观察有不同程度的水平界定。教学具的开发可以帮助学生有计划、有目的地用感官来细察实物或现象，凸显进阶性，帮助培养学生的观察能力。

在"认识镜子对光的反射"的学习内容中，学生已经具有了一定的观察能力，可以通过观察潜望镜的结构与功能，对其内部的光路进行猜测，预估出在潜望镜内部的两端可能有两块平面镜。设计的学具是可以从侧面整体打开的木制潜望镜框架,帮助学生直接观察到潜望镜的内部(见图4-2-3);潜望镜的内部和平面镜的底部都有磁铁,学生可以将平面镜吸在潜望镜内部固定,并能自由调整。在操作中,学生可以利用激光笔和雾化装置,清楚地观察到潜望镜内部的光路(见图4-2-4),方便验证猜测,从而可以在操作过程中充分体验光的反射现象。

图4-2-3　潜望镜外部结构图

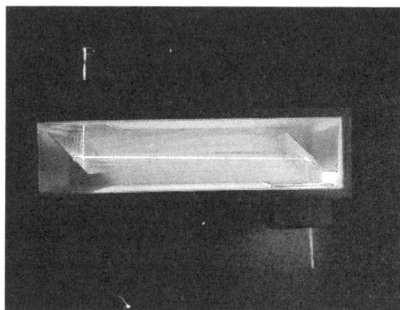

图4-2-4　潜望镜光路图

教学具的创新可以使学生活动从制作过程转变为观察与验证的过程,借助潜望镜光路的可视化特点,让学生经历猜测、实验、观察、验证的过程。通过显著的科学现象佐证自己的猜测,提升学生的学习深度,使活动更具有探究价值。

(四)体验类教学具资源开发的实践研究

在科学探究中以自身为研究对象,感受某些影响要素带来身体变化时,体验类教学具通过提供丰富与创新的材料或设备,可以带来更加真实的体验,有利于学生发现影响要素与科学现象之间的联系[1]。

在"怎样使物体移动得更快、更容易"的学习内容中,低年级的学生需要探究

---

[1]　赵伟新,沈慧丽.小学自然(小学科学与技术):目标导向下的学生课堂活动设计[J].上海课程教学研究,2019,No.46(06):78-80.

使物体移动得更快、更容易一些的方法。"推和拉"体验装置(见图4-2-5)由一个较重的水箱、一块光滑的长木板、一块粗糙的防滑垫、几根小木棍等生活中易获取的物品构成。学生通过将水箱放于木板上进行推和拉的体验,发现力用得越大,水箱移动得越快。铺上防滑垫再进行推和拉的体验,学生能感受到想要推动或拉动水箱是比较困难的,得出在光滑面上物体容易移动的结论。学生再将小木棍放在水箱下面,发现随着小木棍的滚动,可以轻松地推动或拉动水箱前进。

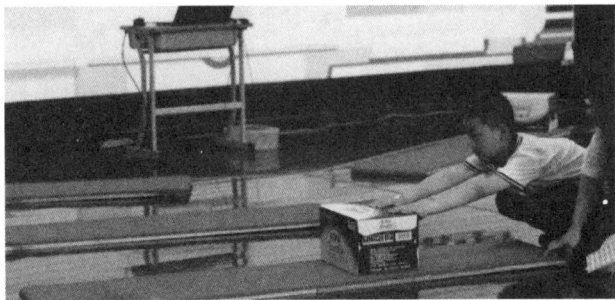

图4-2-5　"推和拉"体验装置

通过学生常见的生活材料,为学生提供有结构的材料支架,强化学生的体验过程,引导学生细心观察周围事物并联系生活,思考影响要素与科学现象之间的关系,初步形成对应的科学观念。

(五) 制作类教学具资源开发的实践研究

制作类教具是指依据一定的科学原理进行规划和设计,制作有创意的科学作品。制作类教学具通过材料结构与科学原理的有机融合,强化学生对科学概念理解的实践应用,有助于科学实践技能的形成。

在"认识电动机"的学习活动中,电动机是一个陌生而又复杂的装置。学生即使通过观察老师提供的电动机模型或实物的内部结构,也还是较难理解线圈和磁铁作为电动机的核心结构是如何工作的。指导学生利用生活中的材料自制一个简易电动机(见图4-2-6),将电动机的结构和工作原理在学生面前进行直观呈现,可以起到事半功倍的效果。教师为学生提供漆包线、回形针、磁铁、胶带、砂纸、电池等简单的材料,指导学生根据教师提示的制作方法自主完成简易电动机的制作过程。在课堂上,组织学生尝试使用自制简易电动机,观察其工作过程,发现并解决存在的问题,并提出优化的建议。

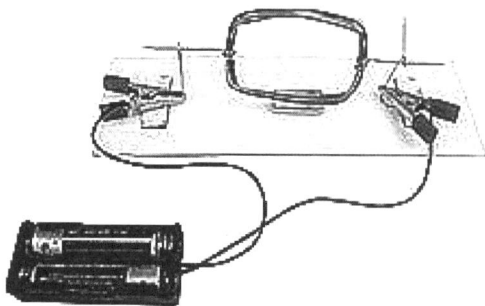

图 4-2-6　简易电动机

教师将开发学具的过程在课堂教学中进行迁移,引导学生体验学具设计、制作和使用的全过程,不仅展现了科学的奥秘和技术的神奇,更有效揭示了科学与技术的关系。在提高学生制作能力的同时,更激发了学生对科技的兴趣和热情。

构建高效的小学科学课堂探究活动,教学具资源不可或缺。科学教师要掌握开发教学具资源的策略,敢于、乐于进行教学具的实践研究,不断扩大与完善现有的教学具资源,为学生的探究实践提供丰富、有力的物质材料支持,推动科学教学的有效进行。

第三节　空间资源的利用

空间资源是重要的教育资源,通过合理的利用,能对科学课程起到支撑和丰富作用。《课程标准(2022 年版)》中指出:"突出学生的主体地位,利用学校、家庭、社区的各种资源,创设良好的学习情境。"空间资源可以分为校内空间资源和校外空间资源。校内空间资源指校园中可以用来开展教育教学活动的场所,如实验室、电子阅览室、校园特色场馆等;校外空间资源指校园外可以用来开展教育教学活动的场所,如家庭、社区等。本节就从以上两个角度,思考利用空间资源开展科学教育的策略。

一、空间资源利用的策略

(一) 因地制宜,扩容增效

学校是学生日常学习的主阵地,校外空间资源绝大多数是学生脱离教师、脱离课堂、脱离书本后自主进行探究的场所,两者共同之处在于都能提供学习科学的空间。教师应充分发挥不同场地的优势,合理拓展和整合教育教学活动的空间,使开展科学教育的空间更广、效率更高。

1. 拓展空间资源,增加利用范围

与校外空间资源相比,校内空间资源在空间范围上具有一定的局限性。在无法改变学习空间横向面积的情况下,可以试着在有限的学习空间范围内增加纵向面积,让学习空间从一层增至两层。这样的方法可适用于一些校内的特定场所。如阳光房可以增大室内种植植物的面积;阅览室可以增加供学生阅览的书籍和互联网电子设备。通过提高空间资源的利用率,可以为学生提供更多学习的空间。

2. 整合空间资源,提升利用效率

科学领域包罗万象,许多其他学科与科学学科相关,这意味着在其他学科的教学活动场所中,学生也能学习科学,感受科学。目前,校内的科学教育教学活动的场所以普通教室和实验室为主,其他校内空间较少会被用来进行科学教育教学。整合空间资源不是简单地将学生带到另外一个空间进行日常教学,而是充分利用新环境中所具有的特定资源,凸显科学教育的综合性,提高学生的实践能力,为教师设计教学环节提供支持和帮助。

（二）因时制宜,因材应景

一年四季,昼夜交替,花谢花开……大自然中的种种现象都表明了空间资源具有时效性。时间的变化让大自然中气候和环境有所不同,学生在大自然中感受到的事物也有所不同。小学科学课程丰富多彩,很多内容都与大自然密切相关。利用空间资源的时效性,对应教材中提到与季节、时令、物候等有关的内容开展实地观察活动,对应教材中出现的特定场景（如城镇、绿地、湿地等）进行实践活动,引导学生亲近自然、感受自然。

二、空间资源利用的实践研究

（一）校内空间资源的利用

《课程标准(2022 年版)》中指出:"学校和教师应当充分利用或建设校园环境中与科学有关的资源,如花草树木、鸟类昆虫,以及校园天文台、气象站、种植园、养殖场、科普宣传区、科学活动区、探索实验区等,让校园成为学习科学的大课堂。"

　　学校作为育人场所,彰显着每个地区的文化底蕴和校本特色[①]。无论是校园内的教学活动场所,还是校园内的花草树木,都是实施科学课程的有效资源。利用好校内资源,能够在很大程度上丰富科学教育的开展途径,进一步培养学生的科学素养,提高学校的科学教育水平。

　　1. 常规实验室资源的利用

　　常规实验室是学校开展科学实践教学的重要场所,是培养学生科学素养的主阵地。实验室中备有学生开展科学探究活动所需的实验桌椅,陈列仪器、标本等展示橱柜,存储设备、多媒体设备等。学生可以在实验室中完成观察、实验、制作等科学探究活动,尤其是可以亲手使用一些在平时生活中很难接触到的实验仪器。

　　如在"酸碱中和实验"中,学生能在实验室接触并使用生活中不常见的酸碱溶液和指示试剂,亲眼观察到神奇的实验现象;在"用酒精灯加热"中,学生能亲自使用酒精灯,了解其正确的操作步骤和注意事项,通过实操加深印象。

　　此外,常规实验室提供给学生更宽敞的小组合作空间,营造出更浓厚的科学学习氛围,是学生获取科学知识、经历探究活动、感悟科学本质、培养科学态度、提高解决科学问题能力的极佳场所。

　　2. 创新实验室资源的利用

　　与常规实验室不同,创新实验室开放性更大,自主性更强,是学生个性化学习、实践、探究和创新的场所。创新实验室备有更具拓展性和自主性的资源,如光学显微镜、符合学校特色主题的标本、手工制作工具等,提供了学生开展深入探究活动的空间。

　　如在"生态小屋"创新实验室中设立了展示区、饲养区和教学区。展示区内有微景观、标本展示框、生态标本等。在"昆虫"一课中,教师可以充分利用展示区中所展示的昆虫标本,让学生近距离观察昆虫标本,直观地了解昆虫的身体结构。此外,学生还可以利用"生态小屋"中的多媒体设备,了解自己感兴趣的昆虫知识,大大提高了学生学习昆虫的兴趣。

　　利用创新实验室的资源开展教学,可以在一定程度上取得比常规实验室更好的效果,同时可以提高学生自主学习的能力,让学习的知识更生动、更全面。

---

　　① 辛晓玲,付强.学校教育空间研究的现状与趋势[J].当代教育科学,2019(04):39-44.

3. 阅览室资源的利用

阅览室有着丰富的图书资源和互联网资源。图书资源能为学生提供丰富的课外知识,互联网资源则有信息量更大、更新及时等特点。学生可以利用阅览室资源搜集自己需要的信息。

如"昆虫"一课,有些学生会提出"蜘蛛是不是昆虫"等问题。如果仅仅凭借教师告诉学生蜘蛛不是昆虫,学生可能对昆虫的概念仍处于一知半解,但如果让学生将这个问题留在课前或者课后自主去阅览室寻找答案,他们最后得到的答案不仅仅是"蜘蛛不是昆虫",还能学到"蜘蛛为什么不是昆虫""什么是昆虫"等答案之外更多的知识,让学生的知识面不只局限于教材。

为了提高学生使用阅览室的使用率,教师首先应培养学生查阅资料的能力,为学生日后的自主探究学习奠定基础。或是鼓励学生根据问题,与同学合作搜集资料,在搜集资料的过程中充分与同学进行思维碰撞,提炼出最有用的信息。

4. 校园特色场馆资源的利用

校园特色场馆是学校精神风貌和个性魅力与办学特色的具体体现,是开展校园活动、课堂实践的延伸和拓展的重要场所之一。场馆所提供的学习形态有其特殊性,学生在学习过程中能亲历感受以学校特色为情境的物理空间。教师可以通过布置陈列,加以图片、文字来构建出一个充满学校特色和结构化的学习内容①。充满生态气息的农业主题场馆,可以结合科学课程中生物、环境等内容进行有机融合,开展有趣的实地考察活动;充满现代气息的交通主题场馆,可以结合工程、技术等内容进行有机融合,感受科学带给社会的巨大变化;充满神秘气息的天文主题场馆,可以结合宇宙、地球等内容进行有机融合,探索来自宇宙深处的奥秘……

如在"丫丫农场"中有着种类繁多的蔬菜水果,在学习与植物相关的内容时,利用校园中的农场,学生可以开展实地考察活动,记录植物的生长过程,观察植物的结构特征,探索大自然的奥秘,提高学习植物知识的兴趣。

如"Hi 星空"天文馆中有着圆顶、天窗、200 毫米口径的天文望远镜及电控赤道式基座系统。在学习地球和宇宙相关的内容时,场馆中专业的设备提供近

---

① 场馆学习:值得期待的领域[OL].搜狐网. 2017 - 08 - 03,https://www.sohu.com/a/161975677_387094.

距离接触天文知识的情境。在场馆中,学生能够了解到星云、星座、天文望远镜、以及古今天文学家、中外知名天文台,让学生能更真实地感受科学。

科学教育最好的方法是让学生身临其境地感受,利用校园特色场馆构建情境,将教学与情境相结合,能为学生提供更自主、更实用的学习场所,满足学生个性化的学习需求①。

5. 其他校内空间资源的利用

此外,校内空间资源还包含科普长廊、绿化带、体育馆、展厅等其他空间资源。如科普长廊可以提供给学生丰富多彩、与时俱进的科学知识,让学生在课间也能置身于科学的海洋中;绿化带中学生可以找到形形色色的植物和小动物,在真实情境中学习与生命科学相关的内容;体育馆可以提供给学生更宽敞的学习空间,方便开展运动与力相关内容的教学;展厅可以让学生展示自己的学习成果,在与其他同学分享的过程中,增加学习科学的信心。

在不同的空间环境下,学生能获得不同的学习体验,进而提高科学探究能力,提升科学学习兴趣。

(二) 校外资源的利用

充分利用校外空间资源可以进一步满足内容丰富的科学教育教学需求。教师通过整合校外空间资源,与科学课堂有机结合,打破传统课堂的局限性,让学生感受到科学贴近生活,更服务于生活。

1. 社区资源的利用

《课程标准(2022 年版)》中指出:"要发挥各类科技馆、博物馆、天文馆等科普场馆和高等院校、科研院所、科技园、高新技术企业等机构的作用,把校外学习与校内学习结合起来,因地制宜设立科学教育基地,补充校内资源的不足。"

社区中包含了人文和自然资源,在校内资源不足的情况下,教师应鼓励学生走进社区,使科学教育与社会实践相结合②。本文对应科学课程中的 13 个核心概念,罗列了部分上海地区的社区资源(见表 4-3-1),为教师利用社区资源提供参考。

---

① 杨莹莹.中小学特色场馆的课程价值及其实现[J].基础教育课程,2022(14):4-8+18.
② 周永广.充分利用校外资源积极引导科学探究——小学科学校外资源的开发与利用研究[J].小学科学(教师版),2014(12):5.

表 4 - 3 - 1　社区资源推荐表

课程内容	名　　称
物质的结构与性质	上海科技馆、上海自然博物馆
物质的变化与化学反应	上海科技馆、上海自然博物馆
运动与相互作用	上海科技馆
能的转化与能量守恒	上海科技馆
生命系统的构成层次	上海科技馆、上海动物园、上海野生动物园、上海长风海洋世界、上海大自然野生昆虫馆、上海自然博物馆
生物体的稳态与调节	上海科技馆、上海动物园、上海野生动物园、上海长风海洋世界、上海大自然野生昆虫馆、上海自然博物馆、上海辰山植物园
生物与环境的相互关系	上海科技馆、上海动物园、上海野生动物园、上海长风海洋世界、上海大自然野生昆虫馆、上海自然博物馆、上海辰山植物园
生命的延续与进化	上海科技馆、上海动物园、上海野生动物园、上海长风海洋世界、上海大自然野生昆虫馆、上海自然博物馆
宇宙中的地球	上海科技馆、上海天文博物馆、上海自然博物馆
地球系统与圈层结构	上海科技馆、上海天文博物馆、上海自然博物馆
人类活动与环境	上海科技馆、上海自然博物馆
科学、技术、工程与社会	上海科技馆、上海天文博物馆、东方绿舟
设计与物化	上海纺织博物馆、上海城市规划展示馆、中国工业设计博物馆

（1）场馆类

社区人文资源泛指社区中由人类创造的,以人的智慧和行为为核心的资源。在社区中,许多人文资源面向的主体对象都是青少年,其共同点都是以发展青少年的科学素养为指向,学生在参观、体验的过程中接受科普教育,激发科学兴趣,提高科学素养。

科技馆能让学生对科学、技术、工程与社会有更深层次的认知。对学校来说,科技馆是一个很好的课外实践基地,可以"馆校联动"的形式,充分利用科技馆资源,发挥其对科学教育的价值;博物馆以实物作为呈现形式,更具直观性,对学生来说能更直接地产生心灵冲击,加深学生的印象;天文馆能让学生接触到平时在校内无法接触到的天文观测设备,能身临其境地感受宇宙的浩瀚,培养学生对天文学的兴趣,是发展学生科学素养的重要途径。

场馆作为典型的社区人文资源,能有效弥补校内资源的不足,辅助加强科学教育。

（2）园区类

社区自然资源泛指社会中由各种地理环境或生物构成的自然景观,丰富多彩的大自然中蕴藏着很多可以利用的科学教育资源。园区则结合了社区人文资源与自然资源,大量保留了大自然中地理环境和生物的原貌,是进行自然科学社会实践的好去处。

植物园中有着种类丰富的植物,适合学生在课外自主探究学习关于植物的相关内容;动物园中有着平时生活中少见的动物,适合学生在课外自主探究学习动物的相关内容;公园、绿地、园林景区等场所包含了许多植物和动物,在不同的季节能呈现出不同的景观:春天,可以让学生去大自然中感受万物复苏的气息,观察植物的生长情况;夏天,可以让学生在大自然中寻找各式各样的昆虫,了解不同昆虫的习性;秋天,可以让学生走进田园,感受丰收的喜悦;冬天,可以让学生感受气温下降带来的环境变化,探索气候与大自然之间的联系[①]。

我国有多种多样的地貌植被,有变化万千的气候地形,有种类繁多的鸟兽虫鱼,书本中有许许多多的内容都源自大自然,那不如就让学生回到大自然,到大自然中去亲自感受大自然的奥秘,它们势必比书本上的图文更加生动形象。

（3）研究院所和科技型企业

除了社区中的场馆类和园区类场所,近年来越来越多的学校与研究院所或者科技型企业合作,让师生有机会接触平时不对外开放的研究院所和科技型企业。

需要了解农业相关知识,可以走进农业科学院,了解农业的发展历程与未来

---

① 方淑恩.利用农村自然环境开展科学教育的探讨[J].成才之路,2015(11):34.

规划,感受我国农业技术的强大;需要了解医学相关知识,可以走进医疗器械公司,了解器械工作原理,感受我国现代医疗技术的迅速发展;需要了解汽车相关知识,可以走进汽车工业园区,了解汽车的制造流程和工作原理,感受我国汽车产业的巨大规模。

通过研究院所、科技型企业与学校进行交流,学生能领略我国目前先进的科研技术,不仅能提高学生的科学素养,同时也增强了民族自豪感,激发学生学习科学的兴趣,为培育我国未来科学栋梁建立桥梁。

2. 家庭资源的利用

家庭资源是学生进行科学学习和探究的重要资源,利用家庭资源开展科学教育将对学生科学素养的全面提高有重要意义。家庭科学探究可以作为课堂教学的补充和延伸,也为家庭营造良好的科学学习氛围,见表 4-3-2。

表 4-3-2 家庭科学小探究参考表

探究名称	准备材料	探究过程	适用场景
物体的沉浮	水、水槽、蔬菜、水果、碗、筷子等	将家庭中常见的生活用品和食材放到水槽中,观察物体的沉浮情况	厨房、卫生间
溶解于水中的物质	食盐、白糖、味精、胡椒粉、杯子、筷子、勺子、水等	将家庭中常见的调味品放入水中进行搅拌,观察哪些物质能溶解于水,哪些物质不能溶解于水	厨房
瓶吞鸡蛋	玻璃瓶、剥去壳的鸡蛋、棉花棒、火柴等	用火柴点燃棉花棒,迅速放置于玻璃瓶内,并将剥去壳的鸡蛋竖立放置于瓶口,观察瓶子是否能"吞"鸡蛋	厨房、卫生间
植物的生长过程	花盆、泥土、种子等	选择合适的地点进行种植养护活动,定期对植物进行观察记录	阳台、天台或天井

除了厨房、阳台等具有典型特征的家庭环境,家庭中的其他场所其实都可以为科学学习提供帮助。在家长的陪同指导下,卫生间、客厅、卧室等都能为学生提供开展科学小实验的空间,教师可以布置相应的实验主题,让学生在家中自行找寻材料和设计实验方案。

3. 元宇宙空间资源

随着网络技术的迅速发展,"元宇宙"的概念重新进入了人们的视野。1992

年,科幻作家尼尔·斯蒂芬森首次提出了"元宇宙"的概念,他定义元宇宙为平行于现实世界的、始终在线的虚拟世界,认为在这个世界中,除了吃饭、睡觉需要在现实中完成,其余都可以在虚拟世界中实现。美国社交媒体脸书(Facebook)创始人扎克·伯格认为:"下个阶段的平台和媒体,会让人更有身临其境之感,你将不仅仅是从旁观看,而是置身'实体互联网'之中。"北京师范大学教授顾明远指出:"元宇宙是数字化的新发展,它正在改变着人们的生产和生活。元宇宙运用于教育,必然会改变教育的生态、教育方式和师生关系"①。

元宇宙空间的出现打破了传统的教学模式,它以数字化的形式存在,使学习空间由实转变为虚,大大增加了教学多样性。元宇宙空间的特点在于其多元化和多形态化,通过再造和重现学习空间,以虚拟现实等方式让学生仿佛置身于不同的空间中,让传统的课堂教学打破了空间上的界限。

如利用 AR 或 VR 技术,教师可以根据教学内容,将教室场景自由变换成符合主题的场景——讲到星系,教室便是宇宙;讲到植物,教室便是森林;讲到动物,教室便是大草原;讲到海洋,教室便是海底世界……教师也可以"请"出另一位"老师"来为学生授课——讲到引力的发现,可以"请"出牛顿;讲到电灯的发明,可以"请"出爱迪生;讲到进化论,可以"请"出达尔文……

借助元宇宙空间的特性,科学教学将发生翻天覆地的变化。在现实教学中不可能出现的场景或人物,都将在元宇宙空间下成为可能。

三、未来畅想

无论是学校、社会和家庭,还是元宇宙,这些学习空间都将告诉学生——生活中处处是科学。随着科学教育需求和国家对科学技术型人才需求的提升,融合飞速发展的科技,学习空间资源将有更多选择的方向和创新的空间。

未来的校内学习空间需要满足环境舒适、装备先进、操控便利、资源丰富、实时互动、教学灵活等特征,可以为学生学习科学创设充分的条件。在校外学习空间的选择上,教师可以尽可能突破对教育的固有认知,让学生摆脱传统学习空间的束缚,让学习空间更开放、更自由,鼓励学生尝试用不同的方式、更多的角度去发现科学、感受科学,在生活中丰富科学知识,在探索中提高科学素养,从而满足学生的个性化发展。

---

① 朱月红、姚远.时隔 30 年,"元宇宙之父"如何解读"元宇宙"[N].新京报.2022 - 02 - 10.

　　相信未来的学习空间将会突破传统学习空间的诸多局限,转化为可以获取一切知识的多功能空间。这将对提升学生科学观念、科学思维、探究实践、态度责任等方面的课程核心素养有着重要的帮助。

　　总而言之,科学课程资源非常广泛,在丰富与创新时既要充分发挥教师的主体作用,又要发挥学生、学校、家庭和社会等多方面的积极性,多途径多角度共同开发,探索出一套适用于本校或本区域的课程资源利用的有效模式。同时,在教学实践中,教师也要充分发挥自身智慧,有效选择和整合课程资源,合理利用学习情境,丰富活动内容,推动科学教学的有效进行,发展学生核心素养。

第五章　学习评价的优化与创新

学生科学素养养成是一个长期的过程,学习评价的优化和创新在其中起着非常重要的作用。通过学习评价,可以改进教学、促进学习,为实现课程目标、发展学生核心素养服务。本章将从学习评价的设计、学习评价的实施和学习评价的创新等三方面进行阐述,介绍有效评价促进学生的科学学习,以学生学习行为作为基础指标进行学习评价的优化与创新。

第一节　学习评价的设计

一、学习评价的认识

评价是日常教学活动的重要环节,贯穿于整个教学过程。可以说,有教学活动,就必须有学习评价。学习评价作为学习系统中的一种反馈调节机制,在教学过程中发挥着重要作用。

科学学习评价是以科学课程标准为基础,运用有效的评价方法,不断关注学生在科学课程中的学习活动,收集相关信息,对科学学习和发展变化的过程作出价值判断。新一轮基础教育课程改革倡导评价"立足过程,促进发展"。这不仅是评价体系的变化,更重要的是评价理念、方法和手段的转变,以及评价的实施过程的改变。

（一）传统教学中的学习评价

教师必须评估学生在教学实践中的学习行为和结果。但在不同历史时期和不同社会文化条件下,评价的理念和评价的方法是不一样的。在传统教学中,学习评价存在许多弊端。从评价主体的角度看,教师对学生的评价较为突出,评价多为口头评价,忽视了学生的自我评价和相互评价。从评价内容来看,评价指标单一,注重学生学习成绩的结果,忽视了对学生日常学习过程的评价,忽视了对学生学习态度、兴趣等内容的评价。从评价形式上看,实验操作技能的评价被忽视,不能全面地反映学生的发展水平。从学习评价的调控作用来看,过去只强调结果,对课堂学习过程的参与度、平时的作业等都没有及时评价与记录,不能促进学生的学习行为和方法,并及时调整。从科学教学实际看,目前科学课要求学生课前准备、资料收集等较多。如果学生准备不充分,会影响教学活动的正常开展,并进一步影响学生的动手实践能力。

在课堂教学中学生参与实验、观察的积极性欠佳,学生对课外活动,如种植、饲养缺乏耐心,这与教师未能及时有效地评估学生的学习行为有关。在日常科学教学中,我们经常以小组形式组织学习。小学生的自我管理能力较弱,开放性活动多又是科学课的一大特色。

如:"探究磁铁能够吸引钢铁"的活动中,6人一组进行活动,学生寻找身边的各种材料,用磁铁试着吸吸看时,纪律很难控制,学习状态不佳,真正能收获到的东西也可能很少。

因此,通过简单的课堂评价是否能激励学生学习并确保课堂纪律。每次课堂上,要求以小组为单位,由组长以打星的方式记录每个学生上课的表现或回答问题的情况,再进行统计得星数进行奖励。但是试用了一段时间后,发现这种评价方式比较散乱,没有很明确的评价内容。学生在科学教学中的学习习惯也得不到有效的改善,教师也无法对学生形成阶段性评价。所以,针对传统评价存在的弊端和实际存在的问题,应该积极尝试优化学习评价的设计。

(二) 新课程标准背景下的学习评价

随着对《课程标准(2022年版)》的不断深入学习,教师逐渐意识到,学习评价不仅要具有调节和控制的功能,更重要的是要有效提高学生的学习状态和学习方法,从而提高学习效率。过去评价学生的学习时,通常专注于评价他们的学习结果,只要求他们提供问题的答案,而对学生如何获得这些答案漠不关心。缺乏对思维过程的评价会导致学生只关注结论而忽视过程,从而无法鼓励学生专注于科学探究的过程,养成科学探究的习惯,培养严谨的科学态度和精神。只有关注过程,才能更深入地了解学生发展的过程,评价促进学习发展的功能才能真正发挥作用。

《课程标准(2022年版)》以课程目标和学业质量为依据,构建素养导向的综合评价体系,发挥评价与考试导向功能、诊断功能和教学改进功能,强调建立促进学生全面发展、教师不断提高和课程不断发展的评价体系,在综合评价的基础上,更关注个体的进步和多方面的发展潜能。

二、学习评价设计的原则

(一) 以评价促进学生核心素养的发展

评价不能只关注学生取得的分数或是学业成果,要挖掘学生的潜能。《课程标准(2022年版)》中指出以评价促进学生核心素养发展,要从科学观念、科学思维、探究实践、态度责任等方面全面评价学生,促进学生核心素养的发展。要帮助学生认识自我,建立自信,真正激发学习内驱力。对学习评价要以促进核心素养的提高和身心健康发展为宗旨,发展学生不断钻研科学的能力,要坚持"以人为本"[①]。

(二) 以评价促进教学目标的改进

要强化过程评价,关注个体差异,充分调动学生学习科学的积极性,加速学生自主学习的意识和能力的发展。有时我们会在评价中发现教学过程中存在的问题,应将这些问题改进来提高教学目标的合理性、教学方法的科学性、教学实施的有效性。

如"各种各样的植物"一课的主要学习目标是"列举一些能开花、结出果实、以种子来繁殖后代的植物","识别植物的各个部分,如根、茎、叶、花、果实和种子等"。通过"看一看,植物绘画比赛","比一比,不同植物的各个部分","评一评,植物的认识与感受"等活动,关注学生在"学习习惯""学习兴趣""学业成果"上的表现,力求实现评价与教学的融合,达到教学评一致性,从而以学习评价来改进和优化教学。

(三) 以评价促进教学方式的变革

为了更好、全面地了解和评价学生,需要强调评价主体的多元和方法的多样。综合利用各评价主体的评价结果,从而调动学校、教师、学生等参与评价的积极性,促进教学方法的变革。

1. 建立评价体系的多元化

促进多主体参与评价,可以鼓励学生本人、同学和家长等参与科学学习评价,建立教师、学生和家长等共同参与的评价体系。建立多元化的评价体系,可以充分调动起学生参与评价的主动性和积极性。

---

① 中华人民共和国教育部.义务教育科学课程标准[S].北京:北京师范大学出版社,2022.

（1）建立教师的主导评价

教师评价是最常见、最频繁的评价方法，教师直接评价学生的学习情况。这一评价过程体现了教师的主导作用。教师的评价应该尽可能从积极的角度进行引导，肯定学生所知道和掌握的，并引导学生还可以朝着哪个方向努力。

如在"探究磁铁磁性的强弱"活动中，通过对问题"怎样比较条形磁铁磁性强弱"的讨论、交流，教师引导学生设计实验方案。在学生进行各种实验方案的设计时，教师可对学生的设计进行交流评价及肯定。

下面是师生在课堂中的对话：

生：我设计的实验方案是用两块不同的磁铁去吸一定数量的大头针，看看哪块磁铁吸的大头针数量多，磁性就强。

师：你想到了用磁铁吸引大头针的数量去比较它的磁性，你的方法真不错！还有不一样的，如更方便、更准确的方法吗？

（2）建立学生的自我反思评价

学习过程不是简单的知识接受或技能训练，而是一个伴随着自我反思和自我欣赏的综合过程。自我评价是培养学生主动学习、自我监督、自我反思的有效途径。在学习过程中，充分发挥学生的主体性，使他们学会欣赏和评价自己。

如学生在通过"无处不在的声音"单元学习后的自我总结："在本单元中我们学习了有关声音的知识，声音无处不在，它不仅影响着我们的日常生活，还与我们学习科学知识密切相关。通过学习声音的知识，我们可以更好地了解周围的世界，提高自己的科学素养。"在教学中，教师和学生还共同制订不同的学生自我评价表。学生可以灵活运用自我评价表，参与评价过程，学会反思和欣赏自己，并自觉总结学习方法，判断自己学习的成效，寻找自我成长点，不断激励自己进步。

（3）建立学生的互动评价

学生之间存在个体差异。为了让每个个体清楚地了解自己在群体中的优势和劣势，有利于激发对评价对象的竞争意识，在教学中应鼓励相互评价，并引导学生积极参与。应加强学生之间的多方位沟通，取长补短，使学生在学习中与同龄人相比能够进一步了解自己。

如在"认识可再生能源"活动中，设计了这样一个评价环节：通过学生课前在多媒体教室查找和收集资料，了解到可再生能源有太阳能、水能、风能、潮汐能、地热能等，学生可以根据自己感兴趣的内容进行资料的收集及汇报，在这个环节以学生自评和互评方式为主。课上分小组制作可再生能源的模型环节，则采用小组自评、互评。让学生把感受讲给大家听。你认为哪一小组同学讲得很好，模型制作也很独特？你的团队会更好吗？这利用了孩子竞争力强的心理特征，引导他们关注他人的演讲，学习彼此的长处，并将交流范围从小组中的少数成员扩大到整个班级。引导学生在课堂内外的许多探索活动和讨论中发表意见，鼓励他们相互评价和补充各种观点，学习自我评价和相互评价，促进学生之间良好的相互评价习惯的培养。

（4）建立家长的反馈评价

在以往的教学中，评价常为向家长展示一份有评分的试卷。要想改变父母对评价的陈旧观念，就必须创造多种载体，让父母参与其中。平时教学中，定期让同学和家长在成长记录上对学生进行评价，也可以用"家校联系卡片"来完成家长对学生的评价。

如在学习"垃圾的分类"活动时，可在家校联系卡中，建议家长在家中与孩子一起参与垃圾分类的活动，并反馈学生是否积极主动地完成这个活动，是否与家长进行交流，给出相应的评价。又如：在学习"腐烂的产生"时，课前布置学生"完成一份观察食物腐烂过程作业"，要求每个学生准备一个透明杯子，自己找食物放在里面，可放置在家中的任何地方，进行观察记录，家长可以参与到其中，两周以后带到学校，进行交流。给家长的建议：请帮助孩子一起参与观察、记录食物每天发生的变化，可拍摄照片或把观察到的现象一起画下来。

家长反馈评价：每天观察（　　　）　每天记录（　　　）　认真完成（　　　）。

2. 建立评价方法的多样化

（1）以行为表现观察评价

教师通过观察学生在科学探究活动中的表现来评价学生的兴趣、技能和思维水平。

如："加热"单元中有三个学习内容：热会使东西变化，利用热可以改变东西，利用热可以制作一些东西。我们可以通过学生在活动中，将"行为表现"要素细化，归纳为"具有主动探究物质变化的兴趣"，"列举一些产生热的方式"，"知道加热后物质的状态会发生变化"，"初步学会从形状、颜色、气味等角度进行观察、比较"，"具有安全使用明火的意识"，"体会科学技术对人们生活的作用"，对这些行为表现进行观察并评价。

（2）以学习过程记录评价

学生在科学探究学习活动中收集和记录的信息都可以被教师用于评价。如学生的活动记录本、实验报告、自然观察笔记、科学小报及科学调查的资料等。该方法主要用于评价学生在科学探究过程中记录和组织信息的能力，以及坚持到底、实事求是、综合观察的能力。

（3）以学习成果展示评价

学生科学探究学习活动的所有成果都可以用来展示，如科普报告、实物样本、观察报告、制作的标本等。成果的展示和评价是孩子们最期待的时刻，也是下一次课外活动成功探究的起点。为了让学生坚持课外观察，有必要充分重视他们的课外观察结果。给他们一种类似于科学家进行研究的成就感。学生的活动成果可以各种形式展示，可以用图画书或科学论文的形式组织起来，在学校里创造一个展示学生探索成果的角落，还可以进行定期评价奖励。

三、学习评价的设计

课堂是科学课学习评价的主阵地。在学习过程中，学生表现出对科学学习的兴趣、专注于观察物体的习惯、改进实验设计的学业成果、收集事实证据、描述科学感受，所有这些都可以成为学习评价的内容。

（一）基于课标的学习评价设计

《课程标准（2022年版）》中评价关注学生的全面发展，不仅关注他们对知识和技能的习得，还关注学习的过程和方法，以及相应的情感态度和价值观的发展。因此，评价不仅要关注某一阶段的学习成果，还要将评价融入学生的学习过程，关注学生在"学习兴趣""学习习惯""学业成果"三个维度上的变化和发展。

教师在制订学生学习评价指标时，确定宏观的领域后，可以尝试着从一些比较具体的方面入手，用列条目或表格的形式把相应的内容排列出来。如：可以设计评价方案模板，见表5-1-1，根据《上海市小学基于课程标准的评价指南》的建议，从三个评价的维度——"学习兴趣""学习习惯"和"学业成果"来展开评价，并对在评价维度支持下的评价内容、评价标准、评价方式进行展开。如果有一级以上评价标准，则可在表中增加"评价标准"栏，并详细列出评价要求。

如"电路的控制"一课，教师将根据"学习兴趣""学习习惯"和"学业成果"三个维度，指定了评价的维度观察点，见表5-1-2，并通过自我评价、教师观察的方式进行学习评价的设计,见表5-1-3。整个评价设计以综合多元评价手段设计,便于提高教师在课堂评价中的操作性、规范性和目的性。教师根据评价的方式采用评价单、习题讲评、教师授星等方式开展评价,符合"观察点"要求的给予一颗"☆"①。

表5-1-1 评价方案模板

评价维度	评价内容	评价方式
学习兴趣		
学习习惯		
学业成果		

表5-1-2 "电路的控制"课评价维度观察点

评价维度	评价内容	评价方式
学习兴趣	在"制作特殊开关"的活动中,有积极参与制作和交流分享的意愿	自我评价
	在"认识开关应用"的活动中,有深入探究家庭中开关奥秘的意愿	自我评价
学习习惯	能认真聆听同学的分享交流	教师观察
	在"制作特殊开关"活动中,能根据挑战指南指引,按步骤完成制作	教师观察 自我评价
	在"制作特殊开关"活动中,小组同伴之间分工合作,配合默契	自我评价 教师观察
	在"制作特殊开关"活动中,遇到困难能够多次尝试,不轻易放弃	自我评价 教师观察
学业成果	知道调光开关、电磁开关或温控开关的作用与应用	自我评价 教师观察
	完成调光开关、电磁开关或温控开关的制作	自我评价

---

① 本案例由上海市嘉定区戬浜学校王丹提供

表5-1-3　"电路的控制"课学生评价单

评价维度	评价内容	评价方式
学业兴趣	参与挑战,我愿意	☆
	深入探究,有动力	☆
学习习惯	分工合作,有默契	☆
	多次尝试,不放弃	☆
学业成果	制作开关,我可以	☆
	开关作用,我清晰	☆

(二) 基于学校评价体系的学习评价设计

学生核心素养的部分内容可以通过《课程标准(2022年版)》来具体落实,另一部分需要学校特色评价的设计,通过学校校本特色活动、综合实践活动等途径实现。

如嘉定区普通小学通过具有学校特色的乐乐评价体系进行学习评价的设计。结合《课程标准(2022年版)》对相关的内容作了如下建议:"关于小学生科学学习评价可分为科学观念、科学思维、探究实践、态度责任。"如为了更好地激励低年级儿童参与评价,设计了与低年级教学目标契合的学科星,如"小树""乐学""巧手""博学",将生动形象的学科星引入科学学科的课堂教学中,旨在增强对低年级学生评价的等第制,并且能及时记录学生的学习过程,在教学过程中师生互动,用等第制的方法共同记录学生课堂上的表现,见表5-1-4。

教师基于"评价促进学习"的理念,加强评价的诊断、改进和激励功能。将评价融入日常科学学习过程之中,在充分关注学生科学态度、责任和情感的基础上,兼顾科学学业成果的评价。通过评价发现学生切实存在的问题,加强针对性的反馈和有效的指导,并改进自身教学。

表5-1-4　"乐乐等第制"评价指标参考

学科星	等第制标准	自评	互评
小树	进出实验室安静、整齐	☆ ☆ ☆	☆ ☆ ☆
	坐姿站姿挺拔	☆ ☆ ☆	☆ ☆ ☆

（续表）

学科星	等第制标准	自评	互评
乐学	认真听讲	☆ ☆ ☆	☆ ☆ ☆
	积极发言、大胆质疑	☆ ☆ ☆	☆ ☆ ☆
	认真观察、善于合作	☆ ☆ ☆	☆ ☆ ☆
	独立完成练习	☆ ☆ ☆	☆ ☆ ☆
巧手	做小作品或小实验	☆ ☆ ☆	☆ ☆ ☆
	种植各种植物	☆ ☆ ☆	☆ ☆ ☆
	饲养各种小动物	☆ ☆ ☆	☆ ☆ ☆
博学	通过图书或网络收集资料	☆ ☆ ☆	☆ ☆ ☆

说明：用☆ ☆ ☆ 的多少表示学生的学习动力与表现，3颗☆、2颗☆、1颗☆分别对应"达到、基本达到和需要努力"三项要求，获得对应指标的3颗☆后可得到相应的证章。其中"小树"学科星对应"学习习惯"，"乐学"学科星对应"学业兴趣"，"巧手""博学"学科星对应"学业成果"。

四、优化评价设计的建议

（一）基于学科学情特点

《课程标准（2022年版）》是教学的指导性文件，是日常教学的依据，它详细规定了课程的性质、任务、教学目标和教学内容等。教师可以在课前研究教学理念和学科目标，掌握评价的总体设计方向。《课程标准（2022年版）》对三维目标有了总体要求，也对各模块的教学内容提出了详细要求，从中可以获得基于科学学科的评价设计。

"最近发展区"理论表明，学生的认知基础、心理发展特点是教学内容设计的重要依据，只有明确教学主体对象的发展，才能界定教学重难点和目标，从而决定教学策略与活动设计。在日常的教学中，教学内容因学情而改变，评价设计也因学情而调整，我们不仅评价学生掌握科学知识、技能的认知能力，还要评价他们合作与交流、主动展示的勇气等。

如：在"连接一个简单电路"的活动中，设计有关选择合适实验器材，在一定的时间内规范操作，实验结束后对器材进行整理等评价内容，不仅能对学生的动手操作能力进行评价，还可以根据学情，通过观察学生在小组内的分工合作情况，评价学生的合作精神。

（二）坚持多元评价标准

学习评价不能只停留在知识和技能层面。教师应从学生的学习态度、过程、方法、行为、创新、情感态度等多个角度对学生进行全面客观的评价，促进学生的全面发展。例如，学生是教学的主体，他们在课堂教学中的主体性主要通过他们的自主学习状态来体现。学生的学习状态已经成为课堂教学评价体系的一部分。学生学习习惯的好坏直接影响着他们在课堂上的学习状态。评价学生在课堂上的科学学习表现可以帮助他们养成良好的习惯，积极参与自主学习。学生的科学学习习惯包括：观察和记录习惯、实验习惯、合作习惯。我们面临的学生也是各不相同，因此会导致其学习习惯、思维方式、解决问题的能力存在差异。所以在学习评价的设计中，评价也是多元的，需要根据学生的层次水平设计。在课堂上多鼓励学生能够根据自己的优势发挥水平。

（三）突出评价发展功能

教师要借助各种各样的方式促进对学生的评价。这就需要我们营造好的评价氛围，让学生能够敢于评价、乐于评价，并关注学生自身的学习态度和进步程度，让他们都能参与到评价的活动中来，树立自信。引导学生在自我评价的过程中，不以竞争作为评价手段，不以奖励作为强化因素，要让学生对自己、对同伴给予客观的评价，评价的内容要清晰，目标要明确。

如：在布置"比较食草动物和食肉动物"区别的小报作品中，教师应该具体说清楚评价哪一方面，是能清楚区别这两种动物的不同，举出典型例子。教师应通过各种有效的方法与措施，让学生不但清楚评价的内容，还明确评价的标准。培养学生互相学习、互相交流的素养，发挥评价的教育功能，从而更好地促进学生全面发展。

本节从学习评价的认识、学习评价设计的原则、学习评价的设计、优化评价设计的建议这几方面，阐述了学习评价是促进核心素养落地的有效工具，是核心素养与学校课程之间的桥梁。随着评价研究的逐步深入，学习评价设计的观念在不断转变，将对教学行为不断改进和优化作贡献。

第二节　学习评价的实施

学习评价活动主体应该是多元的，包括教师、学生、家长等。学生参与评价，包括自评和互评。自评可以自己反思学习过程中的问题，自己采取措施改进，达到自我教育的目的。互评可以相互欣赏、相互激励。教师应该是整个教学评价活动的发起者、协调者。

一、学习评价的实施方式

丰富多样的学习评价实施方式有助于学习目标的达成,能够帮助学生在测试中取得良好的成绩。同时,有助于培养学生的探究精神,提高创新意识,提高学生的学习兴趣,提升学生的学习热情。因此,学习评价的实施方式要丰富多样。

(一) 小组合作评价——培养探究精神和创新意识

小组合作评价是指在小组合作过程中,不同的小组之间互相进行的评价。为了更好地培养小学生的科学探究精神和创新意识,尊重和保护学生自主合作、大胆探究的积极性,我们在平时的教学中建立了一套"活而有序"的合作常规,并通过训练使之形成习惯。整个评价注重让学生在合作学习中开展自评、互评和综合评定。

小组合作评价对于培养科学态度有很大的优势,在学习态度的评价中,我们主要以小组合作的形式来进行。从科学态度的角度来看,评价项目的设计有助于激发学生的探究热情和学习兴趣,蕴含正确的价值观取向。评价的目的是改进教与学,无论课程、教材变化到何种程度,评价仍然具有导向作用。如果评价偏重于记忆或描述性的知识,那么教师就会重视这方面的培养和训练;如果评价偏重于对问题的分析、推理和解决,那么教师也会注意提高学生这方面的能力;如果教师关注对学习态度的评价,那么学生也会在学习态度方面取得较好的表现。

在小组合作评价过程中,评价的方面主要包括课前学习资料和实验器材的准备;小组成员们是否遵守课堂学习纪律;是否积极发言、发言的次数、发言的准确情况;是否能认真倾听他人的发言以及小组内是否乐于合作等;其他小组的任务达成度和自己小组有什么区别;课后是否积极参与实验器材的整理和课外活动等。小组合作学习,在调动学生学习积极性的同时,也给教师维持课堂秩序带来了困难,很容易使课堂教学产生看似热闹,实则学生很难进入深度思考的局面。因此,评价在小组合作学习的整个过程中都是非常重要的。

在小组合作的评价中,学生不仅提高了与他人沟通交流的技能,如何向别人解释自己的观点,倾听别人的建议,善待批评以审视自己的观点,获得更正确的认识。在小组合作中,学生对自身参与活动的态度、合作精神和合作能力(主要是寻求资料的能力、完成任务的活动能力、与人沟通的能力、表达能力),以及独立性和创新精神等有了进一步的提高。如有位教师设计了这样一份评价表,见表 5-2-1。

表 5-2-1　小组合作评价表

评价维度	活动要求	小组自评
小组合作	每个成员都能积极参与小组活动	☆ ☆ ☆
	小组成员间能认真倾听,积极讨论	☆ ☆ ☆
	实验中每个成员分工明确,并能认真地完成任务	☆ ☆ ☆
	小组自主探究合作氛围愉快	☆ ☆ ☆

说明:3 颗☆、2 颗☆、1 颗☆分别对应优秀、良好、一般,也可统计得到的总星数,根据星数可以得到相应的奖励。对小组的表现打星,做得"很好",得 3 颗☆;做得"一般",得 2 颗☆;做得"很差",得 1 颗☆。

(二)教师主导评价——完成学习目标和课后测试

教师会通过观察每个学生平时在科学探究活动中的表现,对他们参加活动的兴趣、技能、思维水平和活动能力作出评价。学生在科学探究活动过程中所收集、记录的信息都是教师用于评价的资料,例如学生的活动记录本、实验报告、观察记录及图表、科学调查的资料等。这个办法主要用于评价每个学生在科学探究过程中对信息记录、整理的能力,以及学生能否持之以恒、实事求是。学生在科学探究活动的所有结果都可以用于展示,例如科普小报、采集的实物样本、观察小报告、制作的标本等。

教师主导评价能够关注到在实验与探究过程中,学生在实验时是否积极思考问题,表现出质疑与假设的能力,在实验时表现出观察实验与记录的能力,在探究过程中表现出收集资料和求证的能力,还包括平时参与课外的种植和饲养的能力等。评价的素材来源广泛,强调情境化和体验性,来源广泛、丰富多元的评价素材为多元化情境提供支撑。

可以建立学科特色的素材资源库,教师善于发现并利用这些资源,并将其转化融入到评价当中,在测验的同时拓宽学生的视野。如果评价测试题的出题风格灵活开放,学生仅仅是对知识点进行简单的背诵和记忆,没有理解和思考,那么完成测试题还是有一定难度的。学生必须要在理解知识点的基础上,在真实的情境下,结合题目中的具体情境对知识点进行灵活提取和运用,必须具有一定的探究能力,才能较好地完成测试题。通过一系列的探究情境,引导学生进行探究和思考,同时,做题的过程中也是对学生科学探究能力和学习兴趣的提升。

对课堂中"交流"的评价也是很重要的,交流是表述自己的看法或质疑的习惯。大部分的时候都是师生间的交流,评价也以教师的及时评价为主。但我们也不能忽视生生间的交流,尤其是实验教学更应如此。同学之间的讨论与交流也是一种学习方式。同学之间描述的观察方法、观察结果,就可以变为大家共有的财富。对于每一个学生来说,总有一些自己观察中没有注意到的地方,在交流中可以受到启发,也有助于发展学生捕捉感性材料的能力。同时在讨论中,同学之间提出不同的见解与意见,从而激发学生学习的积极性。因此,我们在教学中要鼓励学生积极发言,同时还要培养学生认真倾听的习惯。

如"用电器①——电灯"一课中,通过教师主导评价,关注到了学生在科学探究方面的表现,设计了这样一份评价表,见表5-2-2。

表5-2-2　科学探究评价表

评价维度	评价要求	教师评价
规范操作	能点亮笔芯灯,注意实验安全	☆ ☆ ☆
	能正确使用 DIS 光照度传感器和温度传感器	☆ ☆ ☆
完整记录	能认真观察、记录"笔芯灯"实验现象	☆ ☆ ☆
	能正确记录白炽灯、LED 灯的光照强度和温度值	☆ ☆ ☆

说明:3 颗☆、2 颗☆、1 颗☆分别对应优秀、良好、一般,也可统计得到的总星数,根据星数可以得到相应的奖励。对小组的表现打星,做得"很好",得 3 颗☆;做得"一般",得 2 颗☆;做得"很差",得 1 颗☆。

(三) 自我反思评价——提升学习兴趣和学习热情

自我评价形式丰富多样,丰富的形式有助于更好地达成目的。呈现的形式越多样,所发挥的测验功能就越全面。从评价的呈现材料看,形式丰富多彩,能减少学生的疲劳感和乏味感,提升学习兴趣,传递了师者以生为本的教育理念。任何一种有效、成功的教育都取决于学生积极主动的自身努力,取决于学生是否参与整个教育评价过程。只有通过学生自身的积极活动才能转化为学生内在的精神财富,才能使学生得到真正意义上的成长和发展。在这样的评价过程中,教师是合作者,而不仅仅是科学知识的传授者。随着科学技术的飞速发展,知识更新的速度逐年加快,教师已经不再是学生学习的唯一知识源,更不应该是学生学习过程中的裁判员。一名优秀的教师会很好地发挥好教师的主导作用,他应该是学生学习中的伙伴、参与者、激励者,同时又是课堂教学的调控者。明确了这样一种教师角色的定位后,我们把目光更多地投向了学生,把评价的目标指向了学生全面素质的发展。

在上课前,教师要组织学生对已有的基础知识进行评价。教师在了解学生具有怎样的基础知识的前提下,合理运用教学手段,合理选择教学内容,恰当地运用教学策略,帮助学生建立正确的科学概念。教师组织学生对已有知识进行评价的过程,也是帮助学生进行自我反思的过程,是学生对自己以往学习过程的一种反思。此外,教师通过分析学生已有的知识基础,不仅是确定教学起点和教学目标的重要依据,而且对教学设计指明方向;教师能更好地设计出吸引学生兴趣的学习活动,激发学生的学习热情。

评价的角度往往取决于学生对知识理解的切入角度,教师评价设计的角度越新奇、独特、多样,就越能开拓学生的思维,激发学生的创造力,调动已有知识。好的评价,应该有灵活多变的思路,这意味着对学科知识有多种多样的组织、理解和应用。当然,任何学科知识都源自人类的社会生活实践,好的评价思路也源自教师对学科知识深入透彻的理解,否则就可能无法发挥评价的作用。以往的评价中,评价人员的角色关系一直是:教师是评价者,学生是被评价对象。在这种评价活动中,由于评价的主动权掌握在教师手中,学生只能处于被动应付的地位,很难发挥参与评价的积极性。因此,评价对他们的激励作用也很难体现。通过小组合作式自评互评的评价模式,学生在小组中的自我评价,能使他们按既定的目标和标准,对自己的学习进行自我检测,作出正确的评价。通过评价,真正发挥学生的主体作用,实现自我完善。

课堂上的时间是有限的,学生很多好的想法不能实现,为了给学生创造自我发挥的机会,课外的自主探究活动和家长的评价参与也是不可或缺的。课外的自主探究活动主要是教师对学生课外作业的评价。作业考查又分为短周期和长周期两种。短周期作业:是教师提供某一项作业,学生在短期内完成,教师通过学生完成作业的质量和效果,评价学生某些方面的水平和能力;长周期作业:是教师布置作业任务,学生从设计、实施到报告可以经历一段时间(几天到几个月)。教师可以参与作业的全程指导,根据每个学生的表现和完成情况对学生作出评价。对课外作业的评价,家长的指导评价也应有效结合在一起,促进学生学习自然科学的积极性。

借助测试题这种工具进行评价,学生完成测试题所需要的知识点都是课程目标所要求需要掌握的知识点,没有出现超纲的情况,这些知识点都蕴含在教学目标中,学生通过积极地阅读、思考,对知识点进行记忆、加工、理解,来完成测试题。认知领域的教育目标可以分为从低到高的六个层次:知道(知识)、领会(理解)、应用、分析、综合、评价。"应用"层次上的测试题是基于记忆和理解的基础上进行的,因此,也间接向学生反馈了自己对于知识的记忆、理解程度。基础知识的评价主要由学生完成科学作业的情况,应用基础知识解释现象的情况和学生成果展示(小论文、小制作、科学小报等)等组成。

如"我们的仿生创想"一课中,教师设计了一份表格,见表5-2-3,帮助学生评价。

表5-2-3 科学探究评价表

评价维度	评价要求	教师评价
知识维度	明确仿生机器人的应用场景	☆
	联想生物的特点,使机器人具有一定功能,可以解决实际问题	☆
	知道人们主要从生物的形态、结构、功能和色彩方面进行仿生	☆

说明:每达成一条要求得1颗☆,满星为3颗☆。

二、学习评价实施的优化

(一) 对原有设计的优化

1. 评价与课标的要求具有严格的一致性

从评价的设计来看,评价所涉及的考察内容,应是《教学基本要求(2021年版)》中所规定的学生掌握的知识;从涉及的知识范围来看,评价的范围均是学生可以通过阅读教科书或者通过聆听教师讲解,经过自己的思考所得出的。因此,评价的内容与课标的要求以及教科书的要求具有严格的一致性,用来判断所评价的知识技能、认知水平与《课程标准(2022年版)》中期望学生"应该知道什么"和"应当做什么"目标是否相一致。从评价所考察的深度来看,严格按照《教学基本要求(2021年版)》的要求,没有出现考察的内容超出所规定的要求[①]。

2. 评价的考察范围分布合理

从评价所考察的知识点的分布情况来看,评价的考察范围涉及每节课的课程要求,有些综合性的题目需要学生运用几节课的知识点来回答,符合知识广度的一致性要求。《教学基本要求(2021年版)》中所涉及的概念、观点与学生为了正确回答评价项目所需要的概念、观点是否相一致。要求对《教学基本要求(2021年版)》中的每一个具体目标至少要有一个评价项目与之对应并关注各评价项目在各项具体目标之间分布的均匀程度。考察的知识点分布应具有平衡性,并且,对重要知识点和较难知识点的评价关注度略大于对简单知识点的评价关注度。为了确保评价的有效性,可以通过制订双向细目表,避免主观随意性和经验化处理。其中,知识内容维度要有代表性,既覆盖本学科较宽的知识面或主题,又突出重要的知识点,做到点面结合,且各部分比重宜与教学时数的比重相适应。认知水平维度可参照学科的能力水平目标,每一水平与各个知识内容维度对应匹配。赋予各部分的评价和分数必须合理,并选择合适的形式呈现出来,在搭配上也要讲究。

3. 评价学生所处的思维阶段

根据皮亚杰的认知发展阶段论,儿童在成长的过程中,认知发展具有阶段性的特征,不同阶段之间的认知水平有明显差异。皮亚杰和他的同事通过研究发现,人的认知发展过程不仅在总体发展过程上具有阶段性的特点,在对具体知识的认知过程中,也具有阶段性的特点。人在学习新知识过程中表现出来的思维阶段是可以观察到的。他们认为,学习结果的复杂性主要包括两个方面:一是量的方面,即学习要点的数量;二是质的方面,即如何建构学习要点。也就是说,学生在具体知识的学习过程中,都要经历一个从量变到质变的过程,每发生一次跃变,学生对于这一种知识的认知就进入更高一级的阶段,可以根据学生在回答问题时的表现来判断他所处的思维发展阶段,进而给予合理的评分。

(二) 对教师教学的优化

1. 预留思考时间

课堂评价语涉及教师对目标的把握,教师在课堂提问题前要精心设计问题,

---

① 张志红,张雨强,周传昌.化学中考试题与课程标准的一致性初探[J].化学教育,2010,31(9):44-46.

掌握提问策略,并且在提出问题后给学生留出一定的时间思考,这也是学习性评价的一种重要策略。"等待时间"是美国心理学家罗(Rowe)在1974年提出的,他的研究表明:教师应留给学生三到四秒的时间来回答提出的问题,这段时间是学生处理问题形成答案的最佳时间。很显然,大部分教师留给学生大约两秒就会让另外一个儿童回答,要么自己回答。如果教师的这种做法在班级中形成一种习惯,那么儿童就尝试不去思考问题的答案,因为他们知道,答案或是另外一个问题会很快出现。教师了解儿童通常具有不愿去冒险当众犯错的心理,就把问题留给那些看起来很快就能作出回答的极少数学生。这样做虽然可以使教学继续进行,但最终只有极少数学生理解了所学的知识。

2. 捕捉学生思维

通过心理学家和生理学家的研究,证明了这样一个观点:一个人围绕一个知识主题建立的联系越多,对这一知识的记忆力和运用能力就越强。这带给了我们学校教育教学许多启示:课程设置、课程标准的制定、教材编写和试题设计等,各方面都要共同努力,帮助学生掌握如何将新的信息与他们所知道的课堂学习以外的和以前所学的知识结合起来。

在课堂上,学生涌现出来的想法、问题千奇百怪,但是教师不能一味地跟在学生后面跑,必须把握住探究的方向,把握正确的"度",分清哪些是有价值的,哪些是无意义的,捕捉那些对课堂教学有利的生成,摒弃那些无用的生成,既要考虑到适应全体学生,也必须适应特殊群体,适合教师本身,这样才能点石成金,化腐朽为神奇,使课堂教学更具有针对性和时效性。在一些教学环节中,内容相对简单,知识点之间的联系比较明确、简单,就没必要为了生成而生成。另外,一些偏离教学目标的生成,也没必要为了生成而生成。以往的教学形式过于单一,从某种程度上抑制了学生的主动性和积极性,而现在的教学很可能会走到另一个极端:过于注重活跃的形式而忽略了目的所在。

(三)对学生学习的优化

在传统课堂上,学生学习一般没有明确的学习目标,以及证明目标达成的评价标准,这样会导致学生经常抓不住学习的重点。学习策略的使用也不够恰当,导致学习效率低下。学生应积极参与学习目标和评价标准的制订,并注意点面结合。综合考虑教师的教学目标,依据教学目标,制订个人的学习目标和评价标准,要适合自己的水平。评价标准和方式,争取做到简单明了,明确通过某个阶段的学习要实现什么目标,达到什么标准。对学习目标达成的评价,是为了更好地学习而进行的评价,那么它提供的信息应当满足这一需要。教师、同伴和学生自己在评价后,都必须指出当前学习存在哪些问题。教师还应提供改进方案,方案越具体越好,学生自己也要学会寻找和制订改进计划。学生学会使用自学笔记和小组学习记录本进行评价,不但可以培养学生的自我反思和自我管理能力,还能培养学生的合作学习能力。

对科学思维的评价是教育教学研究的新热点,通常在学生完成科学探究的过程中,对学生表现出的科学思维能力进行评价。虽然小学科学是一门严谨的学科,但也存在很多的趣味性,学习内容与方法也都比较灵活。教师要以生为本构建小学科学趣味课堂,通过寓教于乐,调动学生的学习积极性,吸引其积极参与到教学中,学会用科学思维解释生活中的现象。

第三节　学习评价的创新

时代的进步,给教育教学评价注入了新的活力,对学生学习评价提出了新的挑战。如果对学生学习的评价还停留在原来的水平,势必会妨碍小学科学课程的发展。小学学习评价的改革和创新对学生的学习方式、师生良好关系的建立、学生自身素质的提高都将是一种促进。

一、信息技术赋能创新

(一)基于表情识别的课堂评价

我国对教育事业尤其重视,出台各种政策不断地推进教育事业的发展。传统的课堂教育主要依靠授课教师主观观察来判断学生的听课状态,但教师在课堂上应更注重教学环节,而且当教学任务繁重时,过多地关注学生听课状况可能会出现顾此失彼的情况,降低授课质量。在课堂中,教师通常可以通过学生的表情信息得知学生的听课状态。因此,可以使用一种基于表情识别的课堂状态检测分析方法。该方法使得教师能以智能识别获得的学生课堂表情结果和专注率指标为依据判断其学习状态,对智慧教育发展有着重大的意义。

学生的课堂学习专注度对学习效果影响非常巨大。一个学生拥有较高的课堂专注度,代表学生在课堂上越投入,从而提高学习成绩。在这个信息化的时代,机器视觉、大数据、人工智能等科技的发展,使得各行各业都趋向信息化。将科技手段应用于教育事业成为必然趋势。人类的情感可以通过表情、语言、行为来表达,其中表情可以反映出人类最真实的情感和心理活动。因此,可以将表情识别技术应用于学生课堂学习专注度评价。

当前,课堂专注度评价的方法主要有三种,一是基于人脸表情识别的专注度识别,二是基于行为识别的专注度识别,三是基于人脸表情识别和行为识别相结合的专注度识别。苏悦等人提出利用表情识别技术对学生课堂状态进行检测的方法,首先利用摄像头定时截取学生课堂图像,然后利用表情识别方法分析学生上课状态,将表情划分为积极、消极、中性三种状态,判断学生课堂参与度与专注度[1]。孙帅成等人提出一种基于抬头平视率的专注度识别方法,利用改进的视觉几何群模型对图像数据进行识别,可以分辨出高专注度和低专注度[2]。钟马驰等人提出基于人脸检测和模糊综合评判的专注度评价算法,通过人体头部姿态、疲劳度和面部表情作为评分依据,再使用模糊综合评判方法对三个评分进行量化,进而判断学生的学习专注度[3]。这三种技术可以有效评价学生科学课堂中的交流活动、讨论活动、听课活动以及观察活动等。

(二) 基于动作识别的课堂评价

在信息技术快速发展的时代下,教育部提出有效实施教育数字化战略行动,按照需求牵引、应用为王、服务至上原则,以高水平的教育信息化引领教育现代化。在未来,通过信息技术进行课堂评价和考试将成为一种必然趋势。科学课堂中实验的实践性非常强,如何利用新技术优势,把信息化、智能化融入课堂中学生实验技能的评价,以提高教育质量,是当前亟须思考和探究的现实问题。传统的实验教学方式以教师的个人视觉感知为评判标准,学生接受指导的时间有限,动作规范性养成用时较长,教学效果较为低效。在实验教学中,教师示范动作和及时纠正学生错误操作是极其重要的,但当学生人数达到一定程度后,教师很难关注到每一个学生。

目前,已经有研究将动作识别技术运用到舞蹈类和体育类的考试和教学中。基于 MIPNet 姿态估计技术、PoseC3D 动作识别技术提出在线考试评价方法,通过 PoseC3D 动作识别技术识别学生舞蹈过程中的基础动作,在考试数据库找到

---

① 苏悦,杨春金,王建霞.基于表情识别技术的学生课堂状态检测[J].河北工业科技,2022,39(5):396-403.

② 孙帅成,徐春融,刘瑞明.专注度识别应用研究[J].科技资讯,2021,19(14):30-32.

③ 钟马驰,张俊朗,蓝扬波,等.基于人脸检测和模糊综合评判的在线教育专注度研究[J].计算机科学,2020,47(增刊2):196-203.

相应的模板动作数据,利用 MIPNet 姿态估计技术分别定位学生图像和模板中教师图像的人体关键点,根据关键点坐标计算人体相关部位的角度指标,对比学生和教师的角度指标差异程度,由计算机得出学生系统评分,所得系统评分用于辅助考官对学生能力进行综合评价[①]。

由此设想,在科学实验教学中,可事先通过姿态估计技术提取教师实验动作的人体关键点信息建立专用数据库。在学生实验操作过程中:首先,通过姿态估计技术获取学生人体关键点信息;其次,通过动作识别技术识别学生的实验动作;再次,根据识别出的实验动作,在专用数据库中找到该动作的人体关键点信息;最后,将数据库中的教师人体关键点信息与学生人体关键点信息进行对比分析,给出系统评分,从而减少科学教师的工作强度,有效地提升教学质量。

信息技术有助于高效课堂,但也带来了安全隐患。根据《网络安全法》和教育行业主管单位的要求,教育行业的信息系统也必须落实等级保护工作。由于各种复杂性、多样性和脆弱性的影响,校园网的操作系统、数据库系统等面临多种多样的安全威胁,很容易受到来自外界或者内部的攻击。学校需要加强校园网的网络安全和管理,建立层次化的网络安全策略,通过各种安全机制来不断提高校园网络的安全保障能力。根据《网络安全法》与教育部出台的《教育移动互联网应用程序备案管理办法》,要求在线教育企业完成教育移动应用备案,同时完成 ICP 备案与等级保护备案。并且,通过等级保护基本要求,完成安全工作所需的基本建设要求如应用安全、网络安全、系统安全、数据安全等。

(三)智慧课堂优化过程性评价

所谓"智慧课堂",是以建构主义学习理论为依据,利用大数据、云计算、物联网等新一代信息技术打造的智能高效课堂。其目的是基于动态学习数据分析和"云+端"的运用,实现教学决策数据化、评价反馈及时化、交流互动立体化,全面变革课堂教学的形式和内容,构建大数据时代的信息化课堂教学模式[②]。智慧课堂是在信息化背景下兴起的,将云计算平台与移动互联网技术应用于教育中。

1. 建立智慧课堂数据库,为过程性评价提供实证

智慧课堂在课前、课中和课后所采集到的数据可以作为过程性评价的参考

①　王瑞,李婷婷.姿态估计技术和动作识别技术在舞蹈类考试及教学中的应用探索[J].中国考试,2022(11):45-51.DOI:10.19360/j.cnki.11-3303/g4.2022.11.007.

②　孙曙辉,刘邦奇.基于动态学习数据分析的智慧课堂模式[J].中国教育信息化,2015(11):21-24.

依据。对学生的学习全过程进行动态、实时的诊断评价和反馈，为过程性评价提供科学有效的数据来源，而这些数据在形成之初是零散的、不成体系的。因此，为了更好地服务过程性评价的需要，应当建立智慧课堂数据库。一方面，在系统中建立项目分类，并对每一个项目进行细化，如对能力项目可以进一步细化为观察能力、实验能力、阅读能力、交流能力等，教师再通过各项目能力的分析来对学生进行过程性评价。另一方面，也要确保智慧课堂数据库的稳定性，将学生在小学阶段参与科学学习过程中的数据有序地整合进数据库中。让师生在开展过程性评价时不仅可以作历时性对比，也可以作共时性对比，为过程性评价提供另一个视角。通过建立智慧课堂数据库，让过程性评价从感性走向理性，通过实证数据真实反映出学生的全面发展。

制订过程性评价的系统方案，提高过程性评价的地位，能够很大程度上实现师生、家长对于过程性评价的态度转变，他们会更重视过程性评价。首先，过程性评价的系统方案的制订要结合智慧课堂技术，将智慧课堂中的数据库作为主要评价来源，过程性评价要列入对学生的学年考核中。其次，要配备相关的行政人员，运用智慧课堂的技术统计和监督过程性评价的实施情况，确保评价的客观公正。最后，要制订统一的过程性评价标准，并与智慧课堂技术相结合，作为数据库中项目分类和等级评定的参照依据。

2. 建立智慧课堂互联网，提供教育评价多元主体

建立智慧课堂互联网意味着形成智慧课堂的三方客户端，即教师、学生和家长，而这三方也将成为过程性评价的主体。教师可以观测到全班同学在课前、课中、课后动态采集到的数据，即管理端。学生和家长所能观测到的数据，即个人端。与过去教师单一地提取信息不同，智慧课堂平台使教师、学生和家长三方都可以自由地登录智慧课堂系统，通过对数据的观测提炼出信息。更为便捷的是，在技术的支持下可以直观地看到各个项目的归类情况，三方都能直观地对个体的过程性学习形成较为客观的认知，也为进一步实现多元主体的过程性评价提供可能。教师对学生的评价，学生对自身的评价以及家长对学生的评价共同构成了过程性评价。多元的评价主体使得过程性评价更为立体，也进一步完善了教育评价体系。

3. 加强教师应用技术培训，提升利用智慧课堂评价效应

加强教师队伍建设的关键之一在于使教师注重以生为本的教育理念，构建以生为本的智慧课堂。因此，教师要加强对生本理念的学习，学校要注重对生本

理念的倡导。一方面,在生本理念的指导下,教师让学生逐渐成为课堂的主体,即"翻转课堂",给学生更多思考、讨论、表达的机会,进而在课堂上通过智慧课堂技术为过程性评价提供依据。教师在课堂上要多将"话语权"给予学生。另一方面,教师要从"知识型教师"转变为"智慧型教师"①。在智慧课堂中,技术作为教育的范畴之一,改变了传统的课堂形态。教师是技术的使用者,也是搭建学生和技术之间联系的桥梁,教师的观念也应随之转变。与"知识型教师"有所不同的是,"智慧型教师"是在技术的基础上,侧重于对学生能力的培养。学校要加强对教师运用智慧课堂技术的培训力度,组织统一的培训活动,通过专业技术人员的讲解来帮助教师理解和运用技术,逐渐使智慧课堂普及化,从而提高教师自身的信息化教学能力。

二、学校特色融合创新

(一)基于电子档案袋的学习评价

电子档案袋是基于信息化平台记录学生在日常学习过程中有意识地收集学习活动、学习成果、学习思考以及学习里程碑事件等反映学习历程和学习结果的数字化档案。电子档案袋的价值体现在两个方面:一是通过现代信息技术将学生学习成果可视化;二是能有效激发学生的学习主动性和自觉性,促进学生成长和发展。

传统以课程成绩为主要指标的评价方法,不利于学生的全面发展和个性化成长,也容易使得其他方面表现优异但学习成绩表现不佳的学生失去平等的竞争机会。借助电子档案袋,能更多地考虑到学生的过程性表现、个性特征、擅长领域以及学习反思等方面,评价维度也更加多元化,且能对学习表现进行及时反馈。具体而言,电子档案袋与学生学习效果评价之间的关系表现在以下两个方面:第一,电子档案袋通常包含基础信息、过程信息、结果信息和学习反思与评价等内容,将过程性学习与综合评价相联系,将学生学习效果具象化;第二,对学生学习效果评价实时监测、动态调整,发现问题能及时改进,有助于学生有针对性地查缺补漏、扬长补短,提升学习效果评价。因此,电子档案袋是学生学习效果评价的基础,学生学习效果评价反作用于电子档案袋完善更新,进而循环往复,不断优化,让学生能够看到自己的成长并实时获得反馈。

---

① 方正.转识成智:高中思想政治智慧课堂构建研究[D].福建:福建师范大学,2019.

电子档案袋的应用实践

经调查发现,小学在人才培养目标达成度方面还未能形成实时动态的科学管理和监督评价机制,导致学生综合素质评价困难,学习效果难以衡量。基于此,应利用教学信息系统和学生管理系统,记录人才培养方案实施过程中学生学习以及参加各项活动的数据,创建学生电子档案袋。根据专业人才培养目标构建学生成长历程指标体系,结合人力资源相关能力测评模型,分析专业人才培养方案中所设定目标的实际达成情况与预期目标之间的差距,对人才培养过程进行实时跟踪和动态优化,对学生学习效果给出客观全面的评价。

(1)电子档案袋评价系统设计

首先,深入分析《课程标准(2022年版)》对学生的要求,以及要求与各门课程之间的关系,从学生个人信息、学习活动记录、代表性作品集、课外学习资源、学习体验与反思、学习评价反馈信息六个方面采集过程数据,形成学生电子档案数据库;其次,通过能力测评模型进行分析计算,对学生学习历程进行可视化展示,呈现结果分为专业能力测评、学习历程分析、学习成果展示、课外活动过程记录和自我认知与评价;最后,将结果反馈给学生、教师、家长,并对学生进行跟踪反馈,优化学生各项表现。通过对指标的梳理和整合,将学生的表现从知识、能力和素质三方面进行全面展示,分析每位学生在经过小学五年的学习和参与各项活动后的成长表现,对人才培养目标的真实达成程度进行量化评估。

(2)电子档案袋使用场景

电子档案袋可有效应用于以下四个场景:第一,对专业教师而言,能够有效监控人才培养目标的达成度;第二,对学生个体而言,可视化的电子档案袋是对自己小学五年学习和成长的生动体现,及时对标自己设定的目标和专业必须完成的目标,能够尽早发现偏差,及时改进优化;第三,对升学初中而言,通过电子档案袋能够自动生成电子简历,看到学生过往真实表现和小学五年的活动记录;第四,对社会而言,学生电子档案袋也是外界了解学校和专业的窗口,通过电子档案袋海量的信息,出具人才培养质量报告,让外界真实了解学校和专业的人才培养情况,助力学校和专业品牌提升。

(二)"学评融合"评价创新

1."学评融合"理念内涵及特征

"学评融合"即"学即评,评即学",是一种基于现代技术手段和智能设备的新评价理念,将学习评价渗透到各种学习活动要素中,准确掌握学习情况,挖掘学生潜能,促进学生积极发展。它主要体现在三个层面:一是评价引导与判别的融合,评价任务体现在科学学习的过程中,引导每个学生体验活动的探究与感悟,充分暴露学习情况,选择合适的框架,不断反思和改进;二是评价个性化与综合性相结合,既注重学生的个体成长,又注重学生科学知识、能力和情感的全面发展;三是评估技术与准确性的融合,利用智能技术广泛收集和分析学习数据,绘制学生群体和个性科学素养发展图谱,给予学生准确的指导。

"学评融合"理念强调评价视角生本化、评价过程立体化、评价功能高层次化、评价工具数字化的深刻转变。

（1）注重学生身心的参与体验

科学是一门面向现实世界的学科,它的学习过程也是学生探索问题和实践经验的过程。"学评融合"的理念强调保护学生的好奇心和求知欲。每个学生都参与到评估中来,在身体、思想和环境的多样互动中充分展示他们的个性和优势,形成相互学习、相互成长的和谐氛围,实现学习动机的不断激发。

（2）注重学生表现的立体监测

立体化是"学评融合"理念下分项等级评价体系的主要特征,针对每一个完整的学生个体。纵向上,评价贯穿于科学学习的各个方面,收集、分析和反馈学生在知识积累、思维发展、探索实践、概念培养和应用创造方面的学习表现。横向上,该评价涵盖了小学科学学习的四大领域:物质、生命、地球与宇宙、技术与工程,还侧重于对学生跨学科解决问题的表现进行综合评估。

（3）注重学生能力的进阶发展

"学评融合"理念下的科学评价,本质上是促进学生关键能力生长的学习活动。它强调学生在评价中的亲身经历和自我完善,鼓励他们广泛反思他人的学习成果,然后反思自己的不足,借鉴他人的优点,并将其付诸实践和迭代改进。在这个过程中,学生的思维得到深化,创新、协作、沟通等能力得到提升和发展。

（4）注重学习干预的智能生成

"学评融合"的理念注重依托高科技,实现学生学习干预的智能生成。利用智能终端,从学业水平、学习品质、能力表现、兴趣特长等多个维度收集评价产生的大量学习信息,并进行数字化分析和建模,形成个性化的多维评估图谱,为学习干预奠定基础。

2. 小学科学分项等级评价的策略

儿童的科学学习是面向真实世界的问题探索过程,因此,在"学评融合"理念的指引下,分项等级评价任务渗透在科学探索的主要环节中,基于真实情境,由科学问题驱动,逻辑清晰、环环相扣、表达明了。这些评价任务引导学生通过认识、体验、领悟与运用,激发自我潜能,不断向学习目标进发。根据学习内容与场域的不同,构建适切儿童认知水平的"家—校—社"协同评价任务群,设计基于课堂、家庭与社会实践的多维评价活动,由任务引领学生开展科学探究性、实践性学习,激活学习兴趣,培养关键能力。

如一年级围绕"植物"单元学习内容,以同伴互助或亲子合作的方式先后设计了"校园植物我探秘""创意叶画我来绘""秋天公园我观察"等一系列评价任务,见表5-3-1。

表5-3-1 "植物"单元分项等级评价任务群

评价任务	评价任务 过程安排	实施场域
校园植物我探秘	任务一:画一画校园里的植物 任务二:查找植物的相关资料 任务三:向教师和同学介绍植物	校园
创意叶画我来绘	任务一:合作完成叶画设计 任务二:收集叶子并制作叶画 任务三:展示介绍自己的叶画	家庭
秋天公园我观察	任务一:观察公园植物的变化 任务二:寻找植物变化的证据 任务三:汇报自己的观察发现	社会

分项等级评价方式与学生科学学习规律是相互适应的,强调学生在真实情境下身体、心智和评价活动的综合互动。评价方法的多样化实施,通过具体化的实践和问题探索,推动学生实现真实学习的目标。为了激发学生的学习主动性,除了传统的纸笔测试外,评估手段更多是学生感兴趣并能开发学生潜力的基于项目的非纸笔评估。例如,结合学习内容,引导学生完成不同重点的科学任务,如观察、组装、绘图、设计、制作、调查和探究,然后分项描述学生在科学素养方面的发展。此外,"学评融合"理念下的评价手段本质上是开放的,学生自发地参与

自我评价和其他评价活动,开始从多个角度和视角审视自己和同龄人的学习过程和结果,以获得更深入的理解、应用和创造。然而,为了避免评价的繁琐和低效情况的出现,应结合学生的偏好和应达到的思维水平,选择适当的评价媒介,如图像、文本、语音、视频和模拟模型,并进行实时评估,如星级评分、点赞,应利用信息技术实现评分和评价,从自我表达、合作学习和作品成果三个方面监测和引导学生的学习路径,逐步引导学生的认知水平向更高水平发展。

学习评价的创新任重而道远,教师需要传承发展、开拓思路。更要一步一个脚印做好、做实,并在教学实践中不断完善发展。

本章阐述了学习评价的优化和创新,不仅有助于教师掌握学生的成长情况,及时为学生提供启发和帮助,还可以使教师明确学生的自我表达需求,并提供鼓励和支持。学习评价的优化与创新,可以不断推动科学教学改革,更好地实现学生核心素养的发展。

第六章 学生作业的拓展与创新

　　小学科学作业本质上是一种有目的、有组织、有指导的学习活动,作业的设计与实施是科学教学的重要环节。它有助于学生对所学知识的巩固和加深,常作为检测教学效果的重要手段。同时,科学作业还能提升学生的技能、思维和创造才能,是提高学生科学素养的重要载体。本章结合部分小学科学作业案例,从小学科学作业的类型、作业的设计、作业的实施三个方面阐述学生作业的拓展与创新,以求清晰地呈现各种作业分类方式,明确作业设计的原则和内容,并强调作业实施时应准确把握作业实施时机与组织形式,持续提供作业支持与跟踪指导,及时反馈作业完成情况。

第一节　作业的类型

一、作业的界定

　　作业既能让教师了解学生,还能培养学生的思维和能力。它不但被视为一种有效的学习过程,同时也是课堂教学获取反馈的重要渠道。作业能够引发学生兴趣爱好,提高他们的能力,从而最好地实现自我价值。《教育大辞典》还把作业分为以下两大类:课堂作业和课外作业。

　　教师在小学科学课堂讲授过程中安排的任务被称为课堂作业,它们旨在帮助学生掌握所授的内容。学生在课外时间独立进行的科学学习活动,即为课外作业,通常是用来检测学生是否学会了课上知识的一种方法,一般都是以家庭作业形式进行。

　　小学科学作业是鼓励学生主动、深入探究,并具有实际意义的智力或技能活动,对于帮助学生建立与生活相关的意义、提升学习体验,以及培养科学核心素养等方面产生积极的影响。

　　小学科学作业如果按单一维度(如时间、出现时机、呈现方式、学习主体发散性等其中的一种)来分类,难以体现学科特性,故而可采用多维分类①。可以分为单元作业和课时作业,也可以从是书面作业和非书面作业两个维度分类。

二、根据作业完成的时段进行分类

(一) 课前作业

课前作业是在开始正式课程之前,为了更好地理解课程内容,学生以适当的形式进行预习,通过查阅资料、尝试实验等方式,完成教师布置的任务或课中作业。课前作业的设计,有助于学生更好地参与课堂学习,并全面发展他们的科学素养。

(二) 课中作业

课中作业是指在课堂上完成并获得反馈的作业。它作为教学的媒介,与教学过程密切相关,是课堂教学中不可或缺的组成部分。通过课中作业,教师能够更好地引导和监督学生的学习进程,促使学生积极参与课堂活动,并及时了解学生对知识的掌握情况。这种形式的作业设计有助于提高学生的学习效果和课堂互动,进一步提升教学质量。

(三) 课后作业

课后作业是教学活动的延伸,旨在提高学生的自我管理能力,并且可以为他们提供一些练习机会。课后练习既可以提高学生的自我管理水平,又可以引导学生在课堂外拓宽自己的视野。

课后作业不仅仅是为了完成课堂上的学习内容,而且很多所学知识都可以在日常生活中得到应用。有时候,教师还会根据本节课的重难点以及学生的特点、差异和接受情况来设计作业,让学生能够个性化地完成任务。

如何区分课前作业和课后作业呢? 我们做了以下界定:作业布置后,在上一节课中不做反馈的属于课后作业;如果是在上一节课布置的作业,但在下一节课开始就要交流反馈的,属于课前作业。

三、根据作业实施时间长短进行分类

(一) 长作业

"长周期作业"是指在一段时期内(一周、一月甚至更长),学生需要花费大量

---

① 朱志光.科学课后续活动的三维目标[J].中小学教师,2019.7.

的精力来完成一个特定主题任务的作业。它能帮助学生克服课程内容的局限性，并在不同的课程中进行有效的探索交流。在长周期作业的作业启动、作业支架的设计、学习体的组合方式及作业的评价这几个方面，为学生构建一个开放的作业学习体系，帮助学生更好地理解知识，并且培养他们的创新精神，提升学生面向未来的综合素养。

（二）短作业

短作业就是指在较短的时间内就可以完成的练习，如小练习。

（三）即时性作业

即时性可以定义为：在规定时间内系统的反应能力。作业是学生巩固、应用和获取知识的方式之一，也是教学活动的延伸。因此，作业也是师生之间进行互动和交流的方式之一。尤其对于即时性作业来说，其重要性更加凸显。

即时性作业指课堂中涉及相关科学知识、技能和态度等内容须即时回应的作业，有全班集体完成的，也有独立完成的。

四、根据作业的操作方法进行分类

（一）种植与饲养类作业

为了让学生更好地感受大自然，科学课应提供更多的机会和场地，引导学生参与自己感兴趣的种植和饲养活动，这对于学生的发展至关重要。通过开展种植和饲养类作业，不仅可以提升学生的观察、实践技巧，还可以帮助学生更深入地了解动植物的特点和需求，并培养他们对自然的热爱和保护意识。

通过养殖小动物和种植植物，促使学生更深入地了解动植物的生活特性，亲身感受大自然的丰富和神奇之处。通过这段种养经历，学生不仅可以提升感知能力、技能，还可以体验到乐趣，深刻理解生命的真谛。此外，学生还可以学会如何与自然和谐共处，培养他们对生命的尊重、珍惜和爱护。

（二）阅读与调查类作业

现代社会信息传递速度非常快，每时每刻都有新的信息产生。在有限的课堂教学时间中，学生所能接触到的科学知识和信息是有限的，远远不足以满足其学习的需求。因此，教师需要通过布置作业的方式，鼓励学生在课余时间主动搜集信息并整理资料。这种信息搜集的过程可以与当前的学习内容相结合，以便更好地巩固和扩展学生的知识储备。

阅读与调查类作业是一种让学生通过查找书籍、使用网络搜索工具、进行社会调查等方式,收集相关资料,并对这些资料进行深入分析和处理的任务。通过这样的作业,学生可以自主获取信息,并运用所学知识进行分析和解释,从而培养学生独立思考、拓宽视野、提升判断力、推理能力以及论证技巧,提高他们的综合能力和思维能力。

学生可以通过分工合作等方式来完成有关资料收集类的作业。利用短时间来完成有效的资料收集和整理,既能实现相互学习,还能与同学之间有较好的情感交流。

（三）设计与制作类作业

在科学课上,制作类作业可以与教材中的特定研究主题相结合。这样的作业要求学生选择一个与教材内容相关的主题,然后利用自己的创意和知识,设计与制作相关实验或项目。此类基于实验或项目的作业均需要大量的时间去设计与准备。

制作类作业鼓励学生运用所学科学知识,合理利用身边的材料或废旧物品制作不同的作品,在完成作品的过程中学生既能学会使用各类工具,又能培养学生工程与技术思维,引领学生理解科学与技术是密切联系的[①]。

对于这类作业,教师可以发动学生家长一起参与指导或与孩子一起合作完成。有了家长的参与,既能保证学生作业的顺利完成,还能加深学生与父母的情感交流。

（四）体验与服务类作业

体验类作业并不局限于书面作业,而是要求学生将所学知识应用到日常生活中。这类作业通常在课前或课后完成,旨在通过实践、亲身体验的方式让学生更好地理解和掌握所学知识。通过这样的任务安排,学生能够深入感受到课堂上学到的知识与现实生活的联系,提升观察、分析和解决问题的能力。

服务类作业是将所掌握的科学知识和技能与实践活动相结合,以向他人宣传或展示为目的的活动。例如,设计海报、口号或参与垃圾分类宣传等。

学校以学习为主,社会以实践为主。在大多学生都是独生子女的时代,通过体验与服务类作业,学生能够更加深刻地体会到团队的力量、友谊的温暖,并且发现自身的不足,从而更加清楚地认识到劳动的价值。教师在体验和服务类作业中寻找那些能够给学生带来教育启示和感悟的亮点,引导学生去了解社会、体

验社会的真实情况。

（五）实验与模拟类作业

在科学研究的过程中，仅凭观察往往无法获得准确的结果。因此，实验成为了一种更加有效的方式。实验不仅是在人为控制研究对象的条件下进行的观察，还可以利用模型和其他技术手段，如制作模型、模拟实验条件等，来更好地探索和理解研究对象。模拟实验是一种将真实环境与模拟环境相结合的实验方法，它可以帮助学生更深入地了解和研究特定的目标对象，从而获得更准确的结果。

（六）观察、测量观测类作业

通过观测类作业，学生不仅可以学习如何观察、测量和记录，还可以获得完整、可靠、准确的事实性材料，为揭示一些自然现象和规律提供直接经验和依据。学生在连续一个周期的观测中，能学会观察和记录的方法，经历科学家研究事物变化规律的过程，掌握科学探究的方法，对学生科学素养的提升能起到积极的促进作用。

作业案例一："会变色的卵"。

请你选择1—2颗最完整的蚕卵，仔细观察数天，并完成以下观察记录。

1. 蚕卵颜色的变化，见表6-1-1。

表6-1-1　蚕卵颜色的变化记录表

日期										
天数	1	2	3	4	5	6	7	8	9	10
颜色										

2. 第_____天卵孵化为小蚕，日期为_____。

3. 请用放大镜仔细观察刚孵化的小蚕，它的外形特征：

（1）颜色：_____色。

（2）身上是否有毛？_____。

（3）其他：_____。

作业案例二："观察月相变化"。

坚持一个月观察月相（即我们看到的月亮的形状），并及时记录现象，小结自己的发现，提出自己有依据的推理。

1. 地球上的人们在不同时间看到的月相会发生变化,这主要和月亮绕地球转及地球、月亮、太阳三者的位置有关。请你在观察前,先猜测在以下四个农历日期时,看到的月相是怎样的,用笔涂一涂。

农历初一;农历初七、八;农历十五。

这样猜测的理由是:＿＿＿＿＿＿＿＿＿＿＿＿＿＿＿＿＿＿＿＿＿＿。

观测实验记录单:月相的变化记录表,见表 6 - 1 - 2。

表 6 - 1 - 2　月相的变化记录表

星期一	星期二	星期三	星期四	星期五	星期六	星期日
1 ○ 十九	2 ○ 二十	3 ○ 二十一	4 ○ 二十二	5 ○ 二十三	6 ○ 二十四	7 ○ 二十五
8 ○ 二十六	9 ○ 二十七	10 ○ 二十八	11 ○ 二十九	12 ○ 三十	13 ○ 九月	14 ○ 初二
15 ○ 初三	16 ○ 初四	17 ○ 初五	18 ○ 初六	19 ○ 初七	20 ○ 初八	21 ○ 初九
22 ○ 初十	23 ○ 十一	24 ○ 十二	25 ○ 十三	26 ○ 十四	27 ○ 十五	28 ○ 十六

2. 观察后对原来的推测有什么要改进的,请把你观察到的结果画在记录单上。

通过一个月的连续观察,对月相的变化有什么发现? 或是对月相的变化规律有什么推测,请把它写下来:＿＿＿＿＿＿＿＿＿＿＿＿＿＿＿＿＿＿＿。

作业案例三:"观察厨房里的水",见图 6 - 1 - 1。

小朋友,请你仔细观察图片,并完成相关练习。

图 6 - 1 - 1 厨房里的水

1. 找一找厨房间里哪里有水？用笔圈出来。

2. 厨房中的水有哪几种状态？＿＿＿＿＿＿＿＿＿＿＿＿＿＿＿＿＿。

3. 厨房的玻璃窗上为什么会有水珠？＿＿＿＿＿＿＿＿＿＿＿＿

＿＿＿＿＿＿＿＿＿＿＿＿＿＿＿＿＿＿＿＿＿＿＿＿＿＿＿＿＿＿。

本节将作业划分为三种类型，但往往在描述一个作业的时候，其实是两个或两个以上的维度去描述作业的。如"会变色的卵"，它既可以是课后作业，也可以是种植与饲养类长作业；"观察月相变化"这个作业，它既可以是课前作业，也可以是观测类的长作业；再如"观察厨房里的水"，它可作为课中即时性小练习。

科学作业多元化意在提高学生对作业的兴趣，促使学生积极主动地练习，认真高效地完成科学作业。作业分类有何意义呢？一方面对学生，一方面对教师，其主要面向群体还是对学生。对学生而言，如果按作业完成时段进行分类，便于学生知道完成作业的时间区域，促进学生完成作业；如果按作业实施时间长短进行分类，便于学生知道完成作业大概所需的时间，让学生形成完成作业的时间概念；如果按作业的操作方法进行分类，便于学生知道通过什么方式完成作业。对教师而言，在设计作业时能逐渐养成告知学生作业类型的习惯，比如可以利用属性表来判断作业类型，给作业贴标签，从多维度对作业进行划分。

"学而时习之"与"温故而知新"是孔子的教育思想，强调学生对学过的内容要经常练习和复习,这样才能有效巩固所学知识,乃至获得新的理解。做作业既是学生温习旧知的重要方式,也是学生学习新知的有效方法,是不可或缺的教学环节。与语文、数学等学科的作业相比,科学作业的书面作业形式少一些。基于科学作业的完成时间、地点等特殊性,教师布置科学作业时应做到多元化,不一定只是布置纸面作业,作业的素材可以用更丰富的信息化手段呈现出来。

科学作业的布置,并非让每一个学生在每一方面都要按统一规格平均发展,而是有差异地发展。了解学生个体差异,允许发展学生的差异,是落实新课标很好的着力点。因此,在作业内容与作业形式上,教师都应做到优化设计,力争丰富和多元化。

第二节 作业的设计

作业作为一种学习活动,是有目的的理性行为。作业设计是教师的义务和责任,作业设计的质量与作业实施的效果息息相关。作业设计从其内涵要素上包含了作业的目标、作业的内容、作业开展的时间、作业的难度、作业的类型、作业的差异性和作业的结构等内容;从设计者思考与操作的时间顺序来讲,包含了作业设计前、作业设计中和作业设计后。同时,作业设计并非是单一维度的线性活动,而是一个自我循环改进、相互关联的系统。

一、作业设计的思考

(一) 作业设计的原则

作业的设计要基于课程标准、教材、校情和学生,教师应根据教学目标及各年龄层次学生的能力水平及学习需求设计相应的作业。作业的内容除了要包含科学观念的内容外,还要包含科学思维、探究实践和态度责任等方面的内容,促使学生完成恰当、合适的作业后能看到自己的成长和进步,激发他们持续的学习动力。

为保证作业设计科学、符合学科特点,须谨循以下原则:首先,是目标导向原则。作业内容的设定要与教学目标保持一致,不能高于教学目标。教学目标来自于《教学基本要求(2021年版)》中单元教学目标或课时教学目标，教师的作业设计要与《教学基本要求（2021年版）》中评价示例保持一致。教学目标是教学活动中的核心，它指引着教学行为的方向，因此是作业内容确定的依据。其次，是作业内容开放原则。小学科学作业除保留部分传统型作业外，还要体现探究实践的需求，因为它是我们的学科核心素养，教师在作业设计时，要充分体现科学学科的开放性、探究性和实践性等。学生解决疑问时要有一定的思考，要体现他们的探究与实践过程，所以作业的答案也是开放性、迁移性较强的。再者，是作业容量适宜原则。作业容量的设计要考虑不加重学生学习负担，又尽可能发挥学生的潜能，可以针对不同水平学生设计分层作业，以满足学生差异性学习需求和发展性学习需求。最后，是形式多样原则。根据作业分类，设计作业时应充分考虑作业完成的时段、作业实施时间长短、作业的操作方法等。

在"双减"政策要求下，还须注意作业容量适宜。教师在布置作业前，须站在学生的立场上去考量其完成作业的时间，学科之间的作业量，各学科教师要相互沟通协调。除了要严格控制作业数量和完成时间，还要考虑作业的有效性。比如从目标导向出发，教师设计的作业和教学目标保持一致，不提高难度；从内容开放角度，小学科学作业并非一定要做传统形式的活动，可以用学生感兴趣的形式，把知识的学习、技能的提升、创新能力的培养和智能的开发联系起来，设计形式多样、体现学科特性的作业，让科学作业富有趣味性、吸引力。

（二）作业设计的系统性思考

作业设计的系统性是指，把作业设计看成为一个层次清晰的整体，不同维度的指标要求处于不同的层级，同一层级的指标之间、不同指标层之间逻辑关系清晰。作业的系统性设计，包含多个维度的思考，包括作业内涵要素的思考、设计与实施的思考、年级学段单元课时间关联性思考等。作业设计要基于单元教学目标，作业目标要从提升学生素养的角度立意，进而指向更高阶的目标，即问题的解决与应用、思维的迁移与创造。

首先，应关注作业的内在要素。作业内在要素包含的内容众多，其中作业目标、作业内容、作业难度、作业类型、作业情境、作业完成时间的系统性思考等是关键。作业目标内容是首要关注的内容，就作业目标而言，设计者须考虑学生的学情，同时须考虑不同学科内容的特征。不同的学习类型本质上反映了学习内容特点或学习目的。作业的各个要素之间并非孤立存在,它们彼此联系,在后续的作业设计中也主要针对作业的内涵要素展开。作业设计与实施是一个有机整体,包含了作业设计、作业完成、作业批改、统计分析与讲评辅导。教师的角色定位应当既是作业的设计者又是作业的实施者。其次,应关注作业学段、年级、单元、课时间的关联性思考。学科内容在不同学段、年级、学年、学期、单元、课时的分布也是作业设计者须系统思考的。最后,还应当关注学科间的关联性。作业设计者还应当厘清作业与学科、学科与学科之间的关系。设计者注重学生在其他学科中习得的科学观念、科学思维、探究实践与态度责任,以求不同学科间相互促进,彼此统一;利用不同学科设计跨学科作业,运用多个学科实现单一学科不能实现的学习目标,见图 6-2-1。

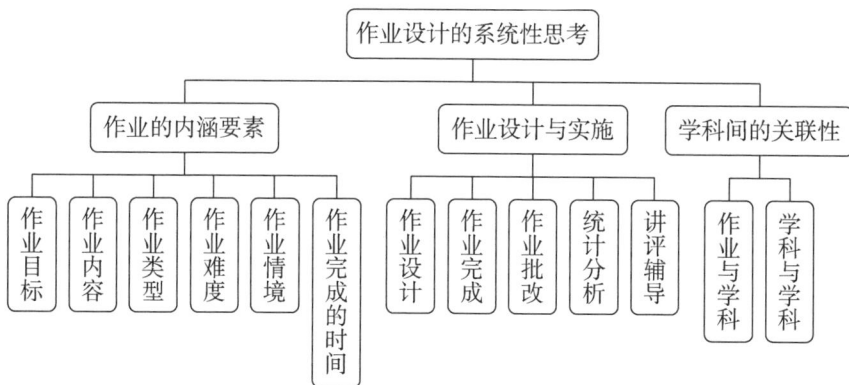

图 6-2-1　作业设计的系统性思考图

二、作业设计的过程

(一) 作业设计流程规划

作业设计并非随意为之,需要在对作业功能充分认识的基础上,关注规划作业设计的整个流程和注意事项,关注作业的内在要素,将作业设计的整体性、系统性与自我完善性作为重中之重。作业设计流程规划可以从以下四个方面进行把握:确定作业目标—进行作业设计—总体反思改进—作业实施效果,见图 6-2-2。

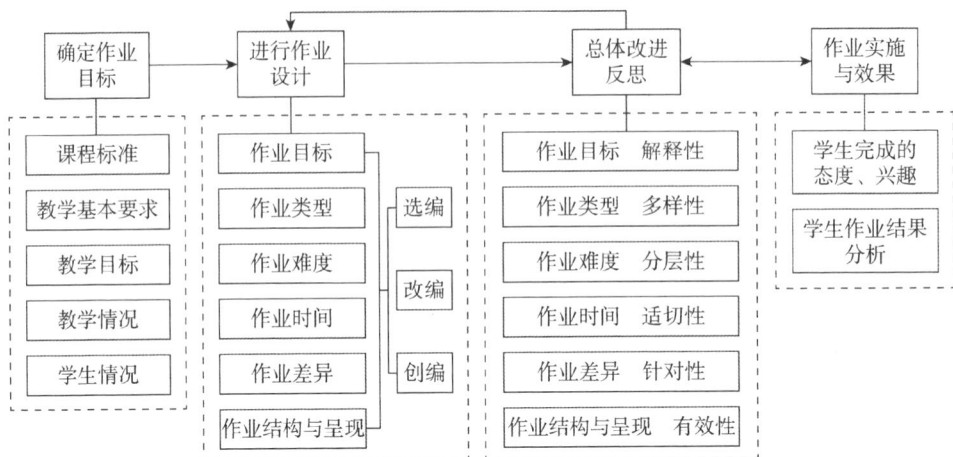

图 6-2-2　作业设计流程图

（二）作业设计具体开展

1. 确定作业目标

作业设计在目标导向下进行,作业目标反映了作业要实现的效能,具有层级性,包括学科年级作业目标、单元作业目标、课时作业目标等。因此,在制订作业目标时,应首先厘清课程目标、单元目标、教学目标与作业目标的关系。课程目标反映的是课程标准的总体目标与要求,作业目标与教学目标是课程目标的下位目标。作业目标与教学目标之间不是简单的从属关系,而是一种相互促进和补充的关系。在厘清教学目标、作业目标之间关系的同时,作业目标的确定还需同时参考教学中学生的实际掌握情况,也就是教学情况、学生情况和作业条件。在确定作业目标前,还应利用心理学、教育学、测量学来对作业目标进行判断筛选。单元作业目标和课时作业目标的制订过程可以参考图 6-2-3 所示流程进行。

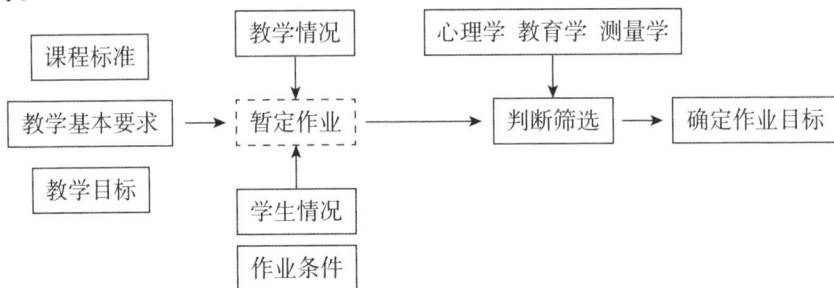

图 6-2-3　作业目标确定流程图

以"发电"一课的课前调查作业"调查我国发电厂的发展情况"为例,论述作业目标的确定过程。

案例:"调查我国发电厂的发展情况"作业目标确定

(一) 暂定作业目标

1. 明确课程标准的内容要求:4.1①知道动能、声能、光能、热能、电能、磁能等都是能的形式,了解这些能的相互转化现象;4.2⑤了解太阳能、水能、风能、地热能、化石能等能源。

2. 梳理《教学基本要求(2018年版)》中对此内容的要求:教学内容为主题8"能与能的转化"中的"8.4 电""8.6 能的转化"中的重要内容,具体要求为"8.4.3 H1 说出我国电力工业发展的大致过程。""8.6.1 H1 知道声、光、热、电、磁都是自然界中存在的能量形式;H2 知道自然界中不同形式的能之间可以相互转化。"

3. 确定教学目标:

(1) 通过阅读、调查等活动,知道火力发电的主要过程,知道火力发电过程中不同形式的能发生了相互转化,激发探究发电的兴趣。

(2) 通过阅读、调查等活动,知道核能可以被利用,知道我国电力工业发展的大致过程和核能发电的优势与存在的安全隐患,感悟科技发展与人类生产实践的相互促进关系和我国科学技术的发展进步。

(3) 通过阅读等活动,知道利用可再生能源也可以发电,感悟可再生能源发电对生态环境可能的影响,具有保护环境、节约能源的意识。

4. 明确教学情况与学生情况:在之前的学习中,学生已经知道一些能量形式,如动能、电能、化学能等,知道发电厂利用磁铁和线圈相对运动产生电能,知道不同能量之间可以发生转化。学生在以往学习中对火力发电、水力发电、风力发电有一定的了解,但对"核能"的概念知之甚少,而且并不清楚这些发电方式的过程和各种发电方式的利弊,更不清楚发电过程中伴随的能量转化。

经过以上思考后,可以暂定"调查我国发电厂"的发展情况作业目标为:①通过调查活动,列举我国4个发电厂,说出他们的发电方式;②知道我国电力工业发展的大致过程;③说出4种发电方式的优点与缺点;④尝试说出1种发电方式的发电过程；⑤尝试说出至少1种发电方式的能量转化过程；⑥具有关注我国电力工业发展的意识。

（二）判断与筛选

考虑到学生心理状态与系统论的相关知识，学生的调查活动往往是局部的、不全面的，而作业目标②"知道我国电力工业发展的大致过程"，需要调查较多的内容，并进行总结归纳，较为复杂，学生往往难于理解和把握。因此，将此目标在作业目标中删除，放在课堂教学中进一步解决。作业目标⑥"具有关注我国电力工业发展的意识"，学生虽然通过调查关注了我国的电力工业，但主动具有某种意识的培养，需要符合学生的心理发展过程，即有一定的时间积累方能达成，可作为部分学生的作业目标。

因此，最终确定作业目标：通过调查活动，①列举我国4个发电厂，说出他们的发电方式；②说出4种发电方式的优点与缺点；③尝试说出1种发电方式的发电过程；④尝试说出至少1种发电方式的能量转化过程；⑤具有关注我国电力工业发展的意识（部分学生达成）。

设计这项作业时，目标确定的过程中借助心理学进行判断与筛选，在此不作具体叙述。

2. 进行作业设计

作业的来源可以是选编、改编或创编，也可以是它们的组合。选编是指从某些作业来源中直接获取作业内容，整合到自己设计的作业体系中；改编是指在原有作业的基础上，通过改变作业的表现形式或者用途，改写出具有改进性、适切性的作业；创编是指针对某一作业目标，完全创造性地编写作业。

在这个过程中，最着重突出的是作业目标与作业内容的对应性。根据实际需要筛选最有价值的内容，包含作业目标、作业类型、活动内容、难度、时间、差异、结构等因素。以"发电"一课的课前调查作业"调查我国发电厂的发展情况"为例，论述作业设计的过程。

案例："调查我国发电厂的发展情况"作业设计

（一）确定作业的来源

"调查我国发电厂的发展情况"作业来源为改编与创编。原作业为上海远东出版社《自然活动部分》五年级第二学期"核能发电——查找资料，说说核能发电与其他发电方式的区别",具体内容见表 6-2-1。

核能发电

查找资料,说说核能发电与其他发电方式的区别,填表 6-2-1。

表 6-2-1　核能发电资料

区别 发电方式	优点	缺点
核能发电		

我国在哪些地方已经建成了核电站?

_____。

针对本节课的教学目标和作业目标,如果"调查核能发电"的内容为课后作业,则与课中教学内容重复。如果放在课前,本节课学生的认知起点及调查的资料来源应是火力发电。所以,以核能发电作为课前作业需要进一步修改与完善,故对此内容进行改编与创编。

对作业目标和活动内容进行匹配,保证作业目标与作业内容的一致性。确定作业的类型为课前阅读与调查短作业类,难度水平预计为中等,预计完成时间为 30 分钟左右。作业的差异表现在三个方面:首先,作业目标设置为必完成目标与选择完成目标;其次,作业内容包含必完成内容与选择完成内容;最后,作业呈现形式,借助表格,学生可以有选择地完成表格中的某一部分。作业的结构与呈现形式不同,体现在思维的进阶上。作业的结构:原作业为表格与开放问答相结合的形式,这里采用表格的方式,便于学生归纳与整理,见表 6-2-2。

表 6-2-2 作业设计流程表

作业目标	活动内容	类型	难度	作业的差异性	作业结构与呈现
① 列举我国 4 个发电厂,说出它们的发电方式	调查我国现有发电厂及其发电方式	课前阅读与调查短作业	适中	必完成	如下所示
② 说出 4 种发电方式的优点与缺点	调查各发电方式的优劣		适中	必完成	
③ 尝试说出 1 种发电方式的发电过程	调查至少 1 种发电方式的发电过程		较难	选择 1 种以上完成	
④ 尝试说出至少 1 种发电方式的能量转化过程	调查至少 1 种发电方式的能量转化过程		较难	选择 1 种以上完成	
⑤具有关注我国电力工业发展的意识	调查发电厂的建造地点与始建年月		难	选择完成	

由此,可以确定作业最终的结构与呈现:

调查我国发电厂的发展情况

查找资料,调查我国某些发电厂的发电方式以及它们的优势与劣势,至少写出 1 种发电方式的发电过程与能量转化过程,关注我国电力工业发展,见表 6-2-3。

表 6-2-3 我国发电厂的发展情况调查表

发电厂名称	建造地点	始建年月	发电方式	优点	缺点	发电过程与能量转化过程(至少写出 1 种)

（续表）

发电厂名称	建造地点	始建年月	发电方式	优点	缺点	发电过程与能量转化过程（至少写出1种）

（三）作业检验与调整

1. 属性表与作业实效检验

在作业设计过程中,应当关注两个方面:作业内容设计与作业来源设计。作业内容需要和作业目标保持一致,但这种一致又并非机械地一一对应。部分作业内容可以与多个作业目标相对应,仅有少数的作业对应单一的作业目标。当然,有些作业内容一部分与作业目标保持一致,其余部分与作业目标不完全吻合。教师在首先确定好作业目标后,按照目标逐条设计作业内容,再整体反思分析。对应完成作业内容与作业目标之后,教师应借助作业内容属性表保证作业内容的正确性,表述的清晰性,见表6-2-4。

表6-2-4　作业内容属性表

作业目标	作业内容	目标内容一致性	学习水平	完成时段	作业形式	完成时间	作业难度	文字表述	评价主体	……

案例："调查我国发电厂的发展情况"作业内容属性表,见表 6-2-5。

表 6-2-5 "调查我国发电厂的发展情况"作业内容属性表

作业目标	作业内容/题号	目标内容一致性	学习水平	完成时段	作业形式	完成时间	作业难度	文字表述	评价主体
① 列举我国 4 种利用新能源发电的实例	第 1、4 列(左起)		知道				适中		
② 说出 4 种发电方式的优点与缺点	第 5、6 列(左起)	☑内容与目标完全一致 ☐内容与目标部分一致 ☐内容与目标不一致	知道	☑课前 ☐课中 ☐课后	☑书面 ☐实验 ☐自主探究	30 分钟	适中	清晰	教师学生
③ 尝试说出 1 种发电方式的发电过程	第 7 列(左起)		了解				较难		
④ 尝试说出至少 1 种发电方式的能量转化过程			了解				较难		
⑤ 具有关注我国电力工业发展的意识	第 2、3 列(左起)		了解				难		

本章只给出了一种属性表的检验格式,教师应根据作业的目标,确定作业内容属性表,以此明确记录作业最有价值的部分。如作业目标、类型、难度、时间、差异、结构,并有意识地作出价值判断,同时为总体反思改进提供依据。

2. 作业调整

针对作业设计内容的要素,对作业设计的整体环节和最终呈现进行反思考量,并根据实施情况作出调整。在进行反思考量时,需要借助属性表等工具开展,以此检验作业的品质。

为了使作业设计的质量不断提升,需要教师逐一对作业设计的过程及效果进行反思评价。反思评价的思考角度通常可以从作业的目标是否达成、作业的结构性是否合理,以及作业的多样性、难度、时间等问题展开。作业反思评价的内容可以从育人导向、目标的一致性、设计科学性、类型多样性、难度适宜、时间合适、体现选择性、结构合理性等八个方面进行判断。

　　针对作业设计后的调整，教师可以根据个人经验进行判断，也可以请其他教师帮助一起反思、调整。还可以结合学生的作业成果进行调整，不断改进、完善作业设计本身[①]。在实际运用中，可以借助表格进行反思评价，见表6-2-6。

表6-2-6　作业设计反思评价表

整体分析判断内容		评价反思 （1～10分）
育人为本	1. 作业综合考虑了课程标准要求和学生情况	
	2. 作业目标与教学目标协同	
	3. 作业目标反映了核心素养、学业质量标准	
	4. 作业选材、情境创设体现了思想性、政治性、区域性	
目标一致	5. 作业内容与作业目标相吻合	
	6. 能够弥补课堂未达成的目标	
设计科学	7. 作业表述科学、清晰、无误	
时间适合	8. 作业时间符合规定	
难度适宜	9. 作业难度符合学生实际情况	
类型多样	10. 属于实践类作业	
体现差异	11. 不同水平的学生均可在一定程度上完成作业	
	12. 学生可以有选择地完成作业的一部分	
结构合理	13. 作业整体结构合理	
	14. 作业体现了纵向结构	
	15. 作业体现了横向结构	

　　科学作业的优化设计，可以让每个孩子都感受到科学的乐趣，体验科学作业

---

　　①　王月芬.重构作业——课程视域下的单元作业[M].北京:教育科学出版社,2021.6.

的独特美,从而更多地拓展他们的活动空间和实践体验,拓宽他们课外活动内容,进而培养他们的独特个性和科学素养。在新课标理念的带动下,通过全方位、多角度的作业设计,可以激发每一个孩子的主体思维与潜在创造力。我们也相信,科学教师在设计作业的过程中,坚持使用属性表等工具,会逐步实现作业设计的个人智慧升华。

第三节 作业的实施

将作业布置给学生时,需要为学生完成作业做好相应准备,为学生通过作业进一步达到学习目标提供支持,提升作业的有效性。

一、把握作业实施时机与优化组织

（一）把握作业的实施时机

根据课堂教学的进程,作业的实施时机反映了教师对教学内容的把握情况。在以往课堂中,教师经常会在一堂课的教学环节结束时开展作业的实施。学生以课堂所学知识为基础完成相应练习,巩固知识并加深印象,此时作业内容是综合了整堂课的学习成果而形成的,将作业与知识结构进行梳理和相互关联对学生而言是个难点。因此,针对教学目标以及教学的重、难点,将作业的实施与教学环节进行相对应的穿插,作业的实施时机可以更加灵活。在现阶段的单元教学中,学生知识结构的建立会不断完善,把握学生的学习进程,在达成阶段学习目标时进行作业的实施,可以帮助学生构建立体的知识结构。

1. 课前积累体验

在进行单元教学时,教师需要根据课堂内容,基于学生已有的学习基础,在课前给学生布置作业,帮助学生有所侧重地预习课堂内容。课前作业把学生预习的广度扩展到课堂以外,经由课外学习资料的支持、课前活动以及体验,拓宽学生获取知识的途径。学生由此探究实践的经验再回到课堂内,对于知识的理解和内化有较大的助益。

2. 课中聚焦重难点

在课堂中,教师针对教学问题来解决教学重、难点时,采用课中作业是提高学生掌握重点和难点学习内容的有效方式。除了统一的知识点巩固练习,教师也可以通过课堂教学平台给每个孩子安排个性化作业,依据电子平台的习题库关联功能,为学生推送与学习能力对应层级难度的专项作业。在教学的同时布置作业,学生在接收到作业的同时会有更深入的思考,这样的作业时机有助于教与学的结合,增强了作业对促进学生掌握知识点的作用。

3. 课后复习巩固

课后作业是教师最常布置给学生的一种作业,通常在一堂课的教学活动结束后实施。课后作业是对学习内容的复习与巩固,也是学生将所学的知识点进行结构化的重要步骤。在实施课后作业时,学生需要联系课堂前后知识,将作业与实际生活多方面、多维度、多渠道地链接,有效提高了学习效果。教师在此时布置作业,除了可以给学生针对课内知识点的即时性作业,也可以布置长周期作业,或者根据学生基础能力,开展实施种植饲养、社会调查、设计制作、课后体验、服务宣传等多种类型的作业,在课后帮助学生提高科学素养,培养多种能力。

(二) 优化作业的组织形式

科学学科的作业与以纸笔类作业为主的学科较为不同。大多数纸笔类作业和练习都是以学生个人来完成的,而科学作业中活动类的作业占了大多数,仅仅由一名学生单独完成会有较大难度。在这样的情况下,科学作业完全可以将学生以学习小组划分,将小组作为完成活动作业的单位,并以此优化作业的组织形式。

1. 合理划分小组

划分小组时,需要控制每个小组的人数,一般以2—6人为一组,人数不能过多。小组成员要搭配合理,控制每个小组之间的差异,多以同质分组或异质分组来进行。在科学课上,学习小组根据学生的个人能力和特点,可以按照"组内成员异质,组间成员同质"开展小组划分。这样分组后,小组成员之间了解程度高,配合度和默契度经由日常课堂活动和学习体验磨合,组员之间已经可以做到较好的配合,因此在作业小组划分时可以沿用课内分组的情况。

合理搭配小组成员,可以保证每个小组的成员分配足以完成活动内容。在小组内形成伙伴效应,有利于学生取长补短,在完成作业的过程中,学生可以通过交流学习相互促进,相较于单人完成活动作业会有更多方面、更多维度的活动体验。

2. 明确成员分工

安排好每个小组的成员组合后,需要明确组长和组员的分工,特别是作业任务难度较大时,还需要具有相关能力的成员来承担相应任务。教师在小组安排时要考虑到这一点,并在小组划分的初期协助组员安排任务。在学生有了完成小组作业的经验后,可以尝试让学生根据各自不同能力和特长进行协商安排,保证每个成员都能明确各自的任务,让学生看到自身的价值。

3. 恰当安排内容

安排好每个小组的成员组合后,需要明确组长和组员的分工,特别是作业中需要较多外部支持的工作,还需要具有相关支持条件和能力的成员来担任。教师在小组安排时要考虑到这一点,并在小组划分的初期帮助组员安排不同任务,让每个学生都能在最近发展区中获得提高。

二、持续提供作业支持与指导

(一)作业的支持条件与跟踪指导

在科学作业中,活动类作业的类型和所占比例都较大,学生通过任务或活动来完成作业。这种方式与其他学科的纸笔类作业完成方式有很大区别,学生往往无法仅依靠单纯的书写就达到作业所需的要求,因此在教师布置作业的同时,还需要为学生提供完成作业的支持条件。

要让学生顺利完成活动类作业,教师一般需要提供材料或场地等支持。如:种植与饲养类作业需要动物、植物种子、养殖箱、土壤、花盆等器材;阅读与调查类作业需要提供查阅书籍、搜索资料的场所,可以推荐给学生学校图书馆或校外场所、线上资源库等;设计与制作类作业需要提供设计模板、参考资料、制作材料、制作工具等;体验与服务类作业需要提供适合学生开展活动的场地,在学校没有相关设施或场所的情况下可以联系校外的场馆来提供支持;实验与模拟类作业需要提供实验材料、实验器材、实验场所等;观察与测量类作业需要提供测量工具、测量材料等。

在学生完成活动作业的过程中,教师要对活动的过程加以跟踪指导。以种植与饲养类作业"蚕豆种植"为例,作业任务要求学生种植蚕豆,记录蚕豆的生长以及变化。学生在完成作业时需要有蚕豆种子和适合种植的土壤,这两项材料虽然部分学生可以在家中找到,但教师还是要考虑那些缺少材料的学生,所以要准备给学生提供蚕豆和土壤。在种植蚕豆的过程中,教师要考虑到部分学生家庭环境无法进行种植活动,可以在校园内提供场所给学生完成活动作业。为了能获得更贴近学生活动情况的指导经验,教师在这项作业布置之前或同时也进行种植活动,带领学生观察教师种植蚕豆的同时,指导学生在蚕豆生长的不同阶段进行后续养护,以此解决学生种养过程中遇到的问题。

在阅读与调查类作业"垃圾的去向"活动中,学生需要在自己所属社区进行调查,所以教师要先了解周边社区的垃圾分类以及处理方式,提供给学生校外调查的场地。而且由于所调查垃圾的种类不同,有部分学生需要查阅书籍或线上资料,教师预先联系校内图书馆准备相关书籍、报刊和杂志,校内有线上阅览室的情况下提供给学生网站等查阅信息,同时向学生介绍区域内垃圾处理站的地址,便于学生选择适合自己所选作业项目的完成。

设计与制作类作业"制作简易风向标和风速计"是在课堂中介绍风向标和风速计的同时布置的,学生可以在课内通过阅读资料了解风向标和风速计的工作方式,但要自己制作时仍具有难度。教师需要给学生提供制作简易风向标的卡纸、指针等材料,还需要考虑学生在制作时对打孔器等工具的正确使用方法,提供给学生可以持续指导他们使用工具的资料。随着线上资源的不断丰富,教师在提供给学生制作简易风向标材料的同时,还可以将在线资源推送给学生,帮助学生选取身边的材料设计风速计,由学生思考选取怎样的材料能够在微风吹动下让风速计转动起来。教师可以在课内指导学生操作和使用相应器材,当器材支持不足时,可以尝试制作相关替代器材,注重学生体验探究的完整过程,从而获得成功。

(二) 作业的支持支架与跟踪指导

小学科学作业中,大量的活动作业会让学生觉得无从下手,并且学生在呈现作业结果时也会产生一些欠缺,特别是对过程的记录往往有很多缺漏,无法让活动作业有效地促进学生提升学习成果。

教师在布置活动作业前需要对学生的能力有必要的了解,在学生完成作业的过程中,适时提供给学生完成活动作业所需要的方法、工具,即完成活动作业的支持支架,同时对支持支架的使用进行指导。

对于使用支持支架的指导,教师要向学生解读支架的具体功能,分解支持支架的使用方法。教师可以使用以下模式进行解读:第一种,任务布置式的跟踪指导。在下发作业支架如作业的标题、作业目的、任务表格、作业资源等材料后,直接向学生解读分析支架功能,告诉学生作业要求是什么,作业预期结果是什么等,即直接由教师开展分解的形式。第二种,在下发作业支持支架等资料后先给予学生时间,鼓励学生进行独立思考和分析,然后再让学生根据分析的结果进行分享,由学生提出对支架内容的困惑和疑问,最后教师收集问题再进一步进行讲解和解读。

三、强化作业评估与反馈

(一) 作业的批阅与分析

对作业的批阅与分析是教师得以掌握学生学习结果的重要途径。在科学课中,作业多为活动类,对于学生作业的评估同时也是对活动过程是否达到了科学学科育人作用的判断依据。

1. 批阅与分析

科学活动类作业的批阅与传统纸笔类作业有所区别,作业的记录表单中不仅仅呈现出学生对知识的掌握,更体现了学生整个活动过程中的经历和体验。因此,教师在对活动作业进行批阅和分析时,也要关注其对学生核心素养的内容体现。在科学观念方面,教师要关注学生作业呈现的知识内容是否具有准确性,对科学现象的记录是否具有客观性。从科学思维方面看,批阅和评价要注重学生在活动作业中记录的推理以及思考过程。学生作业中构建的模型与客观事物要有所对应,并且在记录了有效的现象或实际情况之后获得结论,甚至能在已有生活经验或思考角度的基础上更进一步完善作业内容,这些都能反映作业中学生科学思维能力的程度。设计与制作类作业以及实验与模拟类作业可以较为突出地体现学生探究实践的能力,教师批阅与分析时要关注活动步骤记录情况是否按照科学探究的方法进行,并且结果记录中是否有对学习情况的反思。在活动类作业的完成过程中,学生是多层面地体验和探索自然与科学,从活动作业中学生表现的积极程度以及作业完成度可以体现学生的态度与责任,并以完成作业的经历累积从而进一步培养这种态度责任。

2. 展示与评价

基于多种类型的活动作业形成的作业成果各不相同,教师对学生作业的展示与评价也有不同方式。对于体现科学观念方面成果的作业,可以通过展示记录的各种活动过程以及整体的活动作业成果来推进学生之间的相互学习,促进学生通过他人作业来增加体验。体现科学思维成果的作业,不仅可以展示学生的活动记录,还可以开展互动式论坛等展示活动,给予学生交流完成作业过程中的想法和做法的机会,还能获得学生对作业的评价。对于探究实践成果的展示,可以将之做成项目化活动,以作业成果来推进学生进一步的探究体验,特别是小组活动作业的成果展示,更能提高学生完成作业活动以及学习的兴趣。在展示作业的活动中,学生对自己与他人的作业成果开展交流,同时也是促进学生态度责任的培养与形成。

(二) 作业的反馈与反思

完成对作业的批阅后,教师须根据作业向学生作出反馈并指导学生订正。

1. 反馈方式多样

科学学科的作业类型繁多,需要依据作业的特点优化其反馈形式,有助于学生面对不同作业时保持兴趣,增强作业的效能。

对于统一完成的作业,教师可以先进行个别学生的作业评估与反馈,当批阅过程中发现了共性问题时,则应及时将反馈的面扩大,此时可以转为向群体反馈。及时将评估的结果告知学生,在反馈活动类作业时,教师可以通过录制演示视频、切片化作业难点讲解、展示优秀案例等形式进行反馈。对于优秀的作业,教师可以将之作为案例点评优点,推广到学生群体中。教师也可以收集一些较为典型的需要完善或修改的作业,作为指导学生的学习材料,在指导的同时进行反馈。

2. 修改重在反思

基于作业种类的多样性,科学作业的订正并不仅仅是修改活动作业中的错误,更要关注到学生在实践活动中是否在整个活动过程中有所收获。在对作业进行订正时,首先需要判断错误原因,将暂时的缺漏填补纠正;继而要考虑学生活动作业的过程中是否有不完善的地方,指引学生对活动过程进行思考,总结方法后进行改进;最后,在活动作业中展露的问题,教师要对学生的优点进行肯定,在纠正错误的前提下,指导学生思考是否还有其他更优的形式或方法来完成活动,提高学生思维能力,真正将活动作业转化为培养学生科学素养的重要途径。

本章就小学科学作业的拓展与创新,突破单一维度的作业分类模式,对科学作业进行了重新分类,规划了作业设计的流程,介绍了作业设计并进行举例,并借助属性表检验、调整所设计的作业。通过把握作业实施时机与组织优化,提供持续支持和指导,强化作业的评估与反馈,促进学生素养的达成,为科学作业的整体设计与实施提供思路。

第三部分

小学科学教学与研究的新途径

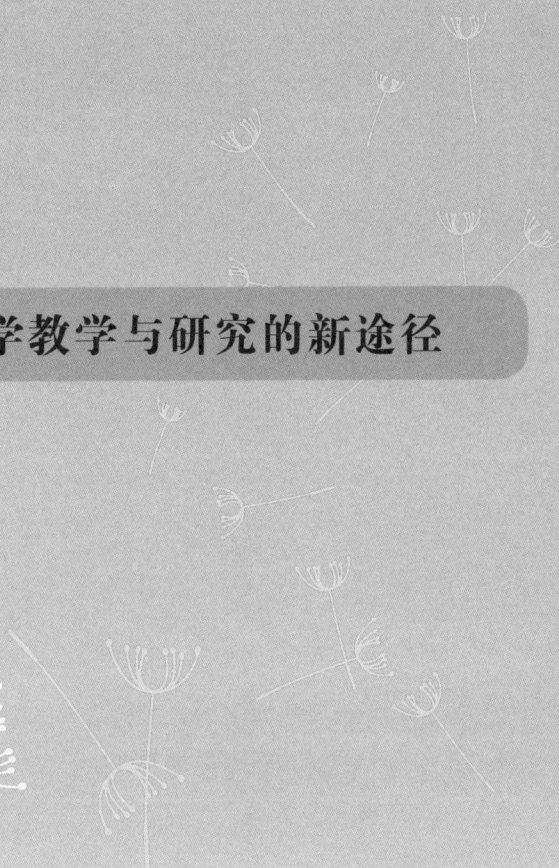

第七章　项目式学习的设计与实施

项目式学习真实而复杂的情境,有利于学习者不断地发现问题、解决问题,并在此过程中探索未知世界、深度认知自我、发展理性思维。教师创设问题情境,搭建学习支架,促进学生开展合作探究,迸发思维火花,产生精彩观念,感知知识形成的来龙去脉,并解决富有挑战性的现实问题,制作有益的作品,体验成就感。项目式学习体现了较高的思维含量和思维发展意义,是小学科学教学与研究的新途径之一。本章将分别从项目式学习综述、设计、实施、评价等方面进行阐述。

第一节　项目式学习综述

一、项目式学习发展史

1910 年,美国教育学家杜威(J. Dewey)在其著作《我们如何思维》(How We Think)中提出的"思维五步法"[①]。杜威的学生美国教育学家克伯屈(W. H. Kilpatrick)深受老师的影响,在"思维五步法"的基础上提出了设计教学法的四个步骤:决定目的、制订计划、实施计划和评判结果[②]。克伯屈主张以学生为主,由他们自己找材料,自己研究,并把学生有目的的活动作为所设计的学习单元,放弃固定的课程体制,取消分科教学,取消现有的教科书。1918 年,《设计教学法》(The Project Method)横空出世[③],这便是项目式学习(Project-based learning,PBL)的雏形。这本著作的作者美国教育家克伯屈在国内外赢得很大声誉,被称为"设计教学法之父"[④]。很快,设计教学法在美国得

---

① Dewey J. How we think[J]. Rev. chil. ortop. traumatol, 1910, 42(11):11-12.
② 克伯屈. 教学方法原理:教育漫谈[M]. 北京:人民教育出版社,1991.
③ Kilpatrick, William Heard. The Project Method: The Use of the Purposeful Act in the Educative Process. Teachers College Columbia University, 1918.
④ 王汉华. 克伯屈——"设计教学法"之父[J]. 教育家, 2004(7):3.

到迅速传播。到 20 世纪 30 年代,设计教学法在英语国家产生了广泛的影响。之后设计教学法被西欧和苏联等一些非英语国家所采用,其影响甚至辐射到中国、印度和埃及等国。

1919 年,"五四运动"的同年,杜威来到中国,为设计教学法在中国的推行奠定了思想基础①。正是在这一年设计教学法正式进入中国。1928 年克伯屈来到中国,使设计教学法在中国的推行进入了一个新的阶段②。为了进一步推进设计教学法思想在中国的传播,教育部颁发的小学课程标准更强调各科联络、大单元设计的思想③。

这一时期,以儿童为中心、统整教育并联系生活的设计教学法在国内的推行改变了当时的"传统教育"中的保守风气。但在这个阶段的实施过程中也出现了很多问题。在对设计教学法的理念和价值并没有完全了解的情况下,全国自上而下迅速推行,盲目试行。这个时期,设计教学法忽视学科本身的价值,过于强调儿童的需求,对以往的教学方法全盘否定,这使设计教学法在 30 年代经历短暂的繁荣之后落入了低谷。之后,设计教学法这一名称在中国沉寂了很长一段时间④。

直到 20 世纪 90 年代后期,名称中带有"项目"两字的教学法逐渐增多,对以项目为载体的学习和研究关注度越来越高。但是这一时期项目式学习对义务教育阶段并没有太大的影响,研究焦点主要关注在外国语文学、信息技术、工业及通用技术和设备等领域。这一时期所探讨的"项目"与设计教学法之间也还没有建立实质性的联系。

二、项目式学习国内现状

2010 年以后,项目学习在义务教育阶段的研究悄然兴起。《项目学习教师指南》为义务教育阶段的教师在项目式教学实施上提供了很大的帮助⑤。在教育信息化、个性化和全球化兴起的大环境下,随着对核心素养的深入研究,项目式学习获得了极大的关注。就国内教育发展而言,在教育政策领域,核心素养导

① 张良才.杜威来华对中国教育的影响[J].辽宁高等教育研究,1996(6):97-102.
② 朱煜.五四新潮下的历史教育——以 1922～1925 年中华教育改进社年会的议案为考察对象[J].历史教学(下半月刊),2016.
③ 瞿葆奎,丁证霖."设计教学法"在中国[J].教育研究与实验,1985(3):13.
④ 易红郡."设计教学法"述评[J].课程·教材·教法,2013,033(007):103-109.
⑤ 巴克教育研究所.项目学习教师指南:21 世纪的中学教学法[M].北京:教育科学出版社,2008.

向的课程标准修订对教育目标和评价产生了深远的影响,引发对学科素养、跨学科学习、深度学习等的需求;在教育研究领域,学习科学、设计研究、基于理解的设计、表现性评价等新的研究理论、教学与评估方法的介入,引发对大观念、学习环境、大单元设计等的系列探索。2019 年 6 月,中共中央、国务院《关于深化教育教学改革全面提高义务教育质量的意见》,在优化教学方式中指出探索基于学科的课程综合化教学,开展研究型、项目化、合作式学习[①]。

中国教育信息化创客教育研究中心秘书长孙晓奎团队、上海市教育科学研究院普通教育研究所副所长、上海学习素养课程研究所所长夏雪梅团队等在大量本土实践探索的基础上,提出了符合当前国情教情的项目学习的基本理念、设计方法、辅助工具及典型案例[②],借助项目化学习转变教与学的方法,实现对国家课程进行项目化学习要素的融合与改造,达到发展核心素养,培养终身学习者的目的。

中华人民共和国教育部制定的 2022 年版《义务教育课程方案》在课程实施中指出探索大单元教学,积极开展主题化、项目式学习等综合性教学活动,促进学生举一反三、融会贯通,加强知识间的内在关联,促进知识结构化[③]。小学科学学科的部分内容和主题,在核心素养视角下以学生为主体,在一段时间内对与学科或跨学科有关的驱动性问题进行深入持续的探索,在调动所有知识、能力、品质等创造性地解决问题,非常适合以项目式学习的方式开展学习。中华人民共和国教育部制定的《课程标准(2022 年版)》在课程实施中指出,探究和实践式是科学学习的主要方式,要加强对探究和实践活动的研究与指导,整合启发式、探究式、互动式、体验式和项目式等各种教育学的基本要求,设计并实施能够促进学生深度学习的思维型探究和实践。在此背景下,义务教育阶段小学科学学科的项目式学习的研究如火如荼地开展起来。本章关于小学科学学科项目式学习的设计与实施叙述中将呈现部分实践案例。

---

① 中华人民共和国教育部.义务教育课程方案[M].北京:北京师范大学出版社,2022.
② 夏雪梅.项目化学习设计:学习素养视角下的国际与本土实践[M].北京:教育科学出版社,2018.
③ 中华人民共和国教育部.义务教育科学课程标准[M].北京:北京师范大学出版社,2022.

第二节　小学科学项目式学习的设计

一、概述

（一）界定

核心素养导向下的小学科学项目式学习是学生在一段时间内对与科学有关的真实世界问题进行深入持续的探索，经历与科学家、工程师类似的科学探究和实践过程，在新情境中进行迁移知识、能力与品质，创造性地解决新问题，形成公开成果，发展科学观念、科学思维、科学探究和态度责任等核心素养[①]。

核心素养导向下的小学科学项目式学习，可以基于科学学科而又超越科学学科[②]。基于科学学科是属于学科项目式学习，以科学学科课程标准和教学实际为出发点，是在完成基于国家课程的学科项目过程中，学生对学科知识有了更深入的理解，学科核心素养得到了很大的提升。超越科学学科是以科学学科为主，横跨其他学科，发掘不同学科的独有价值及不同学科间的联系，引导学生关注一些与社会热点相关的、融入现实生活的情境类任务或项目，可分为活动项目式学习和跨学科项目式学习。

小学科学项目式学习因为涉及了对国家课程、校本课程教与学的变革，对学校、教师以及学生都有一定的挑战。需要教师转换思路，系统地进行教学设计；需要学生转换学习方式，主动地进行探究、合作与评价。

（二）小学科学项目式学习要素

学科教师可以通过以下几个要素来设计小学科学项目式学习活动。

1. 项目目标

小学科学项目式学习的教学目标是指向科学学科核心素养的，包含四个方面：科学观念、科学思维、探究实践和态度责任。

2. 真实问题

小学科学项目式学习挖掘学科中的本质问题，并将其放入现实情境中，转化而成的驱动性问题，即是小学科学项目式学习的真实问题。

---

① 赵伟新.研读新课标赋能新实践——《义务教育科学课程标准》学习体会[R].2022.
② 夏雪梅.项目化学习设计：学习素养视角下的国际与本土实践[M].北京：教育科学出版社，2018.

3. 任务实践

小学科学项目式学习的学习实践主要用任务驱动的方式进行。

4. 项目支架

小学科学项目式学习项目支架包含的内容很多，情境支架、策略型支架、资源支架、评价支架等。

5. 成果展示

小学科学项目式学习的最终成果必须要是公开的，形式可以多样，指向项目目标。

6. 全程评价

小学科学项目式学习的项目评价在整个项目式学习实践与成果展示的每个环节都有，而且形式多样，主体多样。

二、小学科学项目式学习设计流程

项目式学习的教学设计对于教师而言，须转换教学思路，从思考"怎样教"变为"怎样学"，把自己代入到学生的角度，发现学习的壁垒，从而打破壁垒，搭建支架，让学生能够更自主、更有结构地去学习。那教师如何去打破壁垒、搭建支架呢？

根据已有的科学项目式学习设计经验，将科学学科项目式学习的要素代入，归纳了科学项目设计的流程，主要有以下几个步骤，见图 7-2-1。

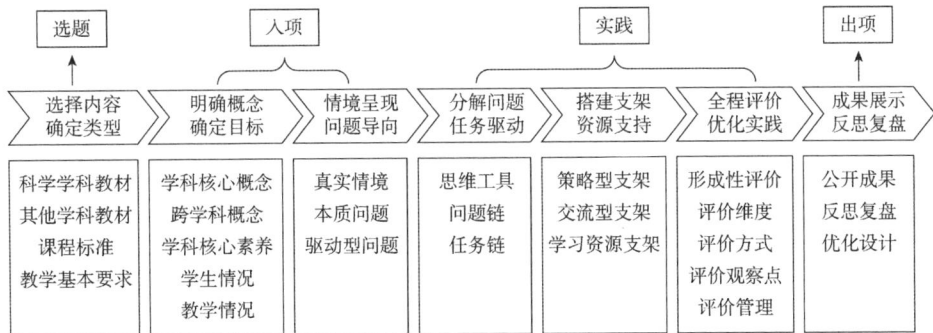

图 7-2-1　项目式学习设计流程图

（一）选择内容，确定类型

选题是项目式学习的第一步，不同类型的项目式学习选题来源有所不同。科学学科项目式的学习大多是在国家课程的背景下开展的，有教材内容与课程计划的限制,要完成国家课程的学习任务,也有具体的课时安排,所以教师可以选择合适的课时、单元、主题等课程内容来开展。而跨学科项目式学习或活动项目式学习则可以基于生活中的真实问题或校本课程来开展。教师需要一开始就明确自己项目的层级,进行不同类型的项目式学习设计。

（二）明确概念,确定目标

小学科学项目式学习需要教师在确定好选题后,先对课程内容充分挖掘,研究《课程标准（2022年版）》与《教学基本要求（2021年版）》,掌握学科的核心概念以及跨学科概念,定位学习水平,产生本质问题,并参考教学中学生对知识点的实际掌握情况,也就是教学情况和学生情况,确定教学目标,形成项目目标。随后,在项目设计的过程中还要结合后续的内容选择、项目活动设计与评价设计进一步进行项目目标的优化。

（三）情境呈现,问题导向

在小学科学的项目式学习的设计过程中,明确了项目本质问题与项目目标后需要联系真实世界,创造真实的情境。合适的情境会让学生引起共鸣,将本质问题转化为真实情境下的问题,即驱动型问题。这是项目式学习设计中非常重要的一点。小学科学项目式学习的驱动型问题需要具有一定的挑战性,激发学生学习欲望,让学习更加真实有效。

（四）分解问题,任务驱动

学生在各类真实情境中产生问题之后,教师一开始要引导他们对自己提出的问题进行分析、观察与思考,并尝试探究解决问题的办法。在一环一环递进的思考中,分解问题,生成具有一定的系统性、层次性和相关性的问题,预产生子问题链,形成系列学习任务,驱动系列学习行为。

驱动型问题与预产生的子问题之间需要具有逻辑性,问题之间需要环环相扣。还需要具有递进性。

这个环节教师可采取一些策略性支架进行思维引导,例如:头脑风暴、问题生成器等。

（五）搭建支架,资源支持

小学科学项目式学习的实践,需要教师根据问题链设计不同的学习任务,学习任务须与学生已有的知识与能力建立联系。在此基础上,再为学生搭建不同方式的策略性支架进行项目管理与知识生成,例如团队公约、活动任务单等,让学生的知识与能力产生迁移,并在这个过程中自主学习吸收新的知识,发展新的能力,从而创造性地解决问题。

另外,在项目实践的设计中,还要给学生提供足够的资源支持,搭建资源性支架。资源型支架的设计可以结合项目实践的需要,对学生项目实践中可能遇到或者必定会遇到的问题提供一些"脚手架",从而帮助学生通过自主学习去解决问题,可以是文本、视频类,也可以是网络资源,甚至借助教学具与空间资源。

不同学校的学生学习情况不一样,拥有的学习资源也不一样,教师要从学生的已有学习方式以及资源情况出发搭建支架,提供资源支持,让学生能够更好地开展项目实践。

(六) 全程评价,优化实践

全程评价,在整个小学科学项目式学习中,促进学生对学业成果和学习实践的完善与优化。科学项目式评价的设计要指向科学学科素养的各个方面,要包含评价的三个维度(学习兴趣、学习习惯与学业成果),同时项目评价的设计中需考虑形式的多样化,如纸笔测试、表现性评价、观察等。

科学项目式评价还要将评价前置,让学生在进行相关的学习实践之前就能明确评价量规,这样在学习实践中就能根据量规要求及时调整自己的学习方案以及学习实践的一些行为。

(七) 成果展示,反思迁移

成果展示一般是项目式学习的最终展示与评价,对项目成果的设计要指向项目目标,项目成果设计可分为个人成果与团队成果,但成果展示主要是通过团队的方式。展示的方式多样化,可以是网络发布、张贴、成果展等。不同的展示需要制作不同的成果方式,教师需要提前做好预设,要指导学生完成成果展示的设计与规划,提供给学生有效的展示工具与支架,还要有效组织成果展示,让学生能在成果展示中学习他人的经验,促进自身的思考。

成果展示并不是一个项目的结束,教师和学生还要针对项目的实施进行反思与迁移,这是一个"再创造"的过程,这也需要教师的提前设计,预留一定的时间,给学生搭建反思与迁移的支架,引导学生开始深度的反思,促进思维的发展。

三、小学科学项目式学习设计属性表

根据小学科学项目式学习设计的要素与设计流程以及具体的说明,可以提炼出小学科学项目式学习设计属性表,见表7-2-1。通过属性表可以对小学科学项目式学习设计整体思路进行全面的核查,确保设计的全面。

表 7-2-1　小学科学项目式学习设计属性表

项目名称		
项目来源	□课时　□单元　□主题　□领域　□学生生活中的发现	
项目类型	□学科项目式　□跨学科项目式　□活动项目式	
核心概念	跨学科概念	□物质与能量　□结构与功能　□系统与模型　□稳定与变化
	学科核心概念	□物质的结构与性质　□物质的变化与化学反应　□物质的运动与相互作用　□能的转化与能量守恒　□生命系统的构成层次　□生物体的稳态与调节　□生物与环境的相互关系　□生命的延续与进化　□宇宙中的地球　□地球系统　□人类活动与环境　□技术、工程与社会　□工程设计与物化
项目目标	□科学观念　□科学思维　□探究实践　□态度责任	
情境设计		
驱动型问题	本质问题：	
	真实问题：	

实践与评价	涉及的学习实践 □观察　□实验　□模拟 □体验　□阅读　□调查 □种养　□制作　□服务	实践评价维度 □学习兴趣 □学习习惯 □学业成果（科学观念） □学业成果（科学实践）	实践评价方式 □日常观察 □自我评价 □团队评价 □成果展示 □同伴评价 □表现性任务

策略支架	□头脑风暴　□问题生成器　□其他：_____		
	□项目管理工具　□活动任务单　□自我反思		
学习资源	□文本　□视频　□网络（平台、软件、APP） □教学具　□校内空间　□校外空间		

成果与评价	个人成果： 团队成果： 展示方式（学生以小组为单位） □网络发布　□成果展 □张贴　□其他：_____	成果评价维度 □学习兴趣 □学习习惯 □学业成果（科学观念） □学业成果（科学实践）	成果评价方式 □日常观察 □自我评价 □团队评价 □成果展示 □同伴评价 □表现性任务

　　说明：在上述属性表中有许多项需要勾选的项目。若符合小学科学项目式学习设计的要求和实际情况的，请在左侧的方框内画"√"。

四、小学科学项目式学习设计建议

（一）准确把握项目选题

教师可以选择合适的课时、单元、主题、领域等课程内容或生活中的真实问题，从这几个方面来进行整合，把握项目式学习的类型，挖掘相关核心概念，确定本质问题，从而创设真实情境，设计驱动性的问题，指导学生开展学习实践，形成学习成果。

1. 学科项目式学习

（1）选定课时，进行学科微项目式学习

微项目式学习是项目式学习中的一种微小形式，适用性较强，选定相应的课时，利用 1 节课或 2 节课的时间，开展一个微型项目，解决一个真实小问题。这样的微型项目式学习，适用于各学科，学习流程简洁明了，非常吻合日常课时安排，不会打乱教学节奏，方便教师操作，也有利于全体学生参与学习。

（2）整合单元，进行学科单元化项目式学习

在科学学科教学中，在单元教学活动中辟出一定空间，以《课程标准（2022年版）》为指导，对接科学学科单元的高层次目标，整合单元内容，设计"学科单元化项目式学习"，引导学生在真实情境中，综合运用已学的学科知识、方法、观念，经历解决真实问题的过程，从而建构新知，完成有创意而且有意义的深度学习。

整合单元则根据教师的创造程度为标准，实施的方式有两种，第一是自然单元，第二是重组单元[①]。

自然单元是指选用教材编排的单元。将单元学习变为项目式学习，通过学生在课内外的实践探究以及调查，最终在课堂中进行公开成果，形成单元核心知识体系。自然单元项目式学习可以统整教材编排的整个单元内容，也可以统整部分课时。

重组单元也是学科单元化项目式学习的方法，打破教材编排的原有单元结构，保留课时内容，围绕一定的学科大概念来进行组织，用项目式学习的方式和流程进行设计，将原本不同自然单元的内容组织在一起，形成一个新的项目式学习单元。

学科单元化项目式学习便于学科教师调节控制和进行评价反馈，也能保证

---

① 上海市教育委员会教学研究室.小学自然单元教学设计指南[M].北京：人民教育出版社，2018.

整体的学科教学效率,易获得课程效益。

2. 活动项目式学习和跨学科项目式学习

(1)结合真实发现,进行活动项目式学习

项目式学习本就是学生对于真实世界问题进行深入持续的探索,所以结合学生在日常学习和社会热点中发现的有关科学的问题开展项目学习,是我们科学项目式学习探究的常见来源与途径。

学生生活中发现的有关科学的问题,可能与正在进行的科学课程没有联系,但教师可利用课下时间,针对这个科学问题,带领学生在一段时间内进行深入的探究实践,创造性地解决新问题,形成公开成果,这可认为是一种活动项目式学习。

(2)以主题整合,进行年段的跨学科项目式学习

根据年段确定某个主题,整合本年段中多个学科不同单元涉及本主题的核心知识与教学目标,梳理这些核心知识的联系,进行主题项目式学习,并融入到具体的情境中,设计真实问题与学习实践,形成一个跨学科项目式学习项目。

这种同一主题下的跨学科项目式学习,在一段时间内,结合多个学科共同参与,能有效地提高学生的学习兴趣与学习欲望,比单一学科的项目式学习更能提高学习的效率与成果。

(3)确定领域,进行校本化的跨学科项目式学习

随着教育综合改革的不断深化,为了丰富学生的学习经历,发展学生的创新素养,很多学校在项目式学习的校本化实施中因地制宜,结合学校的情况,以科学学科中的领域为主体,充分挖掘课程资源,对其进行整体项目式学习设计,形成校本课程。如学校可根据办学理念,充分挖掘并结合学校的农场资源,以科学学科中的"生命科学"领域为主结合各学科,用项目化学习理念编写项目式学习校本课程。

这种校本化的跨学科项目式学习,结合学校特色与校本资源,形成课程,是发展项目式学习的重要一环。但校本化的跨学科项目式学习的设计与实施需要学校层面的统筹与规划,以及不同学科教师的共同参与及研究。

教师在进行项目式学习的设计过程中,要根据自己的选题,准确把握项目式学习的类型,开展不同级别与规模的项目式学习,这是项目式学习的基础。

(二)搭建全面项目支架

在项目式学习过程中,教师根据学生的学习情况需要在适当时机为学生提

供一定的帮助或有效的支持,这种帮助和支持就是项目学习支架。没有一定的项目学习支架,学生是很难去完成项目实践的。项目支架在帮助和支持学生项目实践的同时,也让学生掌握和学习到一定的学习方法,建构、内化更高级的认知活动。

在小学科学项目式学习中,教师需要为学生尽量搭建全面的项目支架,帮助不同层次的学生开展学习实践,并在这个过程中掌握科学的探究实践方法。

结合项目化学习的特征,从学习支架发挥作用的角度,我们将学习支架分为五种常见类型。

1. 情境型支架

在项目开展中如何引导学生进入情境,尤其是让学生感受到情境的真实性,产生的问题或任务才具有真实性,从而能够激发学生主动积极的学习欲望,参与到项目中来,这是非常重要的。所以在开展项目学习之前,设置情境支架非常有必要。

常用的情境型支架主要有两种方式:求助类或者模拟类。

求助类的支架,设置用户以求助的方式直观具体地抛出自己的真实问题,向学生求助,希望学生能够帮助解决问题。

模拟类支架,是教师借助角色扮演、视频播放、文本阅读、环境布置等方式,让学生模拟进入情境中,并模拟科学家、工程师、讲解员等角色,建立起自己与情境的关系,尝试去解决问题。

2. 策略型支架

在科学学科项目学习中,我们希望学生能通过项目学习建构学科知识与能力,指向学生核心素养的形成,所以需要用一些策略来达成学生的自主学习,培育学生的科学思维。教师需要根据任务要求及学生特征,选择最有效的方式或途径,帮助学习者顺利完成学习任务,以达到最优的学习成效。

策略型支架类型有很多,科学学科常用的有思维类、观察类、探究类与管理类等。

思维类支架,主要是将学生不可见的思维以图的形式表现出来,让思维可视化与结构化。包括概念图、思维导图、思维可视图等。

观察类支架,主要是科学学科中让学生带着问题或者预测进行有目的的观察,可用活动任务单的形式来进行记录,培养学生科学观察的顺序、层次及深度。

探究类支架,主要是科学探究类项目中,帮助学生建立对核心概念的理解以及科学探究的程序，也可用活动任务单的形式来进行记录，培养学生科学研究的能力。

管理类支架，项目式学习注重团队的合作探究，而有效的合作探究，也需要教师的引导。教师引导学生组建团队，帮助学生进行团队管理，促进团队有效探究。可教会学生使用一些项目管理的工具，如：团队画像、团队日志等。

3. 资源型支架

在项目式学习中，教师为学生提供各种支持学习实践的相关资源，以及资源获取的途径、方法和工具等，帮助学生能够有效获取所需资源和整理资源。资源的类型有文本、视频、网络、教学具、场馆等。整理资源信息可采用活动任务单的形式。

4. 交流型支架

在项目式学习中，教师要组织学生进行讨论与交流，同时向学生介绍交流的一些方法、技巧等，使学生知道如何与他人开展交流学习，认识到与他人交互协作学习的重要性。通过学生的团队交流进行信息分享、观点碰撞，达到鼓励、启迪的作用，为通过方案解决问题打下基础。

交流型支架可以采用一些方法，如观点激荡、头脑风暴、辩论、论点拔河等。

5. 评价型支架

在整个项目学习过程中，教师为学生提供评价量规、评价表，以检验学生的学习成效、改进学生的学习状况。评价的方式可用日常教师语言评价、学生利用评价表自评、同伴的互评、成果展示、表现性任务等。

（三）注重评价优化项目实践

在项目式学习中，学习的目的不仅是获得知识，关键是学生如何应用知识与习得技能，这就要求教师能够全程评价学生在学习实践中的表现，包括评价学生的高阶思维和应用技能，评价学生作出高品质项目作品的工作，还要能够评价学生学习实践中所采用的规范的方法与行动。

科学学科的项目评价可以从"学习兴趣""学习习惯"和"学业成果"三个维度来开展评价的设计。项目评价设计中应注重用评价来优化项目实践，设计项目评价方式、评价方法与观察点时多关注形成性评价，帮助教师及时去了解每个学生在项目过程中的发展与变化，从而能够有针对性地调整项目进度，改进项目支架等。

1. 明确评价的方式与方法

教师在项目中需要选择合适的评价方式与评价方法。项目式学习的评价不单从教师的角度出发，而更注重从学生的需要出发，关注学习的过程，关注学生在项目学习中的体验，尤其重视师生交流以及团队之间的相互作用。在项目式学习的评价中，教师的职责是与学生一起确定项目、收集资料、共同讨论交流，在相互交流中渗透教师的指导作用，与学生一起共同完成评价。因此在项目进程中的不同阶段，设计的形成性评价方式应该至少包括自我评价、团队评价和教师评价，根据需要，还可以设置专家评价、一对一评价等。评价的方法也可以分为纸笔测试与观察记录、档案袋评价、访谈、评价单等。

2. 确定评价的观察点

为了更好地落实项目目标，在项目过程中达到评价优化实践的目的，在项目评价的设计时要确定评价的观察点。科学学科评价的观察点也将从"学习兴趣""学习习惯"和"学业成果"三个维度出发，结合科学学科核心素养的要求以及项目目标，细化评价内容，融入学生项目学习的过程，采用等第与文字结合的方式。观察点的设计要具体，差异明显，便于操作，同时项目评价的观察点也不能太多，可分阶段重点突出。

3. 完善评价的管理

项目评价管理是评价优化实践的重要部分。项目评价管理要建立学生的学习成长档案袋，完善评价管理的机制。在项目设计时要将项目管理与评价管理相融合，实现评价资料的累积、评价数据的统计与分析等，这样才能及时根据评价结果进行反馈，师生才能调整项目进度，优化项目实践过程。

五、案例："动物园规划"项目①

下面以"动物园规划"项目为例，简要说明小学科学项目式学习设计的应用。

（一）项目来源

"动物园规划"项目是基于"多样的动物"单元，通过对单元结构的分析，对单元教学进行重组，调整课时划分，属于科学学科单元项目式学习。

下面简要说明此项目在进行科学学科单元化项目式学习的设计过程中的具体操作。

---

① 本案例由上海市嘉定区马陆小学李淑丹、张金燕提供.

（二）项目设计

1. 明确概念，确定目标

项目在对单元内容充分挖掘的基础上，掌握了本单元的学科概念为"动物的形态与习性"，依据《教学基本要求（2021 年版）》，确定本项目的项目目标：①运用多种感官、仪器以及通过图书、网络等途径搜集有关动物的信息；能用文字、符号等形式进行记录和整理相关信息。②知道以有无脊椎为标准可以将动物进行分类。③知道一些常见动物的形态结构与习性。④举例说明一些常见动物器官的功能。⑤学会用多种观察方法对动物进行有序观察。⑥在观察常见动物形态结构与习性等活动中，感受多样的生命世界和生物适应自然的奇妙。

2. 情境呈现，问题导向

本项目联系真实世界，在带领学生调查了生活中常见动物的基础上，设计情境：建设明星动物园。根据项目目标与项目内容，明确本项目的本质问题："动物应该如何去根据形态结构去分类？"最后再围绕情境，在课堂中与学生一起讨论，预设能提出的驱动学生学习的真实问题："怎样合理规划动物园中的动物？"

3. 分解问题，任务驱动

项目在驱动型问题的引领与驱动下，带学生进行头脑风暴，引发学生的深度思考，提升科学思维，预设分解成三个子问题，子问题 1：选择哪些动物入园？子问题 2：怎样合理布局？子问题 3：怎样合理规划更多动物入园？再将问题变成任务，分解形成任务一：规划动物园动物的类别——研究了解各种动物的形态结构与生活习性；任务二：合理布局动物园。任务三：形成动物园规划方案。

4. 搭建支架，资源支持

项目在分解了任务的基础上，计划通过六节课的时间与学生一起进行项目实践，搭建项目支架，提供阅读资料单与学习任务单。在此基础上研究了解各类动物的形态结构和生活习性，学会用多种观察方法对动物进行有序观察，在学习过程中完成三个任务，并逐渐完善动物园规划方案。项目实施中，在学生自主学习的同时，教师根据学校的硬件设备，在科学教室中设置电脑、相关图书等资源，为学生的自主学习提供支持。

5. 全程评价，优化实践

在项目实施过程中，设计全程的自我评价，融入每节课的活动任务单中，结合课堂内外教师的评价以及团队评价，形成评价体系，同时进行设计项目管理体系，形成个人成长档案袋，累积评价资料与评价数据，及时调整项目的开展进度，对学生的学习进行反馈,优化项目实践中出现的问题,帮助学生更好地完成项目任务。

6. 成果展示,反思迁移

最后设计项目的成果展示,代入动物园设计方案招标会的情境,设定不同的角色,展示各个小组合作完成的动物园规划方案,并展示方案特色的部分,进行相互评价,最后"评委"给出评级,宣布最后各组的得奖情况与明星动物园的最终建设方案。

最后根据本项目实践中的过程与结果,结合项目目标进行反思:在设计的各个环节怎样可以做得更好,达到更好的学习效果,形成经验,进行分享与迁移,在下一个项目中运用起来。

（三）设计的检验

本项目的设计可以通过属性表进行检测,检测结果见表7-2-2。

表7-2-2　"动物园规划"项目式学习设计属性表

项目名称		动物园规划
项目来源		□课时　☑单元　□主题　□领域　□学生生活中的发现
项目层级		☑学科项目式　□跨学科项目式　□活动项目式
核心概念	跨学科概念	□物质与能量　☑结构与功能　□系统与模型　□稳定与变化
	学科核心概念	□物质的结构与性质　□物质的变化与化学反应　□物质的运动与相互作用　□能的转化与能量守恒　☑生命系统的构成层次　☑生物体的稳态与调节　□生物与环境的相互关系　□生命的延续与进化　□宇宙中的地球　□地球系统　□人类活动与环境　□技术、工程与社会　□工程设计与物化
项目目标		☑科学观念　☑科学思维　☑探究实践　☑态度责任
情境设计		建设明星动物园
驱动型问题		本质问题:动物应该如何去根据形态结构去分类
		真实问题:怎样合理规划动物园中的动物

（续表）

实践与评价	涉及的学习实践 ☑观察 ☑实验 □模拟 □体验 ☑阅读 □调查 ☑种养 □制作 □服务	实践评价维度 ☑学习兴趣 ☑学习习惯 □学业成果（科学观念） ☑学业成果（科学实践）	实践评价方式 ☑日常观察 ☑自我评价 ☑团队评价 □成果展示 ☑同伴评价 ☑表现性任务
策略支架	☑头脑风暴 □问题生成器 □其他：_____		
	☑项目管理工具 ☑活动任务单 ☑自我反思		
学习资源	☑文本 ☑视频 ☑网络（平台、软件、APP） □教学具 ☑校内空间 □校外空间		
成果与评价	个人成果： 活动任务单、动物介绍海报	成果评价维度 ☑学习兴趣 ☑学习习惯 ☑学业成果（科学观念） ☑学业成果（科学实践）	成果评价方式 □日常观察 ☑自我评价 ☑团队评价 ☑成果展示 ☑同伴评价
	团队成果： 动物园规划方案		
	公开方式（学生以小组为单位） □网络发布 ☑成果展 □张贴 □其他：_____		

第三节　小学科学项目式学习的实施

项目式学习作为小学科学教学变革的新途径，能有效促进学生的深度学习及核心素养的形成。但在实施过程中，师生也面临诸多挑战。为了有效落实项目式学习实施中的入项、项目展开、出项等项目阶段，需要教师有一个基本的把握。

一、善用学习时空，组织入项活动

（一）借助校内空间资源，创设问题情境

在实施入项活动时，可以用足用好校内外空间资源。根据小学科学课程内容，精选与校内空间资源高度相关的单元或主题，做好问题情境的创设。这种常

态化的资源,来自于身边的点滴,如校内天文台、美术馆、气象站、农场等,有利于学生自然而然地入项,进入发现问题、解决问题的情境中,并且有利于激发学生的内驱力对相关问题进行主动探究。当项目与学生自身的关联性越强,就越能激发他们的好奇心,引发探究的愿望,也培养了学生关注身边事物的习惯,培育了大格局观。

如"破解天文台选址之谜"项目学习之初,学生来到校内"Hi星空"天文台的"世界知名天文台"展区进行了参观。通过调查和梳理世界各地知名天文台的海拔高度、建造年份、特点等资料,不约而同地提出了"为什么古今中外世界知名的天文台都建在高高的山上?""是因为山顶离星空更近吗?"等疑问。学校天文台的展示资源利于驱动性问题的提出,瞬间让大家迸发出跃跃欲试的探究热情。

又如"寻美'诗经植物'"项目利用校美术馆向全体师生做一次以"诗经植物"为主题的展览,面向四年级学生征集展现"诗经植物"之美的布展作品。学生在校美术场馆资源的真实情境中,以"哪些作品更能展现'诗经植物'之美?"为主题展开讨论,顺利入项。

可以发现,校内空间资源对于问题情境的创设具有积极意义。

(二) 直面真实情境,触发学习时机

在实施入项活动时,也可以引导学生直接面对复杂而真实的情境,根据已有的科学知识,在有意义的问题情境中,主动加工、分类、归纳,通过自主探究和合作学习,将跨学科的知识不断内化为自我的知识体系,提升自我思维的深度,能敏锐地发现问题,并学习隐含其中的科学知识,逐渐增强解决问题的技能和自主学习的能力。从学生在日常学习和社会热点中发现的真实问题入手,抓住时机组织、开展讨论和交流,引导学生挖掘本质问题,提出驱动问题,进行真实和持续深入的学习,形成具有创造力的成果。

如"太空探索知多少"项目,由于学生近年来在电视或网络多次参与"天宫课堂"的学习和熏陶,对"太空"这个未知空间的探索兴趣已经非常浓厚,好奇心大门也早已被打开。随着我国更多深空探测活动"天问一号"探测器的成功着陆,学生发现古今中外,人类探索太空的脚步从未停止,每一项成果都来之不易,那么驱动性问题"太空探索知多少?"就顺理成章地成为了进一步学习的导向,带着学生对人类太空探索的过去、现状和未来,进行抽丝剥茧般的探寻。

如"上海入夏是几日,小小精灵来预测"项目以二十四节气中立夏节气的到来是否意味着夏季到来的生活情境，①以常识上的矛盾和冲突触发学习思维，引发学生入项，成为学习的主人。深度思维不仅能导引学生发现真实情境中的复杂问题"上海入夏到底是哪一天？"还能帮助他们层层深入挖掘基于传统历法、节气和气象意义上不同的季节划分标准。通过像气象工作者那样对气象数据进行观测记录和分析推理之后，作出有根据的预测。

因此，真实情境中产生的真实问题是学生开展项目式学习较为合适的时机。

（三）头脑风暴确立问题，促进情境迁移

在小学科学课程的日常学习中，大部分学生已经习惯了团队合作的分组学习模式。当4—5个学生围绕一个感兴趣的领域产生新观点时，头脑风暴就此产生。在小组内进行充分的讨论和交流，拓宽思维的广度和深度，形成头脑风暴，也是实施项目式学习入项活动非常重要的一个形式。教师应及时记录学生头脑风暴过程中的点滴火花，并给予全员自由表达交流的机会。在没有拘束的团队讨论中，学生可以更自由地思考，达到思维新高度，记录所有观点，并在最后阶段相互评估。这意味着他们有机会将学科知识进行迁移和应用，解决实际问题。

如"捕捉星星的'巨眼'"项目的驱动性问题就是在小组头脑风暴中产生的②。进入主题讨论后，组员纷纷打开话匣子："浩瀚宇宙，充满未知的神秘，吸引人类不断探索。""面对满天繁星，拥有怎样神奇的本领，才能成为捕捉星星的'巨眼'，看清来自宇宙深处的奥秘？""怎样让更多的小伙伴了解它？"头脑风暴过后，大家不约而同地把问题指向了天文望远镜。随后，孩子们又提出疑问："天文望远镜是谁发明的？""它有哪些神奇的功能？""怎样像天文学家那样用巨大的天文望远镜之眼，捕捉星星……"由此开启了"捕捉星星的'巨眼'"项目式学习探究之旅。

我们发现，各组自由讨论形成驱动性问题，激励学生在协作、研讨中确立问题，寻求解决方案，可以促进情境迁移。结合探究中的各类观点进行梳理和统整，有利于推动项目的入项。

二、乐于合作探究，支持项目展开

（一）分解问题促进合作，推进项目建构

学生团队在各类入项活动过程中达成共识后，就要围绕驱动性问题进行合

---

① 本案例由上海市嘉定区马陆小学陈晓琳提供.
② 本案例由上海市嘉定区普通小学汤伟、郑靖晔、周蓉倩、王轶文、杨建华、钱方飞、徐筱颖提供.

理的拆解。在学生提出的众多问题中,教师要指导、启发学生运用归类、筛选、合并等方法梳理出有针对性和可操作性的问题。在分析甄别问题的逻辑结构是否与问题解决的过程相对应的基础上,分解获得子问题,形成问题链,细化项目实施。环环相扣形成的子问题链服务于驱动性问题,它并非基于知识的分解,而是基于逻辑结构的分解,有利于推进项目建构。

如"自制捕捉星星的'巨眼'——天文望远镜"项目,是在前期"捕捉星星的'巨眼'"项目探索天文望远镜基本原理结构、制作各种各样的望远镜模型的基础上,学生产生的新想法:"我们想做个能够望向天空的望远镜。如何自制一架能望向天空,捕捉星星的'巨眼'——天文望远镜?"教师组织入项后,引导学生把驱动性问题分解成三个子问题。子问题1:哪种望远镜适合我们小学生制作?通过光路调研、配件调研和成本调研,综合分析并投票决定制作牛顿反射式天文望远镜。于是形成了子问题2:如何自制牛顿反射式天文望远镜?通过配件分析来源表、采购配件、改造配件、自制配件,完成了牛顿反射式天文望远镜的初步组装。此时面临子问题3:如何让我们的望远镜更美观、别致?网络征集个性化装饰望远镜的方案,合作装饰镜筒,并完成配件的组装固定。

可以看出,学生在知识与能力的建构中进行综合探索,开展融多个学科为一体的跨学科项目式学习,促进了团队合作。基于真实情境的子问题链不断推进着项目建构。

(二) 提供支架促进探究,提升实践能力

教师在项目设计阶段准备好学习支架,如问题生成器、活动任务单、学习评价单等,应根据项目进度逐一提供,在实施过程中也要及时改进和完善前期的设计。还可以提供项目管理工具,如小组日历(甘特图)、团队公约、学习日志等,来支持学生的自我管理,增强学生自主和协作的能力。进程管理类学习日志侧重于记录项目进度和完成节点,项目评价类学习日志则更关注项目化学习进程中的评价。教师还要关注全员参与的情况,引导学生制订和遵守每一个同学都要参与学习活动和倾听他人见解的约定。以免某些性格腼腆的孩子永远不发声,游离于活动之外。也避免某些能力出众的孩子大包大揽,忽略和忽视组内成员不同的见解。但学习支架也并不是越多越好,做到在恰好需要的时机,提供必不可少的支持,这需要考验教师的智慧。

如"蓝草小镇"项目运用蓝草信息二维码等作为认知策略支架,运用染布流程图、种植流程图作为学科实践支架,运用"一片叶子调查表"作为思维工具和学习实践支架,既能帮助学生激活既有知识,建立联系,又能帮助其梳理问题的解决路径。在项目式学习实施期间,始终提醒学生遵照小组日历和班级公约,实现工作效益的最大化,既设定了可行的时间表、检查节点和截止日期,又保证了一定的灵活度。

合理使用学习支架,不仅有利于提高学生的实践能力,还有利于培养团队协作能力,最终提升学生的科学素养。

（三）分工协作形成互补,共同参与项目学习

在项目式学习的实施中,团队内分工协作是重要的学习方式。那么分工协作如何能取得最佳效果呢? 教师要特别关注分组情况,学生的性别、性格、习惯、能力,都需要合理搭配,形成互补。每一组学生都要包含男生和女生,开朗和腼腆的孩子,既有学习习惯较好的,也可能会有个别学习习惯不佳但动手能力较强的孩子。不同类型的学生在面对任务时,往往在思维碰撞和协作中逐渐明确解决问题的方法。真实的情境和研讨,能帮助学生思维不断提升,在此过程中学到的知识和能力迅速内化,助力成长。

如"智造小农家"项目[1],采取四人组队的原则,建立小组并申领志愿表。各个小组在项目初始就为自己的小队起好名称,确立口号,并进行了人员分工职责的安排。角色分工包括组长、财务官、发言人、技术骨干。组长负责组织整个活动,做好种植计划的全面统筹规划与分工安排,调动各个组员分工协作,共同完成任务;财务官负责保管资金,管理整个项目过程中资金的使用;发言人主要负责整个活动过程项目中期汇报和最终汇报的组织策划;技术骨干主要负责运用知识技能帮助组员解决核心问题,像"如何测算使用土地面积? 如何播种? 如何对种植流程进行记录管理?"等问题。以上分工是对于不同种类工作分项的完成度负责和进度掌控,而非该种类工作只由该工种学生完成,所有工作要求学生共同参与。教师在分工前考虑每个组员角色的符合程度,并在项目全过程中针对学生遇到的各种问题给予"帮助者"式的指导。

均衡的分组和搭配有助于组间合作、形成互补。在学习过程中不仅注重个人成长,团队的成长更是意义非凡。

在项目式学习的实施中进行有结构的问题分解,搭建学习支架,团队分工协作,是变革教学方式的重要转变,教师应不断促成这样的转变。

---

[1]　本案例由同济大学附属实验小学黄诗韵、李玉萍、陈楠、黄悦等提供.

三、项目成果展示，出项反思复盘

(一) 形成项目成果，优化出项产品

成果的形成即在具有挑战性的问题情境中，借助支架逐步完成项目任务，创造一个真实的产品，这样的过程水到渠成。在完成产品过程中，包含信息查找、识记、整理、巩固和理解等低阶学习过程。随后，小范围投入使用、收集反馈和建议、改进流程，往往是优化产品的一般模式。

如一年级"家有萌宠秀"项目，在第一阶段形成了不少宠物档案卡进行初步展示和交流。可是由于学生年纪小，表达能力相对较差，临场发挥不稳定，展示效果不佳。后经过设置"优秀小主人"的评选活动，先进行组内交流预热，再分类展示家中萌宠，把活动推向高潮。学生有的使用图文并茂的宠物档案卡，有的使用音画结合的小视频，有的在现场边模仿边介绍。展示交流过程中一些常见宠物的生活习性被展现得淋漓尽致，孩子们知道一些动物可以陪伴人类，它们与野生动物有区别。孩子最终形成爱护宠物、保护环境的意识。"家有萌宠秀"项目的成果形式多样，还充分激发了学生学习兴趣，培养了学生关键能力和学习品质。

这是一次较为成功的项目成果优化。

(二) 出项汇报展示，接受他人反馈

实施项目式学习的最后阶段，教师还应帮助学生搭建好平台，给予每一个孩子展示学习成果的机会。对形成的过程性资料和优秀成果进行展示，实现资源共享，这也是对优胜者的极大鼓励。出项汇报展示，可以以小组为单位，合力完成展示的方方面面，以拍卖会、招标会、分享会等形式呈现最佳项目成果，倾听观众反馈的建议，能更为客观地认识在项目式学习中自身及团队成员知识、能力、品质的创造性发展。

如"捕捉星星的'巨眼'"项目的出项汇报展示安排在一次市级科研活动中。进入校门的大道上沿途错落摆放着多台不同类型的望远镜，项目 A 组学生以"邀你一起看星星"为主题，邀请入校嘉宾亲自体验望远镜的使用。B 组学生在底楼大厅"以追星族们的小探究"为主题展示并介绍过程性成果和资料。C 组学生以"3D 打印巨眼荟萃"为主题展示各类望远镜模型。D 组学生手持"天文望远镜科普小手册"为来宾介绍自制的科普小手册，向更多老师、同学推广天文望远镜的类型、结构、性能和用法，以及它们的发展历程、最新成果……为了在展示中呈现最佳状态，多数学生都经历了 2—3 次的模拟练习。不过在与嘉宾互动时，

还是听取到了不少反馈的建议。

这些反馈有的鼓励着项目式学习的不断发生，有的让学生清醒地认识到学习中的短板和盲区，进入迭代更新。

（三）以终为始，反思迁移，复盘分析

项目式学习有利于推进师生课程实施方式、课堂教学方式和原有评价方式的变革。放手让学生充分经历自主思考、分析、解决问题的过程，以科学项目为支点，继续探索跨学科渗透，以项目式学习撬动教学变革的有效实施，并将其内化、深化、提炼，提升学生的学习能力和思维品质。

虽然一个项目的学习看上去到汇报展示这里就结束了，但在项目式学习的过程中还有一个非常重要的环节，那就是复盘。复盘能够帮助学生团队回忆本次学习过程中的各个环节，反思优缺点，尽快弥补不足。

如"昆虫旅社"项目，同学们用自己收集来的材料一起制作"昆虫的家"，并一同放在学校"一米菜园"中进行观察，通过实际吸引来的昆虫验证"昆虫旅社"设计是否合理，以及考虑需要改进的地方。在完成制作活动后，引导学生对整个过程和成果作回顾和总结，并比较设计稿和实物之间的区别，谈一谈自己的设计和落实制作中遇到的困难，思考在设计时没有充分考虑到的问题，体会设计和实践之间的关联与区别。

当进行下一次项目式学习时，复盘带来的进步显而易见，能够形成更加出色的项目成果。复盘对激发学生对科学学科的学习兴趣、实现核心素养和创新实践能力的发展作用巨大。

所以说，项目式学习的实施应好好把握入项、项目展开和出项等环节，带动学生在常态化项目式学习中提升关键能力和学习品质。

第四节　小学科学项目式学习评价

一、小学科学项目式学习评价目标

《课程标准（2022 年版）》中指出：科学课程的总目标旨在培养的学生核心素养，为学生的终身发展奠定基础。科学课程的核心素养主要是指学生在学习科学课程的过程中，逐步形成的适应个人终身发展和社会发展所需要的正确价值观、必备品格和关键能力，是科学课程育人价值的集中体现，包括科学观念、科学思维、探究实践、态度责任等方面[①]。

在项目式学习中,学生解决真实的问题,因此,教师应更关注学生如何应用知识和技能而不是仅限于知识的学习。项目式学习多元的学习目的要求教师能够对学生有多元化的评价。

小学科学项目式学习评价的目标要确保学生能够就《课程标准(2022 年版)》要求的总目标进行深入的学习,重视"目标—学习—评价"的一致性,将内容与要求转化为学习目标,依据学习目标与学生的年龄特征,合理设计评价目标、评价内容与评价方式。强化评价的诊断、改进与激励功能,合理利用评价结果发现学生在科学学科学习中存在的问题。需要从科学观念、科学思维、探究实践、态度责任等方面全面评价学生[②]。

二、小学科学项目式学习评价内容

针对小学科学项目式学习,将评价内容主要分为最终作品、阶段性作品,下面举例说明。

（一）最终作品

小学科学项目式学习的最终作品是项目的最终成果,它是所学知识与技能的综合体现,为学生提供展示他们多项知识和技能的机会。

以小学科学"种子的传播"为例。上海市嘉定区曹王小学唐智娇老师以项目式教学的方式指导学生学习本课[③],该项目主要由沙龙引入、沙龙展示、沙龙评价交流三个活动组成。

首先,将师生日常交流对话在课堂中情景再现,设下问题;然后引导学生以小组为单位,围绕与种子的传播相关的三个问题,以沙龙的形式交流分享种子的传播方式研究成果,通过沙龙评价单的引导,学生认真倾听同伴的发言,教师进行有针对性的点评;最后,沙龙活动总结,解决学生的疑问,学生根据沙龙展示活动的形式和内容说说自己喜欢的小组,并依照沙龙评价表完成自评。

在这个项目式学习中,沙龙活动就是最终作品,该沙龙的评价表也从表达交流和学习成果两个维度对本次项目式学习的学业成果进行了评价,见表 7-4-1。

---

① 中华人民共和国教育部.义务教育科学课程标准[M].北京:北京师范大学出版社,2022.
② 同上.
③ 本案例由上海市嘉定区曹王小学唐智娇提供.

表 7 - 4 - 1　评价表

	沙龙要求	达成情况
表达交流	乐于分享学习成果	
	认真倾听沙龙展示	
	积极参与沙龙互动	
学习成果	知道种子的形成与花的结构有关	
	知道花的受精过程	
	知道花的传粉方式和风媒花、虫媒花的特征	

说明：达成相关沙龙要求的，在"达成情况"一栏中贴上 1 颗☆。

（二）阶段性作品

小学科学项目式学习的时长并不是固定的。有的项目只是二三节课的时间，但有项目时间长达几个月。那些历时较长的项目通常会分成多个阶段，阶段性作品也是项目式学习的评价内容。阶段性作品出现在项目的不同阶段：前期阶段、中期阶段和后期阶段。阶段性作品可以由个人完成，也可以由团队完成；可以是作品初稿，也可以是完成的作品。

小学科学项目式学习阶段性作品帮助教师尽快发现学生遇到的未预料到的问题，从而更好地控制项目的走向。阶段性作品也为学生提供更多展示他们学习成果的机会，使学生获得更多的成就感，有利于整个项目的推进。阶段性作品作为整个项目的阶段性检查点，既能帮助学生遵守进度和计划，还能帮助他们完成整个项目。

以小学科学课"到处都生活着动物"为例，以项目式教学的方式指导学生学习本课。

该项目主要由"认识多种多样的动物"、"探究动物的分类"、"合理规划动物园中的动物"三个子项目构成。首先，以小灶村亲子体验农场中的动物调查汇报，引导学生认识到地球上的动物有很多，到处都生活着动物；然后制订分类标准对动物进行分类，知道动物的一些类别，学习以"体内有无脊柱"为标准对动物分类，感悟多样的生命世界；最后引发项目式学习的核心任务：合理规划动物园中的动物，分解形成子项目 1：选择合适的动物入园；子项目 2：选择一些分类标准对动物园进行布局；子项目 3：合理规划更多的动物入园。这三个子项目的作品就是阶段性作品。以子项目 2 为例，为了选择一些分类标准对动物园进行布局,探究动物的分类可以看作是这个项目式学习的阶段性任务,为了帮助学生完成该阶段性任务,设计了评价表,见表7-4-2。

表7-4-2 活动Ⅱ 探究动物的分类

活动要求	达成情况
能选择一个标准,通过摆一摆的方式对动物进行分类	

说明:达成相关活动要求的,在"达成情况"一栏中填入1颗☆。

三、小学科学项目式学习评价方式

小学科学项目式学习的目的不仅是科学知识的学习,而更是学生在应用科学知识和技能上的习得,这就要求我们能够对学生项目实施过程中的表现作出评价,这时传统的试卷评价方式已无法适应小学科学项目式学习。在小学科学项目式学习中,学生开展解决真实问题的活动,需要更真实的评价。因此小学科学项目式学习评价需要包含以下几个方面:评价学生知识掌握情况,评价学生技能掌握情况,评价学生的过程表现。通过探究活动,学生将课程知识内容与建构有用知识的过程方法结合起来。

在小学科学项目式学习过程中,学生需要掌握与所学主题相关的知识,也要掌握如何应用这些知识。评价学生在项目学习过程中对知识和技能的掌握情况,需要将知识和技能分解成一组学习目标来明确描述。这些描述能够让学生清楚他们应该学习哪些东西,也为评价提供了基础。在现实的教学过程中,教师制订项目式学习的评价计划时要对学生的各种学习活动负责。教师需要选择合适的评价方法对学生的项目作品作出评价,并通过综合的评价工具评价学生在项目学习中是否达到了预期的学习目标。可以通过对学生项目阶段性作品或最终作品进行评价,了解项目学习的两个目标:知识掌握和技能掌握的实现情况。《课程标准(2022年版)》中的教学目标可以起到这个作用,同时教师也可以在每个教学目标下加注自己认为的重点,给学生更加明确的指导。

评价学生在项目实施过程中的表现。小学科学项目式学习实施过程中,其实践活动和传统教学方式相比有其多样性。学生们会体会人际沟通、团队协作、问题解决等实践活动。这些实践活动是动态变化且非标准化的,因此评价要把握学习过程。要求在评价中使用多元评价指标,这对于学生而言,就意味着更多的成功机会。

在小学科学项目化学习中,评价表是一种非常有效的工具。

（一）设计评价表

评价表用不同的数值来代表某种态度,将非数量化的问题加以量化,可以区分学生不同程度的表现。设计评价表是一个具有挑战性的任务。可以为项目中任何任务、任何作品设计评价表。可以为将知识、技能、思维习惯等融合在一起设计评价表,也可以将其分别列出。评价表给学生提供客观评价的工具,使用评价表能让学生感到在项目实施过程中的公平性。表7-4-3为小学科学项目式学习评价表样表。

表7-4-3　小学科学项目式学习评价表

评价表		
个人成果： 团队成果： 展示方式(学生以小组为单位) □网络发布　□成果展 □张贴　□其他：_____	成果评价维度 学习兴趣　　　　☆☆☆ 学习习惯　　　　☆☆☆ 学业成果(知识)　☆☆☆ 学业成果(技能)　☆☆☆	成果评价方式 □日常观察 □自我评价 □团队评价 □成果展示 □同伴评价 □表现性任务

说明：□表示不同程度,可按实际需要定义每颗☆要达到程度的标准,并增减☆的数量。

在设计评价表的过程中,教师要深入思考哪些是期望的结果,如何清楚地描述学生能够掌握并应用的,这将使教师对项目有更清晰的认识。在设计评价表的过程中,可以邀请学生一起参与,这样能够使学生清楚在项目实施过程中怎样的表现才算达标,这能够帮助学生努力达到甚至超过这个标准。一个合格的评价表,能够清楚地告知学生怎样表现才算达标,能够帮助学生努力达到甚至超过这个标准。

（二）使用评价表

在项目式学习过程中,评价表是公开的。使用评价表,使学生从项目一开始就知道项目的目标。学生甚至能够参与评价表的制订,这样使教师和学生对评价表的内容达成一致的理解,更有利于帮助学生实现学习目标。

总之,小学科学项目式学习是以学生为中心进行项目设计和实施的教与学的新方式。学生在真实情境中建构知识,合作探究,解决问题,创造作品,从而提高核心素养。期待参与项目式学习的教师和学生能倚靠这棵大树,站得更高,看得更远,拥有敏捷的思维和全面的能力,收获丰硕的学习成果。学习方式和教学模式的变革,是项目化学习指向核心素养培育的重要意义。

第八章　基于实践反馈的课堂教学改进研究

新课程改革不断推进,要求科学教师积极改变传统的教学方式,努力实现课堂教学的活力与高效。本章基于课堂教学反馈存在的问题,结合课堂实践和学科特点,探析反馈结构和效能。从"学生学习"和"教师教学"两个角度进行课堂教学评估,提炼设计促进学生核心素养提升的科学课堂教学评估工具。通过课堂教学反馈的实施改进,反馈课堂教学的效果,促进教师专业发展的同时发展学生的核心素养。

第一节　小学科学课堂教学反馈的架构与分析

一、结合学科特点,架构课堂反馈

(一)课堂教学反馈的概念

课堂教学反馈,是教学过程的重要且必要的环节。教师对学生在课堂教学过程中的行为作出评价,其评价范围可以从教与学两个方面,课堂教学反馈的作用用于促进课堂教学。教师根据学生的认知和学情,在课堂实践中关注学生的反馈,同时鼓励学生在课堂学习过程中发现问题、反馈问题和解决问题,最终促进学生构建知识,提高学生学习能力,提高科学素养。

在小学科学教学活动中,反馈的作用是巨大的,反馈也成为搭建教师与学生沟通的桥梁。教学活动中的信息流向有两条,第一条是教师→学生。教师将教学内容传授给学生,就是讲授知识的过程。第二条是学生→老师,代表着学生学习结果的信息流向,学生对知识的掌握程度反馈给老师。

精准及时地进行课堂教学反馈对于保障教学活动开展,促进师生双方成长具有重要的作用。从教师角度来说,教师通过课堂反馈发现学生的知识漏洞,然后设计有针对性的教学方案帮助学生弥补,从而提高课堂效率。同时,教师也能从学生的反馈中发现自己的问题所在,如语言匮乏、评价单一等问题,对于促进日后的课堂教学也有重要作用。从学生的角度来说,在反馈中能够发现自己的缺点,调整自己的学习方法,促进自我完善、促进有效学习。

(二) 课堂教学反馈的类型

1. 根据反馈信息来源不同分类

根据反馈信息来源主体的不同,课堂教学反馈可以分为两个方面:外部反馈和内部反馈。

(1) 外部反馈

外部反馈主要来自于教师、同伴等,外部反馈指的是教师或同伴提供的关于学生学习结果的信息,目的在于激发学生学习的内驱力。

在教学活动过程中,教师起主导作用,对学生的学习效果有重要作用,教师在课堂中可以向学生提供准确、有效、深层次的反馈信息,从而为学生提供更高效、更科学、更系统的指导。

课堂中除了教师外,同伴作为学习过程的亲历者、评价者也是非常重要的一部分。对于学生而言,同伴提供的反馈以一种平等的学习者身份为学生提供更具对话性的反馈,学生更加能接受,也更利于小组间的合作交流、同学之间培养情感,也可以提高自身的沟通交流能力。对于同伴而言,当去反馈评价时,也是把自己作为一个主动学习的对象,在此过程中要思考得更多,也需要以综合眼光看出同伴的优点与不足。

(2) 内部反馈

内部反馈指的是学生借助外部反馈信息,接收到教师、同伴给予的关于学习行为或学习结果的外部反馈信息后,进行自我调控,从而判断自己当前的学习结果是否达到预期学习目标,学生进一步自行调整学习进程。

在课堂中,学生不仅仅是反馈信息的简单接收者,更会对接收到的信息进行自我消化,并加工处理信息,将这些外部信息内化为自身所需要的有效信息,最后结合这些反馈信息以及自身状况,及时调整自己的学习行为、学习路径,使得自己成为学习中积极、负责的反思实践者,提高自己的课堂学习质量。

2. 根据学习阶段反馈时机分类

在每个学习阶段,根据反馈阶段,反馈时机可以随着学习任务的进展,由先到后分别是:任务前的准备阶段反馈、任务中的即时反馈、任务后的评价反馈。

(1) 任务前的准备阶段反馈

准备阶段的反馈在任务开始前,教师根据学生的先前学习经验,利用简单的问题导入了解学生已知和未知的知识基础,再根据学生的反馈设置合理同时又具有挑战性的学习目标。

　　如在"静电"一课中,在探究静电实验任务前,教师通常会提问:"生活中有哪些静电现象?"利用简单问题了解学生的已知和未知。学生在日常生活中肯定有这样的经验:在干燥天气脱毛衣,会听到啪啪声;用塑料梳子梳干燥的头发,散落的头发会随着梳子动;阴云密布的天空,常常有雷电产生;在干燥天气用手去触摸门把手偶尔会有触电的感觉。生活中的静电现象,四年级的学生大多数都会经历过。他们会知道其中的一些现象属于静电现象,但绝大多数学生并没有对静电现象深入探究,如产生静电的原因。教师根据学生的反馈设置学习目标为"体验有趣的静电现象",引导学生发现"相互排斥"与"相互吸引"的静电现象并知道其原因。通过静电实验任务前的准备阶段反馈,教师可以知道学生已知生活中的经验,但对静电原因未知,从而设置合理且具有挑战性的学习目标。

　　(2)　任务中的即时反馈

　　即时反馈指的是教师在传授课堂知识的同时,采用回答问题、观察等多种方式获得学生的学习现状信息,并且及时给出相应的反馈,传递知识和获取信息之间的时间差不能超过整节课的时间。例如,课堂中教师常用的举手投票、回答问题、现场观察、提问等就是即时反馈的形式。

　　通过即时反馈,教师可以直接在课上得知学生的学习效果。教师通过改善即时反馈,可以使学生在当堂完成对新知识的学习和内化,增强他们的记忆力,起到激励作用;学生可以完善自己在学习中的不足。如果不利用好即时反馈,在学生接触新知的时候就纠正错误的话,那么过一段时间后学生反而会对错误概念进行强化,对错误的纠正就会更加有难度。

　　但是课堂教学中实施即时反馈是有一定难度的,可能得不到完整的或者正确的即时反馈,这就需要合理地设计即时反馈环节和活动,尽可能获得真实的、有意义的反馈。

　　如在"酸碱中和"一课,学生通过两组实验检测酸碱混合过程中溶液的 pH变化,一组苏打水中加入白醋,另一组白醋中加入苏打水,小组观察混合溶液的pH 变化。教师会让学生在课堂中完成酸碱中和后溶液酸碱性变化表格,并得出结论,这就是即时反馈。学生完成实验及时将 pH 记录在表格中进行反馈,通过即时反馈,发现苏打水中加入白醋,溶液碱性会明显减弱;发现碱性溶液中加入酸性溶液后,溶液碱性会减弱,教师也可以得到即时的反馈。

但是在教学中发现,部分小组因为时间关系只能完成第一组实验,无法完成第二组实验,因此得不到完整的即时反馈;还有小组因为在白醋中一滴滴加入苏打水量不够大,混合溶液 pH 变化不大,得出溶液酸性不变这一错误的结论。此时,教师可以通过改变实验溶液的选择,让学生在课堂中得到更加真实、有意义的课堂反馈。通过学生的酸碱中和实验即时反馈,学生能在课堂实验后发现酸碱中和后的溶液变化,教师通过学生的反馈能立即看到学生对知识的掌握情况如何,可以调整教学从而使得学生课堂反馈更加合理。

(3)任务后的评价反馈

任务后的评价反馈则属于延时反馈,是指学生在完成学习任务一段时间后进行的反馈,二者之间存在着时间差。比如日常作业的批改、等第评语、面谈、成长袋等方式都属于任务后的评价反馈。

通过任务后的评价反馈可以检测学生在一段时间内知识的掌握情况,不是和新知识的学习同时进行的,是有一定的时间差。相比即时反馈而言,这种形式能够体现得更加真实,促进学生思维的完整性,利于对学生的评价。

(三)课堂教学反馈的几个方面

因为课堂教学是教师和学生参与学习的过程,课堂教学反馈将紧密贯穿于这一过程。因此,学生、教师和他们构建的课堂自然成为课堂反馈的焦点。

1. 观察学生课堂表现

首先,学生的任何表情和动作都是在向教师展现最微妙、最真实的表达。其次,学生在课堂上展示的学习成果也是一个非常重要的方面,比如通过课堂任务、课堂作业等都可以及时了解学生知识掌握情况,通过对学生学习效果的分析,教师可以有针对性地改进教学设计,提高教学效率。

2. 观察教师课堂教学

可以从观察教师设计和观察课堂实施两个方面考虑。教师课堂教学设计是否围绕教学目标,课堂教学能否突出重点突破难点,反思教学设计是否需要调整,这些都是观察教师设计的方面。

此外,观察教师课堂实施也是很重要的方面。教师作为传授知识的一方,教学中教师自身一举一动、语言神态对学生的影响很大,观察教师的语言是否生动、精练,是否有重复、多余的话,这都是观察教师课堂发挥的方面;其次,可以观察教师课堂组织情况,在课堂中学生的注意力集中程度,学生感观的协调运用,课堂纪律组织管理等;同时可以观察教师课堂实施节奏,节奏的快慢、节奏的变化是否促进学生的学习。

二、针对问题反馈,探析反馈策略

(一) 小学科学课堂教学反馈存在的问题

1. 教师对反馈预设的片面性

要想生成高效的课堂,就需要教师在课前对课程标准和教学目标深入剖析,这是课上教师有效获取学生学情的重要来源。此外,教师要想在课堂中对教学活动作有效的调控,在课前做好反馈的预设是必不可少的。同样,想在课堂上灵活调控教学,也离不开课前的预设。在备课时教师要充分考虑学生在学习过程中可能遇到的问题和困难,有大多数学生都会遇到的普遍问题,也有因为学生的个别差异而形成的特殊问题,要针对这些问题实施反馈教学预设的教学活动。因此,课前的反馈预设是十分必要的,不仅要设计教学活动帮助学生内化知识,还要提前准备素材加强个别化的反馈。但实际教学中发现教师课前没有考虑到学生会在哪里出现问题、哪些知识是有难度的,学生被教师牵着走。

2. 教师难以兼顾不同水平学生

学生的水平存在差异,导致课堂中难出现个性化反馈。教师的教学并不是流水线,而是需要关注每一位学生的个性发展。学生的知识水平存在一定差异性,然而真实的课堂中教师往往没有采用分层教学,没有针对学生的差异设计不同的任务,普遍根据课堂的预设来实施教学,忽略了学生已有的知识水平对新知识理解的影响。

3. 教师教学反馈设定不合理

(1) 教学反馈设定缺乏清晰的标准

在实际教学中,教师反馈缺乏清晰的标准,基本上是基于自己的答案,虽然会以客观的答案为依据,但有时也夹杂着主观的偏好,甚至是武断的。没有标准的教学反馈设定,使得学生不能根据标准来评价和提高自己,也不能根据标准来判断别人对错和提出建议。有了标准的明确反馈,学生就有了学习的方向和进度,课堂学习就不再完全依赖于教师不断地激励、提示和监督,而是学生可以将自己与目标和标准进行比较,并使用策略来有效地达到标准。

(2) 缺乏学生自我反馈

当教师的教学反馈比较随意时,学生很难清晰地感知自己的学习过程。学生的自我反馈能力也没有得到应有的重视与合理的培养。在学习活动中,大部分学生无法真正了解自己的学习方法、策略、效果,处于被动状态,一切听命于教师。

（二）小学科学课堂教学反馈问题的成因分析

目前,中小学课堂教学反馈存在的问题主要受到教师、学生和课堂环境等关键要素的影响。

1. 学生未能成为反馈过程的主体

在现实的课堂教学反馈中,教师主导反馈的整个过程,将学生置于反馈接收者的角色,侧重于强调教师在反馈过程中"做"了什么,这忽视了教师同样需要从学生那里获取反馈信息,也忽视了只有当学生积极投入到有效课堂教学反馈时才能促进"教学相长"。有效的课堂教学反馈不仅要着眼于教师和同伴提供高质量的外部反馈,更需将关注的重心转移到吸收并运用反馈的学生个体身上,强化学生的内部反馈,视学生为反馈过程的中心。一方面,学生通过感知和接收反馈,自主参与评价过程,不断提高自己的学习水平,提升自我监控和自我管理能力,最终成为"具有评估能力的可见学习者";另一方面,学生通过作业、提问等多种方式对教师的反馈进行再反馈,让学习过程对教师可见,使教师获悉自己的教学影响力,基于学生再反馈信息来持续改进教学。

2. 教师促进学生感知反馈的水平有限

教师反馈素养是教师专业素养的重要内容构成,是指"教师运用自己的技能和能力,为学生理解和使用反馈提供条件",它包括认知、能力和情感三大要素。认知要素指教师能够基于学生先前的学习或生活经验,设置合理的学习目标,设计课堂教学反馈流程,促进学生有效建构信息;能力要素指教师能够恰当利用反馈和数字媒介丰富反馈内容,促使学生主动利用反馈进行自我评价,对反馈内容进行高质量的建构,提升反馈效能;情感要素指关注学生差异化的反馈需求,在与学生沟通和反馈过程中保持敏锐的洞察力,通过建立良好的师生关系促进学生感知反馈。

促进学生感知反馈是教师反馈素养的具体指向之一,是激发学生有效投入反馈的重要前提。传统的课堂教学反馈容易忽略学生对反馈的需求,不利于对反馈的感知和"聆听",难以激发学生学习的内驱力。教师在备课时思考更多的是如何设计教学环节,如何完成课堂教学任务,认为课堂教学反馈是即时生成的,甚至是随意的。由于教师缺少能动观察学生对反馈接收情况的意识和能力,无法促进师生间的有效沟通与交流,导致学生不愿意积极投入反馈。

3. 课堂氛围缺乏友好和安全感

和谐友好的课堂教学氛围是保障课堂教学反馈质量的前提。当学生接收到反馈信息后,他们是会根据反馈采取下一步的行动还是拒绝反馈,课堂氛围会直接影响学生的选择。缺乏良好的师生关系,学生很可能会拒绝"聆听"来自教师的意见。只有在充满关爱、信任且互相尊重的课堂氛围中,学生感受到足够的安全感,相信同伴之间与师生之间的互动是平等的,才会主动去寻求帮助。

（三）小学科学课堂教学反馈的类型

1. 课堂观察法

课堂观察法是一种不干扰教师的教学活动和学生的正常学习的一种教学反馈方法,课堂观察可以了解教师课堂反馈的现状。观察者在进行观察时候有明确的目的,借助于一定的辅助工具如观察表等,依靠眼睛、耳朵等感官直接从课堂上获取直接信息,并且将这些数据进行汇总研究等。这是目前课堂反馈较为重要、也较为普遍的一种方式。

2. 访谈法

访谈法是指在课后对教师进行访谈的一种教学反馈方法,通过访谈法可以更加了解教师课堂教学表现,理解教师真实想法和感受。访谈内容主要包括教师对课堂反馈类型的理解、教师对课堂反馈内容的理解和教师课堂反馈影响因素三个部分。

3. 问卷调查法

问卷调查是指课前或课后对学生和教师进行问卷形式的一种教学反馈方法。通过学生问卷可以激发学生学习的积极性,使得他们更好参与到课堂学习中,发挥主人翁的精神。通过教师问卷,可以从多角度了解教师课堂反馈的情况。

（四）课堂教学反馈的促进作用

1. 促进优质教学

运用课堂反馈策略能够改变教学现状存在的弊端,解决课堂反馈的滞后性,并能提高小学科学课堂教学的时效性。传统课堂对于学生的反馈方式仅仅是提问和课后作业体现为主要手段,但教学是一个复杂的过程,学生也是复杂的群体,教师课堂提问只能面向部分学生,无法体现学生的个体差异,这样的反馈不能适应素质教育的需求。教师即时获取学生学情,对相关反馈信息分析利用,能够即时改进课堂预设的教学设计,弹性实施教学活动,有利于提高课堂的教学成效。

2. 促进教师专业发展

教师在教学工作中要不断完善自己,脱离保守的教学理念和陈旧的教学方式,故步自封终将会被时代抛弃。课堂反馈教学有利于教师专业发展,能够促进课堂教学的创新和教学相长的实现,为一线教师的课堂教学提供案例和参考。

3. 促进学生发展

在新课程改革背景下,小学科学的教学活动要紧紧围绕提高学生的核心素养展开。要想完成教学目标,必须要在有限的课堂实践中高效创造学习成果。然而,目标的实现需要依赖于教学中的学情信息反馈。教师收集学生学情反馈就需要采取多种方式,贯穿于整个教学活动中,这样才能做到以人为本,发挥学生的主体性。

第二节　小学科学课堂教学评估的工具开发

教学评估是经观察、表现与专题评定或纸笔测验获得教学信息的过程,主要评估的是"教师教学"和"学生学习",兼顾定性评估和定量评估。通过优化教学模式和理念,持续改进并不断提高教学质量。

小学科学教学评估应基于《课程标准(2022年版)》要求展开,并以证据为中心为教师的课堂教学反馈提供支架和证据支持。教师可以借助自己或者旁观者不断对课堂教学进行评估。本节结合小学科学学科特点,提炼以核心素养为导向的教学评估工具。

一、开发聚焦"学生学习"的评估工具

科学课标指出"学业质量的标准是以核心素养为主要维度,结合课程内容,对学生学业成就具体表现特征的整体刻画。"合理有效的课堂教学评估对促进教师发展和学生成长有着重要作用,既能帮助教师把握学生的学习状况、获得自身

的教学反馈,又能帮助学生调节学习过程、明确努力的方向。构建立足于小学生且适用于科学学科的课堂观察的教学评估体系,旨在为小学生的科学学习提供新的评价思路。

（一） 开发聚焦"学生学习"的课堂观察表

课堂教学是一个由学生、教师、环境等要素构成的复杂系统,如若要准确找到具体的观察指标,首先需要根据观察目的选择合适的划分标准分解课堂,分维度研究课堂,确定一级指标观察维度;其次,依据观察表构建的原则细化各维度,找准观察的角度,确定二级指标观察视角;最后,在每个视角下确定具体的观察点,见图 8-2-1。

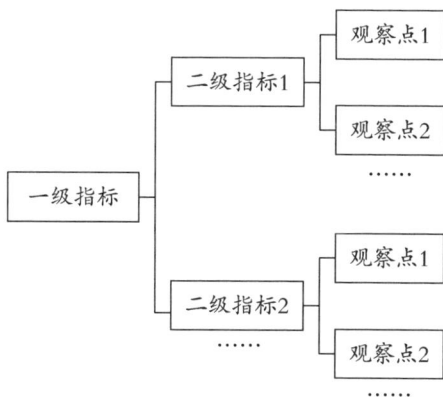

图 8-2-1 课堂观察表各级指标

课堂评估表主要有两类,一类是评估检核表,用于对观察点所陈述的内容进行定性,即判定课堂中是否出现相应的现象或行为;还有一类是评估量表,用于对观察点所陈述的内容进行定量分析,即判定相关行为或现象达到了什么样的水平。教师在选择和开发评价工具时,要根据评价的目的、评价任务的复杂程度和评价工具的性质选择合适的一种。

1. 检核表

（1） 一级指标的确定

一级指标的确立与课堂教学想要关注或改进的方向有关,如想要评价课堂中学生核心素养落实的情况,一级指标的设计就可以围绕核心素养展开。

科学课程所要培养的核心素养体现了课程的基本理念与目标,即为学生终身发展奠定基础。为观察通过科学课堂促进学生核心素养发展的可能形式,有必要开发聚焦"学生核心素养落实"的检核表。通过检核表分析学生具体行为,追踪核心素养发展情况,为观察者评估科学课堂中核心素养的落实提供依据。而科学核心素养内涵则为检核表的设计奠定了理论基础。

科学课程所要培养的核心素养具体表现在:科学观念、科学思维、探究实践、态度责任等四个方面。其中,"科学观念"是指在科学概念、规律、原理的基础上形成的对客观事物的总体认识;"科学观念"既包括具体观念,也包括对科学本质的认识,还包括科学观念的应用;"科学思维"是从科学的视角对客观事物的本质属性、内在规律及相互关系的认识,主要包括模型建构、推理论证、创新思维等;"探究实践"主要指在了解和探索自然、获得科学知识、解决科学问题,以及技术与实践过程中,形成的科学探究能力、技术工程实践能力、自主学习能力;"态度责任"是指在认识科学本质及规律,理解科学、技术、社会、环境之间的关系基础上,逐渐形成的科学态度和责任。

综上,科学观念、科学思维、探究实践、态度责任等,都应是检核表设计时应考虑的首要观察维度。因此,确定聚焦"学生科学素养落实"的检核表的一级指标分别为科学观念、科学思维、探究实践、态度责任四个维度。

(2)二级指标的确定

分解一级指标,在对《课程标准(2022年版)》的"总目标"和"学段目标"进行研读和提炼后,设置每个一级指标下的3个二级指标,共计12个二级指标。以一级指标"科学观念"为例,参考布卢姆对认知过程的划分标准,结合《课程标准(2022年版)》要求,设置其下3个二级指标,分别为知识获取、知识理解和知识应用。为了便于评估者进行课堂观察和判定,每一个二级指标下又包含一个可供评估时作出准确判断的观察点。

综上,形成了小学科学学科"聚焦学生核心素养落实"的检核表,见表8-2-1。

表8-2-1 聚焦"学生核心素养落实"检核表

观察维度		观察要点	达成情况(是/否)
一级指标	二级指标		
科学观念	知识获取	说出或知道本课学习的科学核心概念	
	知识理解	关联前后单元或课时交流相关知识内容	
	知识应用	用科学概念解释现象或解决相关问题	

（续表）

观察维度		观察要点	达成情况（是/否）
一级指标	二级指标		
科学思维	模型建构	描述、解释、分析一些现象，并建立联系	
	推理论证	用类比等方法认识事物的特征，并分析	
	创新思维	提出一定新颖合理的观点或不同的想法	
探究实践	科学探究	以科学探究流程要素开展探究活动	
	技术与工程实践	以技术与工程流程要素开展实践活动	
	自主学习	开展自主学习，反思学习过程与结果	
态度责任	学习兴趣	主动参与学习，有好奇心、想象力和探究欲	
	学习习惯	积极地与同伴交流、合作，乐于分享	
	学习态度	大胆提出见解，敢于质疑，实事求是	

2. 评估量表

在小学科学课堂中，如果教师只是单一评价学生某个行为习惯是否出现，而不关注学生整体表现的质量水平，可以使用检核表进行评价。若要进一步评价学生某一技能或习惯的表现程度，学生科学能力的水平、科学成果的优劣则需要使用评估量表进行观察。与检核表相比，评估量表不仅具有细化的评价指标、权重、描述，还能针对学生的表现进行质性和量性的双向评价。

每个人的评价标准不一样，所以就需要统一的量规及描述。递进法是目前比较常用的，主要由表示程度的等级词作为划分水平的依据，比较常见的有"经常""有时""偶尔""没有"等表示时间频度的等级词；或以"差""一般""好"等表示成效的等级词；也可以简单地用0、1、2、3为等级词。

在小学科学课堂中，评估量表的指标制定可以从实验的设计准备、实验操作、证据的收集整理、结果的分析记录、交流表达、兴趣习惯等组成课堂的各个环节加以设计。每个指标又可以制定不同水平的等级划分，方便教师作出精确的判断。

如，可以围绕表8-2-1聚焦"学生核心素养落实"中的某一个维度，细致地划分评估等级，进行观察与分析。按照以上原则，编制聚焦"科学思维"维度的评估量表，见表8-2-2。

表 8-2-2　聚焦"科学思维"的课堂观察评估量表

观察维度		观察要点	评分标准	得分
一级指标	二级指标			(0—3)
科学思维	模型建构	观察事物的构成要素，并描述其特征	1	
		观察事物的构成要素，描述其特征，并分析	2	
		观察事物的构成要素，描述其特征，并利用模型分析	3	
	推理论证	比较事物的某些本质特征	1	
		用类比等方法认识事物的特征，并分析	2	
		用类比等方法认识事物的特征，建立事实与观点之间的联系	3	
	创新思维	从不同角度提出观点	1	
		提出一定新颖合理的观点	2	
		运用发散和重组思维，提出一定新颖合理的观点	3	

工具使用说明：未见，得 0 分；出现，根据达成情况匹配相应的描述，得 1—3 分。

评估量表的制定，还需要根据不同年段的学生水平，设计相应的评价等级划分标准，便于评价者对不同学生的表现进行客观真实的判断，从而针对学生的不足之处进行深入指导，进一步促进学生素养的发展。

（二）开发聚焦"学生学习"的测评与问卷

1. 测评

测评是学生知识技能输出的途径之一。通过对学生进行测评，可以帮助学生及时客观地了解其发展中的优势、不足及存在的问题，也能够协助教师判断教学目的实现的程度，并发现学生学习中的问题及困难所在，从而为教师和学生分析问题、寻求解决的方案、采用合理有效的对策提供依据。

测评应发挥对教学的导向作用，全面考查学生的科学观念、科学思维、探究实践和态度责任。教师在测评命题时不仅应包含对学生科学知识的考核，更应选取恰当的评价方式，体现情境性、探究性、综合性，能体现学生在真实情境下迁移解决问题的能力。

如国际学生评估项目（PISA）致力于考查义务教育末期学生应对未来社会挑战的能力。它基于问题解决的视角评估学生在主要学科领域的"素养"水平，同时评估学生的一般问题解决能力，帮助教师了解一个阶段教学的成效，值得教师们借鉴;K12 测试则通过教学前测试和教学后测试,了解学生一个阶段学习的效果,给予教师反馈。

如:地球上白天黑夜会交替出现。观察图 8-2-2,地球上白色圆点的范围内,6 小时后会是(　　　)(单选),见图 8-2-2。

A. 中午　　　　　B. 黑夜　　　　　C. 傍晚　　　　　D. 清晨

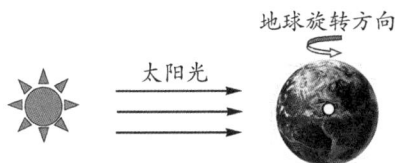

图 8-2-2　白天与黑夜示意图

学生需要在读懂上题题干图文的基础上,根据证据进行判断。因此,本题很好地考察了学生在地球与宇宙领域的思维能力。

2. 问卷

问卷调查是一种结构化的调查方式。在设计聚焦学生学习的调查问卷时要遵循以下几条原则:①首先应明确问卷目的。明确问卷的目的是调查学生某方面知识技能的掌握情况,还是调查学生的兴趣态度、学习习惯等。问卷的内容必须与研究主题和目的的契合。②要考虑问卷题目的易理解性和明确性。由于问卷调查的对象是小学生,所以在设计问卷时需要考虑学生是否能够读懂问题,问题表述是否清晰明确、便于回答。③要考虑问卷是否便于统计分析。问卷的设计要充分考虑后期工作的开展,变量不宜设置太多,尽量用较少的变量解决更多的问题。

如:你在科学课上是否经常发生下列情况?

(1) 老师给我们设置清晰的学习目标。

A. 每节课　　　　B. 大部分课　　　　C. 有些课　　　　D. 没有或几乎没有

(2) 老师让我或同学相当详尽地说明我们的思路和推理过程。

A. 每节课　　　　B. 大部分课　　　　C. 有些课　　　　D. 没有或几乎没有

(3) 老师给学习困难的学生和/或学习优异的学生布置不同的作业。

A. 每节课　　　　B. 大部分课　　　　C. 有些课　　　　D. 没有或几乎没有

(4) 老师告诉我在科学课上的表现情况。

A. 每节课　　　　B. 大部分课　　　　C. 有些课　　　　D. 没有或几乎没有

(5) 老师会通过提问来检查我们是否理解了已经教过的知识。

A. 每节课　　　　B. 大部分课　　　　C. 有些课　　　　D. 没有或几乎没有

（6）老师让我们以小组为单位提出问题或任务的共同解决方案。

A. 每节课　　　　B. 大部分课　　　　C. 有些课　　　　D. 没有或几乎没有

（7）一节课开始时,老师都会简要回顾上一节课的内容。

A. 每节课　　　　B. 大部分课　　　　C. 有些课　　　　D. 没有或几乎没有

（8）老师让我们帮忙设计课堂活动或主题。

A. 每节课　　　　B. 大部分课　　　　C. 有些课　　　　D. 没有或几乎没有

以上问卷就很好地体现了问卷设计的三个原则,问卷的目的是通过学生了解学科教师在课堂组织中的行为细节。问题与问题间的设置紧密相关,问卷的逻辑性也较好。

另外,教师还可以通过课堂问答、表现型的任务、结构化的思维工具(如思维导图)等途径,评估学生某一方面的认知或能力情况。通过各种持续不断的分析获得信息,有助于教师更好地设计教学,强化学生的关键技能,改善下一轮的教学。

二、开发聚焦"教师教学"的评估工具

教师是贯彻核心素养教育理念的执行者,也是课堂教学的重要组成部分。学生的科学核心素养培养只有落实到科学课堂教学中才能得以实现,那么就需要观察者置身于真实的科学课堂中,评估科学教师的教学情况,从而进一步改进课堂教学。

（一）开发聚焦"教师教学"的课堂观察表

教师可以借助观察表利用课堂观察法,了解在课堂中学生核心素养的落实情况。如前文所述,聚焦教师教学的课堂评估表也分为检核表和评估量表两类。

1. 检核表

科学课程标准课程实施部分提出:①基于核心素养确定教学目标。②围绕核心概念组织教学内容。③以学生为主体进行教学设计。④以探究实践为主要方式开展教学活动。

"教学设计"是课堂教学的前提,教学设计一般包含教学目标的设计、教学内容的确定以及过程方法的选择等。"教学实施"是教学评估的重点。教学实施包括一系列的教学活动环节。教师运用具体的教学组织方式将各个环节串联在一起,实现既定的教学计划。教学实施不仅要关注知识间的内在联系,引导学生自

主探究与合作交流,还要考虑激发学生在探究、实践中的思维活动和兴趣。在构建和谐课堂的同时,融合信息技术更好地呈现教学内容并通过评价促进,最终落实于预设的教学设计中,见图8-2-3。

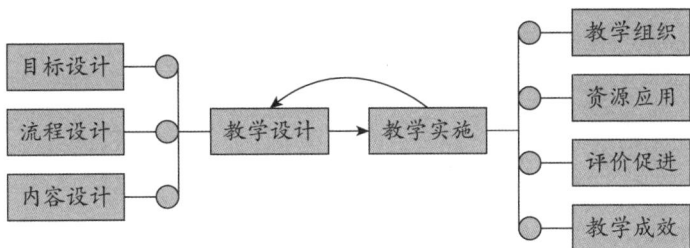

图8-2-3 教学设计与实施过程

综上,聚焦教师教学观察表的一级指标可以设定为教学设计和教学实施。二级指标覆盖了课堂教学设计和实施的重点环节,见表8-2-3。观察点简洁,适合记录与处理,同时也为教师开展课堂教学设计与实施设置了较高的表现期望。

表8-2-3 聚焦"教师教学"的检核表

观察维度		观察要点	达成情况(是/否)
一级指标	二级指标		
教学设计	目标制订	体现核心素养导向	
		符合学生实际情况	
		体现单元整体结构	
	内容选择	符合实际突出重点	
		容量适合难度适切	
	过程安排	方法手段关联目标	
		流程环节统整有序	
教学实施	教学成效	达成预先设定目标	
		解决课堂生成问题	
		创设联系生活情境	
	教学组织	提出驱动问题任务	
		引导学生自主活动	
		组织学生互动合作	
		鼓励学生提问质疑	

（续表）

观察维度		观察要点	达成情况（是/否）
一级指标	二级指标		
教学实施	资源应用	提供多样学习资源	
		合理利用信息技术	
	评价促进	合理评价即时反馈	
		激发兴趣与好奇心	

以上课堂评估工具的开发，为教师在教学理论和教学实践之间架起了一座桥梁。它促使教师在开展目标制订之初，就把教学目标、学习内容和核心素养表现之间的关联纳入考虑；在开展课堂教学实施时，促使教师努力创设真实情境、提出适切问题、精心组织活动，为教师核心素养胜任力发展提供了一条很好的途径。

2. 评估量表

评估者可以使用简单的等级词，如 0、1、2、3 对教师教学情况进行等级判断，见表 8-2-4。

表 8-2-4 聚焦"教师教学"的评估量表

一级指标	二级指标	观察点/程度(0:未见；1→3:程度由低到高)	
教学实施	教学成效	达成预先设定目标	
		解决课堂生成问题	
	教学组织	创设联系生活情境	
		提出驱动问题任务	
		引导开展自主活动	
		组织学生互动合作	
		鼓励学生提问质疑	
	资源应用	提供多样学习资源	
		合理利用信息技术	
	师生关系	关注不同学生需求	
		创设轻松愉快氛围	
	评价促进	激发兴趣与好奇心	
		合理评价及时反馈	
			总分：

为了使本评估体系应用于更广泛的教学评估,未纳入个性化指标。教师可以围绕上表中的某一个指标维度,根据前文描述的有关评估量表的开发原则,设置具体的等级描述,进一步细致观察与分析教师核心素养在某一方面的落实情况。

（二）开发聚焦"教师教学"的访谈

访谈法是一种带有目的、有研究意味的交谈。评估课堂教学还可以采用面对面的交谈方式来了解目前核心素养落实的现状,指导分析科学教师的课堂教学。访谈法具有较大的灵活性,不受固定结构的约束,可以根据教师的实际教学过程对访谈问题进行修改,也可以在课后第一时间获得教师关于当堂课教学的一些感受,以便深入了解该教师落实核心素养的培养情况。

访谈作为课堂观察的补充,可以关注教学设计和教学实施中看不到的内容,其设计围绕访谈的目的展开,可以包含如下内容:

① 被访谈者教学设计的意图。

② 被访谈者教学实施的意图。

③ 被访谈者教学达成度的反思。

最终访谈者根据被访谈者的表述,形成简要的反馈报告,提出改进建议,反哺课堂教学。

以下为可供参考的访谈问题:

① 请您谈谈对《课程标准（2022 版）》的认识,以及您在课堂教学中实施课程标准的情况?

② 请您谈谈对教学重点、教学难点的理解? 您在教学中又是如何确定的?

③ 您为什么要选择课堂中的这些活动来落实目标,突破重点?

④ 您认为自己任教的班级里,学生的哪些科学学科素养比较强,哪些还需要进一步加强?

⑤ 在您落实科学学科核心素养培养的过程中,有哪些困难?

⑥ 您对于小学科学学科核心素养的培养,有什么建议?

基于落实科学课程所要培养核心素养的课堂评估工具,需要在实践中检测其有效性。仅仅止于"观"的课堂观察是低效的,课堂观察的目的是观察教师教学过程中科学核心素养落实的情况,并根据观察结果提出具体的课堂改进意见,让核心素养在科学课堂中落地生根。

第三节 小学科学课堂教学反馈的实施与教学改进

开展基于落实核心素养培育的课堂教学观察研究,能了解科学课堂教学中核心素养的落实情况,并根据实际情况改进教学,对发展学生核心素养,提高教师的科学教学胜任力有重要意义。本节借助本章第二节开发的聚焦"学生学习"和"教师教学"的课堂观察表,利用课堂观察法获取观察数据,并形成报告,以此了解教师在科学课堂中科学核心素养培育的落实情况,发挥课堂评估表的诊断功能。教师依据观察报告中有较强针对性的意见和建议,改进课堂教学,以此发挥课堂评估表在教学改进中的实践作用。

一、构建评估体系,获取评估信息

课堂教学评估从评估教师教学是否符合课标要求、评估教学是否促进学生科学核心素养的培养、计算教师教学质量的增值情况、服务于循证教学改革等,对课堂教学发挥着导向、诊断、反馈、改进、激励和管理等作用。因此,做好课堂教学评估,利用本章第二节中提到的评估工具构建系统科学的评估体系对提升课堂教学质量、深化教育评价改革有着关键作用。

(一)善用评估方式,促进评估专业化

评估计划是整个教学评估的起始阶段。在教学设计时就应把评估纳入其中,聚焦核心教学目标,设计和选用更合适的教学评估标准与工具,从而保证教学目标的实现。评估体系应具有一定的结构性,既可以评估课堂教学整个过程,也可以评估某个教学环节,但同时又能够体现科学课标要求和学生科学核心素养培养的关键指标。

1. 选择合适的评估时机

教师可以在教学活动开展的不同阶段适时进行教学评估,发挥课前、课中、课后评估三者"承前启后"的功能,见图8-3-1。通过课前学生评估,可以帮助教师调整教学计划,掌握学生的学习基础及学习难点,设置符合学生需要的学习内容。通过课中评估,教师可以关注学生的学习表现,也可以借助旁观者的角度了解课堂教学情况、教学实施情况,从而对教学作出及时的调整。通过课后评估,教师可以了解学生学习的结果,以判断教学的效能,从而找出学生在教学过程中遇到的学习困难,反思自己的教学问题。此外,课堂评估也可以帮助学生建立对自我学习状况的认识,培养学生对于学习的元认知。

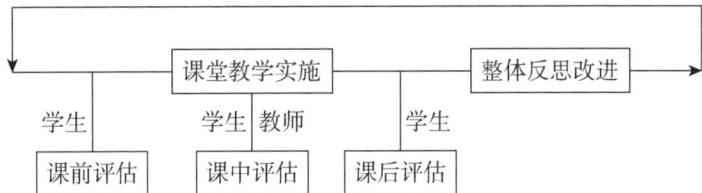

图 8-3-1　不同阶段的教学评估

纵观三个阶段的课堂评估,其内容都是通过了解教师的教学情况、学生学习情况,从而改善教学行为、优化学习过程。因此,三个阶段的评估也应该整合起来作为一个对整体课堂的反思,形成回馈学习的完整系统。它能够让教师在过程中除了知道"教什么""怎样教"之外,还知道"教得怎样",在下一次遇到相同问题,也知道"如何教得更好"。

2. 选用合适的评估工具

课堂教学评估的目的是教学改进,体现评估最基本的价值取向。评估目的的确定后,指标体系就要围绕评价目的进行构建。

本章第二节开发了聚焦"学生学习"和聚焦"教师教学"的检核表和进一步评估师生表现程度和能力水平的评估量表。为了能使教师作出及时、准确的判断,在教学设计的过程中,教师必须有意识地对本章第二节提到的评估工具进行合理选择和科学整合,形成相应的课堂评估体系。另一方面,教师也可以将观察的角度聚焦在综合量表中的某一维度进行具体研究,开发科学学科课堂教学观察专项量表,细致地分析教与学在某一方面的落实情况,有针对性地提出改进策略,反哺课堂教学。

此外,通过过程性评价产生的数据,如成长记录袋,标准化测试得到的数据,或是通过面谈等形式得到的结果,都可以作为围绕评估目的可供选用的评估工具。

评估的目的不同,指标体系就会不同,这也是不能将其他评估指标体系直接拿来使用的原因之一。科学课堂教学评估指标体系能够服务于基于科学课标要求的课堂教学评估,并为以证据为中心的课堂教学评估提供证据支持。

(二) 融合信息技术,提升评估效率

为了更好地开展课堂教学评估,评估者需要结合信息技术建立数字化评估系统,利用先进的评估手段即时反馈,充分提升评估的效率。

1. 信息技术与课堂教学评估融合优势

通过合适的方法采集数据,并将各种来源的数据进行整合,是数据采集过程中要重点关注的问题。目前,不少课堂教学评估的方式是通过发放纸质的表单给学生及教师进行填涂,然后再人为地对评估信息进行收集、整理和分析。这种评估方法存在以下缺点:

（1）实施时间长,效率低

通过形成性评价(如成长记录袋中的信息)、课堂观察(如课堂互动中对教学行为的观察记录)、标准化测试(如随堂小测试),或学生自陈报告或者面谈等评估方式,往往需要各教学部门人员配合组织师生进行集中评估。为了不影响正常的教学进度,完成一次评估需要一个较长的周期。

（2）数据统计不准确

由于采用纸质表单填写的方式,在统计时难免出现数据不完整或统计有误差等情况,造成评估的结果不准确,缺乏可信度。

为了更好地开展课堂教学评估,教师可以结合现代信息技术优化评估策略与手段,从而避免传统评估方式的诸多弊端。信息技术融合教学评估的优势主要体现在:

（1）信息成本的优势

课堂评估过程中,信息传递占据了很高的成本。相较于传统的纸质评估方式,信息化评估突破了时空的限制,节省了评估和数据统计的时间,提高了效率。

（2）信息交流的优势

信息技术融入教学评估可以促进评估方式的变革,实现交互式的课堂评估。教师可以在课堂中对学生进行实时评价,学生也可以对个人、小组进行评价,师生共同参与所有评估且实时反馈,并在课堂中实时汇总、显示数据,最终汇集成学生学习过程数据的数字档案。教师充分利用了信息化的互动优势,对评价结果的合理使用与反馈,使学科核心素养培育有了更为具体的载体。

（3）信息采集的优势

信息技术融入教学评估可以从学生的学习视角、教师的引导视角、互动分析视角、问题分类视角等不同视角进行数据的采集。

2. 信息技术与课堂教学评估整合手段

利用先进的评估手段即时反馈教学成效,可以充分发挥评估的改进作用,建立全方位的评估机制。目前,可供教师使用的信息化评估平台有很多,如"金数据"平台、"问卷星"平台、"番茄表单"平台、"赛·课堂"数字教学系统、"联课ClassAi"课堂智能分析平台等。

教师可以利用"金数据""问卷星"等平台完成在线表单的设计,数据的收集、统计、分析和存储工作,见图8-3-2。

3.科学观念

	是	否
能说出或知道本课学习的科学核心概念	○	○
能关联前后单元或课时交流相关知识内容	○	○
能用科学概念解释现象或解决相关问题	○	○

4.科学思维

	是	否
能观察、描述并分析一些自然或生活现象	○	○
能用类比的方法认识事物的特征,并分析	○	○
能提出一定新颖合理的观点或不同的想法	○	○

图8-3-2　录入"金数据"平台的检核表(部分)

此外,教师可以利用"赛·课堂"数字教学系统构建的伴随式学习支架,通过即时数据诊断学生行为、评价学生活动和反馈学生表现。教师可以在备课、教学时随时查看学生学习情况数据、对照调整,使教学得到数据支撑,以适应学生的学习需求,科学课堂也有了"师生终端互联、行为数据驱动"的教学新样态。

如在"力和机械"一课的"认识定滑轮和动滑轮及其作用"活动中,需要学生通过简单推理对定滑轮和动滑轮作用作出猜想,利用数字测力计测量使用定滑轮和动滑轮提起重物时的用力大小,形成对使用它们时是否省力的结论。教师利用"赛·课堂"搭建评价支架,学生实验前先阅读评价表单,明确实验要求。动手实验,收集证据,在分析数据、验证猜想后再完成评价,反馈实验情况。教师巡视时随时点评,给予过程性评价,评价内容一并在教室端电子大屏幕上呈现。教学评价在发挥激励、诊断功能的同时,也更好地促进了课堂学习活动的开展。

"联课 ClassAi"课堂智能分析平台可以从学生学习视角(如学生发言提问数据分析)、教师引导视角(如课堂参与整体分析)、互动分析视角(如师生发言占比分析)以及学科问题视角(如单元视角下的问题化学习)这四个方面收集数据,对课堂进行循证分析,形成智能课堂分析报告。

如在教学"用电器①——电灯"一课,教师利用"联课ClassAi"课堂智能分析平台对课堂教学情况采集数据并进行分析与评估。利用"联课ClassAi"导入课程,教师可以获得本课高频词的数据。本课时出现最多的高频词是"白炽灯",见图8-3-3。白炽灯是本课时的主要探究对象,电灯、笔芯、电阻等高频词都是围绕"白炽灯是如何点亮的?"等核心驱动问题的延伸。

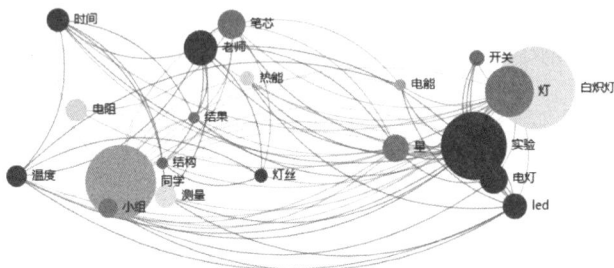

图8-3-3 "用电器①——电灯"课高频词数据

"联课ClassAi"也可以对教师和学生语言进行解析,通过导入教学视频,对发言提问数据进行分析,见图8-3-4。本课时男、女生发言次数比为6∶1,该班男生在发言积极性上远超女生。男女生提问次数比为1∶1,在提问积极性上男生和女生相同。

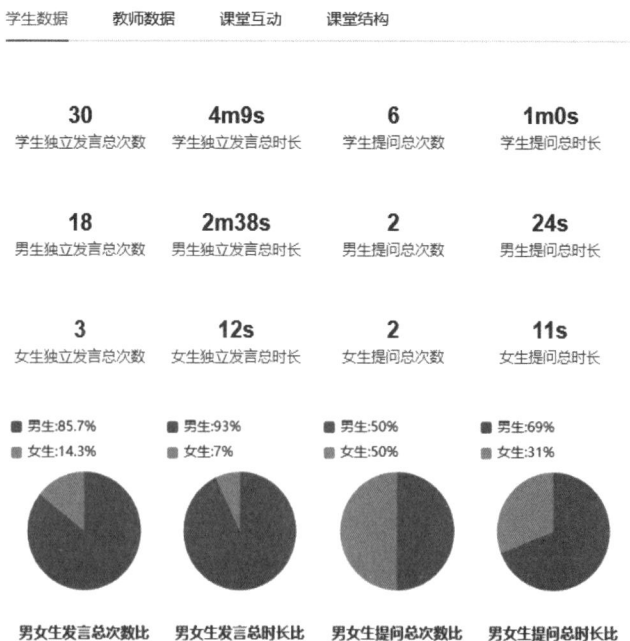

图8-3-4 "用电器①——电灯"课发言提问数据

目前无论是哪一种信息化的评估方式,都需要人为设置评估标准,并进行数据的录入。面对日臻强大的"互联网＋教育"的冲击和挑战,学校教育必将出现新的技术。不久的将来,持续的自动生成的信息流将为科学课堂教学的改进,最终为教学方式的变革提供更强大的保障。

二、分析评估信息,形成反馈报告

在合适的时机,融合信息化技术,合理地运用各种评估工具,都是为了真实地反映课堂教学情况,其最终目的是透过观察到的现象看清本质,从而改进教学。综合上文所述,形成了科学课堂教学评估与反馈的整体路径,见图8－3－5。我们不仅要学会评估,分析课堂教学提供的证据,还要在评估中"有所思""有所行",充分发挥评估结果调整改进教学的作用。

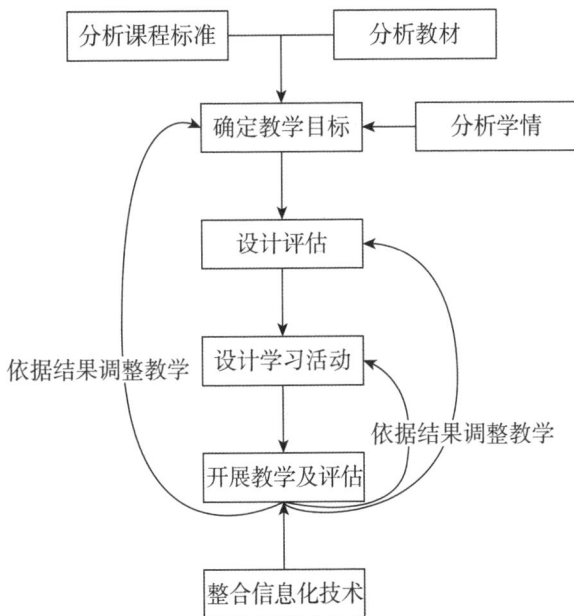

图8－3－5 课堂教学评估与反馈的整体路径

（一）汇总评估数据,整合评估信息

在实际操作时,教师可以统计每一个维度、视角的达成度或占比,便于从整体上分析课堂教学的落实情况。

如依托"问卷星平台",使用本章第二节中聚焦"学生学习"检核表对"用电器①——电灯"一课开展课堂观察,收集到17份评估表。"问卷星"平台自动生成出数据，并形成如下汇总表，见表8-3-1。

表8-3-1 "用电器①——电灯"课堂评估数据汇总

科学观念

题目/选项	是	否
能说出或知道本课学习的科学核心概念	16(94.12%)	1(5.88%)
能关联前后单元或课时交流相关知识内容	17(100%)	0(0%)
能用科学概念解释现象或解决相关问题	17(100%)	0(0%)

科学思维

题目/选项	是	否
能观察、描述并分析一些自然或生活现象	17(100%)	0(0%)
能用类比的方法认识事物的特征，并分析	17(100%)	0(0%)
能提出一定新颖合理的观点或不同的想法	13(76.47%)	4(23.53%)

探究实践

题目/选项	是	否	（空）
能以科学探究流程要素开展探究活动	17(100%)	0(0%)	0(0%)
能以技术与工程流程要素开展实践活动（根据实际情况可选答）	15(88.24%)	1(5.88%)	1(5.88%)
能开展自主学习，反思学习过程与结果	16(94.12%)	1(5.88%)	0(0%)

态度责任

题目/选项	是	否
能主动参与学习，有探究欲望和好奇心	17(100%)	0(0%)
能积极地与同伴交流、合作，乐于分享	17(100%)	0(0%)
能大胆提出见解，敢于质疑，实事求是	17(100%)	0(0%)

依托"问卷星平台"，使用本章第二节中聚焦"教师教学"评估量表对"摩擦力"一课开展课堂观察，收集到140份评估表，汇总信息后，形成如下汇总表，见表8-3-2。

表 8 - 3 - 2　"摩擦力"课堂评估数据汇总

教学达成

第 2 题　达成预先设定目标［量表题］

本题平均分：2.89

选项	小计	比例	
0	0		0%
1	0		0%
2	15		10.71%
3	125		89.29%
本题有效填写人次	140		

第 3 题　解决课堂生成问题［量表题］

本题平均分：2.58

选项	小计	比例	
0	0		0%
1	7		5%
2	45		32.14%
3	88		62.86%
本题有效填写人次	140		

教学组织

第 4 题　创设联系生活情境［量表题］

本题平均分：2.82

选项	小计	比例	
0	0		0%
1	3		2.14%
2	19		13.57%
3	118		84.29%
本题有效填写人次	140		

第5题 提出驱动问题任务［量表题］
本题平均分：2.69

选项	小计	比例
0	0	0%
1	4	2.86%
2	35	25%
3	101	72.14%
本题有效填写人次	140	

第6题 引导开展自主活动［量表题］
本题平均分：2.75

选项	小计	比例
0	0	0%
1	3	2.14%
2	29	20.71%
3	108	77.14%
本题有效填写人次	140	

第7题 组织学生互动合作［量表题］
本题平均分：2.82

选项	小计	比例
0	0	0%
1	2	1.43%
2	21	15%
3	117	83.57%
本题有效填写人次	140	

第8题 鼓励学生提问质疑［量表题］
本题平均分：2.37

选项	小计	比例
0	2	1.43%
1	12	8.57%
2	58	41.43%

（续表）

选项	小计	比例
3	68	48.57%
本题有效填写人次	140	

资源应用

第9题 提供多样学习资源［量表题］

本题平均分:2.91

选项	小计	比例
0	0	0%
1	1	0.71%
2	10	7.14%
3	129	92.14%
本题有效填写人次	140	

第10题 合理利用信息技术［量表题］

本题平均分:2.92

选项	小计	比例
0	0	0%
1	0	0%
2	12	8.57%
3	128	91.43%
本题有效填写人次	140	

师生关系

第11题 关注不同学生需求［量表题］

本题平均分:2.53

选项	小计	比例
0	0	0%
1	10	7.14%
2	46	32.86%
3	84	60%
本题有效填写人次	140	

第12题　创设轻松愉快氛围[量表题]

本题平均分:2.71

选项	小计	比例	
0	0		0%
1	3		2.14%
2	34		24.29%
3	103		73.57%
本题有效填写人次	140		

评价促进

第13题　激发兴趣与好奇心[量表题]

本题平均分:2.77

选项	小计	比例	
0	0		0%
1	0		0%
2	32		22.86%
3	108		77.14%
本题有效填写人次	140		

第14题　合理评价即时反馈[量表题]

本题平均分:2.67

选项	小计	比例	
0	0		0%
1	2		1.43%
2	42		30%
3	96		68.57%
本题有效填写人次	140		

（二）合理分析数据，形成评估结论

对聚焦"学生学习"课堂观察检核表进行数据分析，形成本节课的课堂评估报告。

"用电器①——电灯"课堂评估报告

1. 课堂观察结果分析:

(1) 由于生活中白炽灯的使用越来越少,大部分学生对于白炽灯的结构和工作原理缺乏了解。本课通过教师创设问题情境"电灯魔法",激发学生探索白炽灯奥秘的兴趣。从评估数据来看,学生能从实验现象中分析白炽灯发光的原因,知道白炽灯的结构及其工作原理,达成了本课科学观念维度的目标。

(2) 学生开展DIS实验,经历观察、阅读、实验等主要活动,分析数据,知道白炽灯与其他电灯相比能耗较大,归纳得出白炽灯逐渐被其他电灯取代的原因,在此过程中,学生的科学思维、探究实践能力得到了发展。

(3) 本课中大部分学生能主动参与探究,积极与同伴交流,感悟到发明者不断创新的探究精神。

2. 本课的学习亮点:

(1) 教师以"白炽灯为什么消失在我们的生活中?"为大背景,设计符合学情的问题链和探究活动,学生探究兴趣浓厚,纷纷充当"科学家"去了解白炽灯的结构及其工作原理。

(2) 学生利用DIS光照度传感器和温度传感器进行数据的记录、分析、归纳,课堂学习方式丰富,提升了利用数据分析问题的能力。

(3) 学生利用"赛·课堂"数字教学系统开展科学阅读,有效掌握电灯的相关知识。在阅读中,学生自主圈划重点并交流分享,养成良好的阅读习惯,并促进了自主学习。

对聚焦"教师教学"课堂观察评估量表数据分析,形成本节课的课堂观察报告。

"摩擦力"课堂评估报告

1. 课堂观察结果分析:

(1) 本节课教学主要由"认识摩擦现象及摩擦力产生条件"和"探究影响摩擦力大小的因素"两个活动构成。从整体上看本课依据《教学基本要求(2021年版)》规定的内容和要求,结合教材内容和学生实际,制订教学目标,目标包含科学态度与责任、科学探究、科学知识、科学实践技能等四个维度,且相互联系,融为一体。

(2) 从教师教学组织来看,教师能依据学生的年龄特征选择教学策略,在《流浪地球2》电影的情节基础上创设情境,并且将教学内容和教学活动按教学的逻辑结构划分为相对独立、又相互联系的若干教学环节。

（3）从资源使用角度来看,教师利用 DIS 设备根据设计开展科学实验,收集实验数据,进行数据分析并得出结论。

（4）从师生关系角度来看,教师以和善的表情和亲切的口吻与学生互动,注重激发小组或团队的荣誉感,倾听学生表达,对学生的反应有建设性的反馈。

（5）从教学成效角度来看,教师精心设计与教学目标相匹配、适应学生年龄特征,激发学生探究摩擦力的兴趣。

2. 本课的教学亮点:

本节课以摩擦力为研究对象,通过观察、实验、比较等活动,培养学生科学探究的意识和能力,养成分工合作的习惯,利用 DIS 设备根据设计开展科学实验,收集实验数据,进行数据分析并得出结论,有利于学生养成严谨细致的科学态度和实事求是的科学精神。

3. 本课的教学建议:

教师应关注更多学生需求,提问面可以尽可能广一些;教师可以通过"赛·课堂"数字教学系统引导学生开展自评和互评,给予更多的评价和激励,促进学生科学学习。

三、开展有效反馈,指导课堂改进

反馈是控制论的基本概念,指将系统的输出返回到输入端并以某种方式改变输入,进而影响系统功能的过程[①]。评估能够为反馈提供最为重要的信息,反馈是连接评估、教学活动和实现目标的关键纽带,不可忽视。

当教师完成了教学设计,但在课堂实践中发现评估效果低于预期表现,最终学习目标并没有完全实现,教师应该如何去做才能实现预期的教学目标? 对于这一问题,教师容易产生两种"解释":①认为这一现象的主要原因来自学生本身或环境,如学生学习积极性不高,学生的基础知识不够好,班级或校园学习气氛不好等;②认为这一现象的主要原因来自教师,如教学设计不理想,讲课不生动,课堂管理能力差等。一名好的、负责任的教师当然不会将教学中存在的问题直接推给学生,我们应该从"学生学习"和"教师教学"两个方面进行反馈与改进。

（一）基于"学生学习"的反馈与改进

学生课堂反馈信号可分为两种:一种是正面的反馈信号,另一种是负面的反

---

① 王少非等.促进学习的课堂评价[M].上海:华东师范大学出版社,2019.

馈信号。前者是学生对教师行为的接受性反应,能促使教师采取措施,如加强已有成效的行为。如学生对教学内容感兴趣,参与热情很高,这一反馈信号让教师得知后,继续发扬其优点或长处。如果教师通过评估发现学生的表现低于预期较多,那么教师必须及时对教学策略进行相应调整和改进。为了能够实现这一点,教师必须在课堂教学的全部环节中密切关注学生的即时评估结果、课堂表现和参与度等信息,以确定如何给出相应的反馈和改进。

从"用电器①——电灯"一课的评估数据和评估报告来看,学生经历了科学探究的一般过程,大部分学生能掌握相应的科学观念。但科学观念的生成不是最终目的,学生能合理分析证据,对观察到的现象进行描述,与同伴合作,提出自己的见解,最终用科学概念联系实际问题,解释现象。本课较好地体现了核心素养导向的教学,对教师的教与学生的学都是一种正面的激励。

（二）基于"教师教学"的反馈与改进

学生根据教师的行为调节自己的行为,产生一定的反应,而教师必须根据学生的反应,调节自己的行为。教师的行为,对学生来说是信号;学生的反应,对教师来说也是反馈信号。教师的行为影响学生,反过来学生的行为也调节教师的行为。

从聚焦"教师教学"的课堂观察评估量表,对"摩擦力"一课进行课堂观察后形成的评估报告来看,在"摩擦力"一课的教学过程中,教师选择学生比较熟悉的"行走"作为摩擦现象的切入点,让学生自己体验用脚向后蹬地时受到的阻力来初步体验摩擦力,再通过探究摩擦力产生的条件,学生可以顺利归纳总结出摩擦力的概念,突出了教学重点;教师通过"如何实现在白银星球上正常行走"的活动,引导学生思考"哪些因素会影响摩擦力的大小",对这个问题作出猜想假设、搜集证据、分析与归纳实验数据,最后得出实验结论,突破了教学难点。整堂课,教师结合热点,以电影《流浪地球2》为基础创设吸引学生的情境,从情境中引导学生提出问题,经历科学探究的过程,较好地完成了课堂教学目标。

课堂评估的最终目的,是指向教师教学和学生学习的改善。运用基于落实小学科学核心素养的课堂教学观察表观察课堂,根据观察结果和记录等观察证据,分析科学课堂中的核心素养落实情况,有针对性地提出意见,形成课堂观察报告,为被观察者和观察者提供有效的反省刺激,为课堂提供改进的方向。

图书在版编目（CIP）数据

上有品质的科学课：指向核心素养提升的课堂教学设计与实施 / 陈健等著. — 上海：上海教育出版社，2024.3

ISBN 978-7-5720-2531-0

Ⅰ.①上… Ⅱ.①陈… Ⅲ.①科学知识－课堂教学－教学研究－小学 Ⅳ.①G623.62

中国国家版本馆CIP数据核字(2024)第053110号

责任编辑　公雯雯
封面设计　陆　弦

上有品质的科学课——指向核心素养提升的课堂教学设计与实施
陈　健　等著

出版发行　上海教育出版社有限公司
官　　网　www.seph.com.cn
地　　址　上海市闵行区号景路159弄C座
邮　　编　201101
印　　刷　上海展强印刷有限公司
开　　本　700×1000　1/16　印张 15.25
字　　数　257 千字
版　　次　2024年4月第1版
印　　次　2024年4月第1次印刷
书　　号　ISBN 978-7-5720-2531-0/G·2224
定　　价　68.00 元

如发现质量问题，读者可向本社调换　电话：021-64373213